云南影像民族志研究

RESEARCH ON YUNNAN IMAGE ETHNOGRAPHY

陈春芬　魏美仙　著

文化艺术出版社
Culture and Art Publishing House

图书在版编目（CIP）数据

云南影像民族志研究 / 陈春芬, 魏美仙著. —北京：
文化艺术出版社，2024.4
ISBN 978-7-5039-7550-9

Ⅰ.①云…　Ⅱ.①陈…②魏…　Ⅲ.①民族志—云南
—图集　Ⅳ.①K280.74-64

中国国家版本馆CIP数据核字（2023）第243273号

云南影像民族志研究

著　　者　陈春芬　魏美仙
责任编辑　叶茹飞　丰雪飞
责任校对　董　斌
书籍设计　马夕雯
出版发行　文化艺术出版社
地　　址　北京市东城区东四八条52号（100700）
网　　址　www.caaph.com
电子邮箱　s@caaph.com
电　　话　（010）84057666（总编室）　84057667（办公室）
　　　　　　　　　84057696—84057699（发行部）
传　　真　（010）84057660（总编室）　84057670（办公室）
　　　　　　　　　84057690（发行部）
经　　销　新华书店
印　　刷　国英印务有限公司
版　　次　2024年5月第1版
印　　次　2024年5月第1次印刷
开　　本　710毫米×1000毫米　1/16
印　　张　18
字　　数　260千字
书　　号　ISBN 978-7-5039-7550-9
定　　价　88.00元

目录

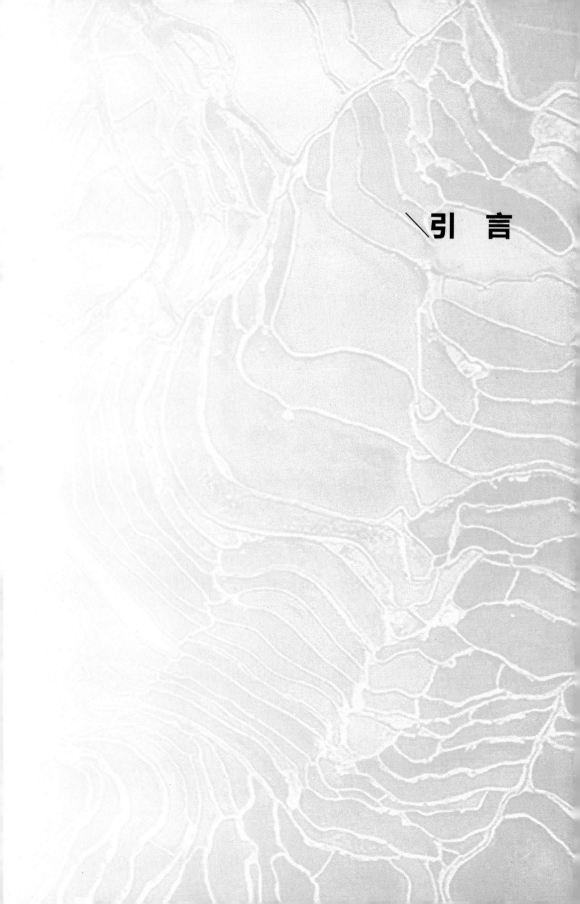

引 言

一、民族与影像志

(一)影像志的概念

"影像"与人类视觉密切相关,是人类借助照相机、摄像机、播放器及存储设备等现代光学技术和电子器件而产生出来的。影像最初的产生源于19世纪西方实验科学的照相技术,1839年,依靠光学镜头及感光胶片拍摄物体的摄影技术的发明让现实事物真实样貌得以在影像中呈现,由此打开了人类逼真"复制"现实世界的大门。到了20世纪中期,摄影技术取得了较大的进步,定影法的发明使得长期保存影像成为现实,各种底片曝光方法的使用以及显影技术、定影技术的改进提高了影像的质量,因此这种新的摄影技术很快就成为人类保存和传播信息的新方式,此时的摄影技术呈现内容为静态图片。伴随着摄影技术的迅速发展和传播,摄影技术在肖像、科技、研究中的使用更加广泛。在连续摄影实验成功之后,人们发明了摄影技术和摄影机,摄影机能记录下镜头前发生事件的全过程,可形成与现实事件过程一致的动态影像,人类在逼真"复制"现实世界的道路上又迈出了新的步伐。摄影技术和摄影机的应用逐渐拓展了拍摄范围和内容,技术的进步和拍摄手法的不断革新使影像客观记录现实世界的表现更加突出。如今,影像(包括静态和动态)成为记录社会及文化生活的工具之一,影像具有"复制""再现""表现"社会现实的功能已逐渐成为共识,影像正在呈现并见证社会历史的发展和民族文化的变迁。

"志"本义为记载。可理解为对一个地方自然风貌、风土人情、民风习俗等的记录，或是对事件发生、发展等的记录。

"影像志"就是围绕一定的主题，利用先进的影像拍摄设备，在相关学科理论的指导下按照一定的拍摄规范对文化事项、人物、景观等进行拍摄、剪辑，以表现特定主题、文化内容和事项的影片。

（二）影像志与民族记录

19世纪，西方国家在世界各国进行殖民掠夺并进行殖民统治，刺激了一批探险家、政客、商人以及考古学家、传教士、学者离开故土到异国他乡开展相应的探险考察或文化研究活动，以"他者"的眼光审视异乡的文化。殖民统治的需要催生出了一批专门研究"他者"文化的人类学家，他们的主要任务是研究殖民地的社会制度、文化和习俗信仰等，以此为殖民地统治相关政策和措施的制定提供文化依据。在照相机未发明之前，人类学家的考察活动更多依靠文字和图画记录调查和观察到的文化事项，涉及地理位置、自然环境、生活方式、生计模式、婚姻家庭、亲属制度、宗教信仰、风俗习惯、社会结构、经济制度等多方面，他们对在地民族文化进行实地考察并记录这一过程，这就是早期的民族文化记录。人们对这些记录的文化事项经过系统分类整理和综合分析，推论出人类社会发展和族群文化特征的某种观点，并采用规范格式形成的文字和图片集合的文本便是人类学的民族志。可见，民族志既是民族研究的产物，也是民族研究的重要方式。19世纪末期，照相机的出现为考察和探险人员提供了新的探索方式，照片的快捷和准确性使得它们迅速取代了手绘记录的形式，摄像机的发明使得对连续动作或事件的过程性记录成为现实，由此而产生了动态影像，摄影机极大地增强了影像对现实世界"描摹"的能力。照相机和摄影机成为探险者和学者的新装备，很快被应用于人类学田野考察中，成为人类学家在异乡开展田野调查的辅助工具，他们拍摄记录下考察地的社会风貌和文化事项，留存下了考察中的关键信息。

这些田野考察的照片和动态影像经过挑选剪辑为影片（也可称为民族志电影），为当时人类学家研究观点提供证据支撑和补充说明，在实践中影像也逐渐发展成为民族志书写的另外一种途径。

（三）影像民族志 / 民族志电影

影像民族志是以民族文化事项为主要表现内容，按照一定规范进行拍摄，记录、反映民族文化事项和相关活动的影像和影片。民族志影片是借用影像的方式完成叙事，表现真实客观的内容，属于非虚构式电影中的纪录电影行列。依据摄影技术的发展且从广义的角度来看，影像民族志包含着静态的图片和动态的影像的形式。特别是在影像发展的早期，通常来说影像民族志、民族志电影经常指代同一类型的影片，因为它们的摄制几乎没有任何差别。关于什么是民族志电影，国内外学者们从不同的角度进行了探讨和界定。

大卫·麦克道戈的《民族志电影的前景》指出"民族志电影拍摄既是电影艺术也是社会科学，民族志电影可以视为向其他社会解释某个社会的电影"[1]。1975 年，保罗·霍金斯主编并出版了会议论文集《影视人类学原理》，书中收录了那个时期影视人类学发展历史、方法论和实践方面的重要成果。戈尔德·施米特于 1972 年对民族志电影作的定义为："民族志电影是运用镜头的拍摄向一种文化中的人解释另一种文化中的人的行为的电影，它是通过像是摄影机和拍摄人员不在现场一样地拍摄人们所做的一切来达到这一目的。"[2]《人类学辞典》（1986 年版）中将民族志电影定义为："在田野工作中运用电影作为手段和工具，它是向公众传播和介绍人类学的一种教育手段。"

---

[1] David MacDougall, "Ethnographic Film: Failure and Promise", *Annual Review of Anthropology*, Vol.7, 1978, pp. 405 – 425.

[2] ［美］大卫·麦克道戈：《跨越观察法的电影》，载［美］保罗·霍金斯主编《影视人类学原理》，王筑生、杨慧、蔡家麒等译，云南大学出版社 2001 年版，第 126—127 页。

这一定义强调了电影的工具性质和具有的大众教育功能。卡尔·海德在《影视民族学》中表示:"影视民族学就是用影视手段来表现民族学原理的影视片。"①保罗·基奥齐在探讨民族志电影的起源时通过对诸多学者们关于民族志电影观点的评论,以间接的方式回答了影视人类学的确切含义,强调了民族志影片记录文化事项的重要性和必要性,以及影片镜头语言和影片所具有的文化"文化翻译"和"文化重构"的作用。②国内学者对民族志电影相关概念的探讨更晚一些,陈景源认为,影视人类学指狭义的文化人类学与现代影视技术相结合的产物。③张江华、李德君等人在《影视人类学概论》中指出:"人类学片是在人类学理论的指导下,综合运用人类学研究的科学方法和影视学的表现手段,对人类文化进行观察和研究,所取得成果的形象化表述。"④邓启耀在谈论影视人类学时也指出,它主要"通过影视手段记录、表达民族志或人类文化内容及观念,是民族学或文化人类学的另一种调查报告'文体'或研究方式,即视觉表达方式"⑤。他们对于影视人类学及人类学片的探讨得到了中国学界的普遍认同。还有其他的学者对民族志电影也做出过不同的界定和探讨,他们关于民族志电影中电影与民族学/人类学关系的探讨对民族志电影的相关理论建构有着重要影响。虽然学者们的阐释不尽相同,且不同时期的探讨的侧重点有所差异,但"都不约而同地强调了两个方面的内容:一是文化人类学研究的对象或内容,即民族志电影力图表述的主题;二是影视的手段,即民族志电影用来诠释对象和内容,表达制作者思想和观点的方法

---

① 〔美〕卡尔·海德:《影视民族学》,田广、王红译,中央民族学院出版社 1989 年版,第 30—31 页。

② 参见〔意〕保罗·基奥齐《民族志电影的起源》,知寒译,《民族译丛》1991 年第 1 期。

③ 参见陈景源《中国影视人类学发展述略》,《民族研究》1998 年第 2 期。

④ 张江华、李德君、陈景源等:《影视人类学概论》,社会科学文献出版社 2000 年版,第 25 页。

⑤ 邓启耀编著:《视觉人类学导论》"前言",中山大学出版社 2013 年版,第 1 页。

和途径"①。总体而言，民族志电影是人类学理论与影视手段结合的产物，既包含通过镜头拍摄来展示并解释拍摄对象行为及相关文化事项的电影，也包含制作者和拍摄者在相遇中展现另一种文化实质的电影。

事实上，在电影和影视人类学的发展史中，具有这种特征的电影还有着人类学电影、人类学片、民族学电影、人类学纪录片、影视人类学片、民族志纪录片、影像民族志等不同的称谓，这些不同名称的影片实质上都是有关民族文化的纪录影片，它们具有纪录电影的特征，即一是表现先前发生过的、历史世界的声音和画面；二是依赖社会演员表现自身而不是去扮演那些分配好的角色；三是拍摄者和存于同一历史世界的主要演员相互发生作用，这样可能会产生错综复杂的关系。②纪录电影的范畴无疑强调了人类学影片的社会历史和民族文化事项真实性问题，当然名称的区别也显示出了定义者思考的侧重点和视角，在此不做更详细的梳理以示其区别。本书所探讨的影片涉及上述名称所指影片，在分析探讨时会根据不同时期的影像命名习惯或约定俗成名称展开论述。

二、云南与影像民族志

（一）云南影像民族志的界定

云南影像民族志是指未经虚构，直接反映云南真实的民族社会历史和民族文化为主要表现内容的相关动态影像、纪录电影、纪录片等，但不包含以云南文化为题材创作的故事片、动画片等虚构式影片和历史文献纪录片等。

---

① 陈学礼：《以镜头"写"文化：民族志电影制作者和被拍摄者关系反思》，博士学位论文，云南大学，2015 年，第 16 页。

② 参见［美］比尔·尼科尔斯《纪录片导论》（第 2 版），陈犀禾、刘宇清译，中国电影出版社 2016 年版，第 145 页。

本书研究的对象是自19世纪以来至今产生的云南影像民族志，影片内容展现云南社会和民族文化现象，但影片的创作和实践主体不局限于云南籍人员。

（二）云南与影像民族志的相遇

云南地处我国西南，西部与缅甸接壤，南部与老挝、越南毗邻，国境线较长。云南气候类型多样，少数民族众多，民族文化资源极其丰富。地形地貌和文化资源都吸引着外来探险者，特殊的地理位置和文化景观使云南成为外来探险者的乐园。影像的出现当然与照相机密切相关，最早记载照相机大约于1842年进入我国，于1890年左右出现于云南，此后便有中外影像工作者和学者们陆续开展了云南民族影像的制作。

在我国，丰泰照相馆老板任庆泰于1905年拍摄的《定军山》被多数学者公认为是我国第一部纪录电影片，事实上也许云南有关的纪录影像可能要更早一些。云南民族影像的产生最先源自外国人之手，如英国皇家地理学会会员戴维斯于1894年至1900年4次到云南开展徒步调查，考察了云南几乎所有重要的地区，行程几千公里。1911年，他写的《云南——印度与扬子江之间的链环》就对云南各地的民族情况、气候物产、人文地理、风情奇趣做了记录，甚至对阿昌、景颇、傣、彝等民族的语言、体质、民俗和社会状况做了分析。[①]众所周知，第一部关于云南的电影《滇越铁路的修筑与通车》就是修筑滇越铁路期间（1903—1910）由法国滇越铁路总局拍摄的，影片记录了从昆明至河口沿线的铁路修筑过程，修路工人衣着、劳作的场景以及铁路沿线的社会风貌也得以留存于影片中。然而近来学者的进一步研究又揭开了云南影像历史的部分面纱，不得不提的重要人物是法国外交官奥古斯特·弗朗索瓦（Auguste Francois，又译"方苏雅"），因修筑滇越铁路而来到云南，他

---

① 参见邓启耀编著《视觉人类学导论》，中山大学出版社2013年版，第18页。

带来了照相机和罕见的电影摄影机。自1894年起到滇越铁路完工期间他曾多次到云南各地进行考察拍摄，留下了一批非常珍贵的、反映当时云南风土人情的照片，内容涉及日常生活、地理环境、交通状况、标志性建筑、地方习俗及社会制度等。20世纪末，当这批老照片被"发现"时引起了轰动，历经百年的时间跨度，老照片带给人们穿越时空的巨大视觉的冲击，目前仍有部分照片长期在云南建水古城朝阳楼景区展出。令人惊叹的是，与老照片同时被发现的还有一部名为《中国影像》纪录默片，该片是方苏雅于1902年至1904年拍摄的，它比《定军山》的拍摄时间还要早，这部纪录默片时长42分22秒，固定机位拍摄，其中大部分场景在云南府（今天的昆明）拍摄。尹仑对该片拍摄和表现内容进行了细致分析，他把影片分为"日常生活""城市景观""人物特写""练勇士兵""镜头中的方苏雅"① 五大类主题，片中有杀猪、剃头、葬礼、菜市场等日常生活场景，有昆明城墙、忠爱坊、金马碧鸡坊、城市中西大道、河边石桥、山坡等城市景观，有富贵人家纨绔子弟、富贵人家夫妇用餐、坐轿出行等生活场景，有抓虱子的乞讨者、磕头的乞讨者等人物特写，有军事操练、中督水军、智胜团团勇等军事训练的场景，还有方苏雅迎接云贵总督、会面及送别等场景，影像的内容鲜活地展现了百年前云南人的生活状态和精神面貌，展现了当时云南城乡风貌和云南社会发展状况，这是极其珍贵的影像资料。1922年，美国探险家约瑟夫·洛克抵达云南，随后他在云南丽江进行考察并用摄影机记录当地纳西族独特的习惯和活动，以及丽江永宁地区藏传佛教寺院的羌姆、降神等宗教仪式。1930年至1940年，相继有来自美国、法国、英国和瑞士等国家的传教士或探险家等人来过云南，他们大多曾在云南拍摄过照片。抗日战争时期，援华美军与中国人民并肩作

① 尹仑：《历史回响：方苏雅的清末"中国影像"志研究》，《电影评介》2019年第15期。

战，美军中的摄影部队和影像爱好者们在云南拍摄了大量的影像资料。

云南本土影像的实践是从个人开始的。云南毗邻东南亚和南亚的特殊地理位置，早在清末就受到了西方影像文化的渲染。20 世纪初期已有云南人接触了照相机并开设了照相馆和影楼。电影最早在昆明的公映是 1907 年，昆明"水月轩"照相馆老板蒋楦还曾把客厅改造为影院，放映过默片。此外，国民党政府机构和私人公司也主导拍摄过一些影片，一些外国探险家和军人也在来华期间拍摄过影片。20 世纪 20 年代，百代公司拍摄了《云南大观楼风景》《凯旋运动会》等纪录片。1933 年，云南省教育厅拍摄过《云南省运动会》《金马号飞机》等纪录片，未公映。1933—1944 年，国民党中央电影厂、中国电影制片厂在云南摄制《抗战建国中之云南》等 11 部纪录片，发行放映。① 当提及云南民影像的生产自然不可避免地要提及昆明"子雄摄影室"。子雄摄影室的老板名叫郭子雄，玉溪人，20 世纪 40 年代他从国民党退伍后在昆明市晓东街开了一家名叫"维纳斯"的照相馆，后来又在昆明云瑞西路开了另一家规模更大的照相馆，即"子雄摄影室"，工作室招收伙计学徒，新中国电影拍摄的重要人物杨光海就是这一时期到子雄摄影室当学徒的。抗日战争时期，因北京、上海等发达地区相继沦陷，大批文人学者、学校和文化机构西迁入滇，促进了云南文化的发展，使昆明的文化艺术氛围瞬时更加浓厚。随后，照相机、摄影机、放映机、胶片等相关影视设备以及影片等也通过各种途径而进入昆明，新兴的照相和电影等技术也随之迅速发展起来。1944 年至 1948 年，郭子雄还购置了箱式摄影机，组织拍摄了《市运动会盛况》《一二·一学

① 参见李淼《云南少数民族题材电影研究：边疆想象、民族认同与文化建构》，云南大学出版社 2016 年版，第 27 页。

生运动》《双十运动会及童子军表演》等 9 部纪录片 ①，均属于资料性质，未公开放映。虽然未公开放映，但这些资料具有的社会和历史价值弥足珍贵，且拍摄活动和拍摄过程更开阔了学徒的眼界和思维。这个工作室培养出了一批具备一定拍摄经验和拍摄爱好的摄影人员，在新中国成立后国家组织的民族影像拍摄工作中发挥着重要的作用。

云南民族影像的实践经历了最初的个体考察拍摄：20 世纪 30—40 年代的影视公司和政府相关机构拍摄，50—80 年代国家力量的主导之下规模化拍摄制作出了一批具有较高价值的"少数民族科学纪录片"，80—90 年代研究机构、高校、电视台等也逐渐开展了民族影像的拍摄，90 年代以后一批独立纪录片人也积极参与到民族影像拍摄中。90 年代以后纪录理念的变化和影视人类学学科的发展促进了民族影像的实践和理论探索，实践探索又促进了学科理论的发展。而且随着拍摄设备的普及，普通大众也开始了民族文化的记录与拍摄。如今，计算机网络和多媒体技术的发展为民族影像的实践创新提供了更多的可能性，促进了云南民族影像摄制的多样性。

在云南民族影像的发展过程中，影像摄制的多元主体与云南大地上的多元民族文化不断"相遇"，留存下了云南各时期的社会历史状态和民俗风貌，丰富并创新着云南民族影像的理论与实践。影像技术和人类学学科理论与民族文化的持续"碰撞"推动了云南影像民族志的产生与发展。

---

① 李淼：《云南少数民族题材电影研究：边疆想象、民族认同与文化建构》，云南大学出版社 2016 年版，第 27 页。

第一章
云南影像民族志的历史

照相相关技术的产生和进步促成了影像技术的产生。19 世纪中期，影像技术随外国人士的考察和研究而传入我国。我国学界对影像技术的最初的应用源于 20 世纪初期民族学及相关学科的田野考察和研究需要，20 世纪五六十年代开展的少数民族社会历史调查相关工作时更是有意识地使用影像手段，引起了人们对影像技术的重视与应用。社会发展中影像相关技术的普及和运用使影像生产制作变得更加普遍，更多的人员和群体参与到民族影像摄制和研究中来。持续的影像实践积累和不断深入的理论探索逐渐奠定了影视人类学的学科基础，由此促进了我国影视人类学的建立。云南是我国影视人类学的重要发源地之一。自影像技术进入云南后，相关影像工作者和学者们就开启了云南影像民族志的书写历程，拍摄实践在不断丰富，理论探索亦不断深入，正是一代代学人们的不懈努力与坚持才谱写出了云南民族影像的多彩乐章。

第一节　学科发展中的选择

一、民族学的兴起

民族学是研究民族、文化等社会现象的学科。民族学于 18 世纪中期时最初作为统一概念诞生于德国学界，在学术概念扩散的过程中学科理论逐渐建立并成熟，随后逐渐向全球扩散和传播。由于各国的文化观念和研究传统，大致相同的研究内容和范畴的这一学科在不同的国家称谓不同，民族学或人类学即是最常用的名称。19 世纪末期，民族学被初步介绍移植到我国。19 世纪末至 20 世纪初已有外国学者到我国进行考察，他们的考察活动也在一定程度上促进了我国学者对民族文化的思考。与此同时，我国学者们积极翻译介绍西方民族学相关著作，民族学的教学活动逐渐得以开展，北京大学率先开设了人类学课程，之后复旦大学、厦门大学、南开大学、清华大学等高校相继开设了同类课程。在民族学科引介之初，我国民族学的建设基本全盘照搬西方传统民族学的学科体系、理论和方法。1926 年，著名教育家蔡元培在《说民族学》一文中介绍了民族学的来源、概念以及在中国建立此学科的意义，增强了人们对民族学的认知。我国民族学科建设既注重理论的探讨，也注重田野调查与实践，学者们积极开展调查与研究工作。如 1926 年中央研究院社会科学研究所增设民族学组，开展了较早的民族学田野调查研究工作。1928 年，中山大学语言历史研究所和中央研究院历史语言研究所派遣了史国禄夫妇、容肇祖、杨成志等人到云南开展人类学民族学的田野调查，这也是我国较早的民族学田野调查。

20 世纪二三十年代是我国民族学发展的重要时期，西方民族学理论的引入致使一批献身于学科建设的学者在我国本土开展田野调查和理论探索，他们开展了民族学和民俗学考察、体质人类学调查、民族文学和语言人类学调查以及考古学发掘和研究等。而且抗日战争的爆发造成了严重的民族和边疆危机，更激发了学者和爱国志士积极地开展祖国边疆考察活动。这一时期的各类考察调查及研究覆盖面大、地域广、考察内容丰富，涉及地理山川、气候物产、历史文化、风俗习惯、社会组织等，调研考察产出了丰硕的成果，积累了实践和研究的经验，也促成了我国民族学界将西方的学科理论与方法更紧密地应用于我国社会的调研与研究中，这是我国民族学本土化的必然路径。在民族学理论的本土化实践中，我国民族学逐渐形成了自己的理论范式和研究传统。

民族学作为一门哲学社会科学，其发展也自然受到时代社会思潮的影响。众所周知，中国革命的胜利离不开以马克思主义为指导，学界也深受影响，在学科建设和学术研究中尤其强调并重视马克思主义理论的应用，由此，我国民族学在时代背景中转而成为马克思主义民族学体系的一支力量。随后，民族学经历了大规模自身改造运动和参与民族大调查的洗礼，学科自身的改造在院系的调整中体现出来。"民族学作为社会科学的组成部分，通过实地调查，结合有关学科材料和历史文献等，研究各民族的起源、发展变化、社会经济、政治制度、家庭婚姻、风俗习惯、文化生活、意识形态等，探索民族共同体的发展规律。"[①]民族学得以发展是基于对其学科属性的考量，民族学研究范畴与当时国家建设工作所需高度相关，民族学能在国家民族工作中发挥作用。为全面了解掌握我国众多少数民族的生存状况和社会历史面貌，1950—1952年中央人民政府先后派遣有专家学者参与的访问团和视察组深入祖国西南、西北、中南、东北等地区考察少数民族的社会制度、生产生活、历史、语言和风俗习惯等。1952年，我国组建了中央民族学院研究部，聚集了一批顶尖的社会学、人类学、民族学学者，如潘光旦、吴文藻、杨成志、费孝通、林耀华等人，这个机构成为当时我国制定民族政策、处理民族事务最重要的研究咨询机构之一。这些机构和人员在后来我国组织开展的少数民族社会历史调查和民族识别工作中发挥着重要作用。同时，体质人类学、民

---

① 孟航：《1949年以来中国民族学人类学的历史反思和未来展望——以费孝通、林耀华、宋蜀华等论述为参照》，《西南民族大学学报（人文社会科学版）》2015年第11期。

族学、社会学、历史学、考古学等学科理论方法也在民族识别、社会历史调查实践中得到了充分应用和检验。1956 年，我国正式启动了全国民族调查工作，在全国人民代表大会常务委员会主持下组建了 8 个民族调查组，分别赴内蒙古、新疆、西藏、云南、贵州、广西、广东等边疆省份、自治区进行调查。1958 年又组建了 16 个调查组开展民族调查工作，大批的民族学家、社会学家、语言学家、经济学家等参与其中。民族访问和视察以及历时 8 年的少数民族社会历史调查和语言调查规模大、实际参与人数较多、调查资料翔实丰富，出版了大批民族问题丛书，成果丰硕可谓史无前例。民族调查相关工作成为我国民族学发展中浓墨重彩的一笔，丰富了民族学的实践、理论与方法，直接促进了我国民族学的迅速发展。1980 年，"首届中国民族学学术讨论会"在贵阳召开，会上学者们提出"要刻不容缓地进行抢救性的调查工作，搜集实物和形象化资料，包括用影视录像手段拍摄行将消亡的社会现象"①，大会成立了"中国民族学研究会"，会议的召开也促进了民族学界对影像手段的认可与重视。

　　我国民族学的兴起、实践与发展为影像的应用提供了依托和契机，影像作为民族学不同时期田野调查的一种重要工具而得以应用，调查研究积累的大量文字、图片、影像等资料，为民族学后来的理论总结、提炼以及反思提供了坚实的基础，而民族学发展中对影像的应用也成为我国影视人类学实践的部分内容，在一定程度上推动着影像民族志的发展。

二、影像记录的使用

　　民族学作为引介的外来学科，其原初学科的理论和方法必然是我国学者

---

① 单万里：《中国纪录电影史》，中国电影出版社 2005 年版，第 379 页。

学习和实践的范式。在国外，在摄影机发明初期就有学者把它应用于自己的研究中。菲里克斯－路易·雷诺于 1895 年在西非民族博览会上拍摄了沃勒夫民族妇女的制陶活动，这是比较早的民族影像记录实践活动。英国人类学家阿尔弗莱德·科特·哈登等人于 1898 年组织了托雷斯海峡探险，在对托雷斯海峡原住民进行田野调查时就使用了卢米埃尔摄影机拍摄了一批影像资料。澳大利亚人类学家鲍德温·斯宾赛于 1901 年拍摄了澳大利亚原住民的袋鼠舞和祭雨仪式的素材片。1922 年，美国人罗伯特·弗莱厄蒂摄制的影片《北方的纳努克》标志着人类学影片的诞生。此后，影像被更多的人类学家应用于田野考察中，他们在印度尼西亚、太平洋岛屿拍摄了大量的影像，记录下正在消失的人类文化形态和生活方式。20 世纪 30—40 年代，美国人类学家玛格丽特·米德和英国人类学家格里高利·贝特森在巴厘岛（今属印度尼西亚）进行田野考察时就使用照相机和摄影机辅助调查，摄制了大量的影像。他们可谓第一批主观意识较强地系统运用文字、照片和电影同步记录与分析文化现象的人类学田野工作者。在开展田野调查中，他们逐渐摸索出了一套独特影像记录方法，这成为影像民族志实践的启蒙方法。他们的影像民族志实践揭开了人类学家运用影像方法从事田野调查和民族志写作的序幕，为学者们的研究和考察提供了新的思路和方法。可见，影像技术在田野调查中的应用促进了影视人类学的产生和发展。

国外学术研究及影像记录的方法也逐渐传入我国并为我国学者所学习借鉴。1926 年，著名瑞典探险家斯文·赫定来到北京与中国学术界商议对我国西北地区进行科学考察，经反复磋商，签订了双方共同组团考察西北的协议，考察主要内容涉及地质学、地磁学、气象学、天文学、人类学、考古学和民俗学等学科知识。这次考察活动自 1927 年起至 1935 年结束，历时 8 年之久。考察团在沿途和考察点拍摄了大量的照片和电影，这是一次大规模、多学科的综合性考察，丰富了学界将电影手段应用于科学考察的认知并积累了经验。事实上，中国民族学在建立初期就有了用摄影机来辅助开展田野调查的尝试。杨成志于 1928 年曾到云南开展过少数民族相关考察工作，1930 年，他在刊发《单骑调查西南民族述略》一文时就附有若干考察照片。而将电影手段应用于民族学调查的首位中国民族学家则是中央研究院社会科学研究所的凌纯声。1933 年，中央研究院社会科学研究所派出研究员凌纯声、助理研究员芮逸夫和技术员勇士衡同去湘西南考察苗族和瑶族的生活和社会状况，他们当时携带照相机和电影摄影机前往考察地点，由勇士衡专门负责照相、绘图和拍摄电影。他们的考察活动历时 3 个月，考察中除采用传统方法调查收集资料之外，他们还拍摄了有关苗族生活的电影。当电影拍摄行为受到部分当地人的指责与质疑时，凌纯声发声道："科学的目的在于求真，欲知苗族生活之真相，非借标本影片不足以表显。多方采购标本，及摄制影片，正所以求其真，而保存其文化之特质也。"[1] 他们已深刻地认识到影像"还原"社会文化样貌的重要性，将影视方法作为记录、保留文化"真相"的一种手段。他们考察中对摄影机的使用是我国民族学者有意识地应用影像手段的开端，也开始了我国学者最早的影像民族志书写。

　　云南作为少数民族聚集的边疆省份自然也是学者们考察的重点区域。1934—1936 年，凌纯声、陶云逵等人到过云南河口、金平、大理、腾冲和丽江等地开展过边疆民族社会状况和生活情况的考察活动，赵至诚、勇士衡两位技术员带着照相机和电影摄影机随行。他们在云南考察了傣族、纳西族、彝族、拉祜族、哈尼族、景颇族、德昂族、傈僳族、佤族。当时跟随杨成志调查的中山大学研究生江应樑也认识到影像的重要性，他在 20 世纪 30 年代

---

[1]　郭净等编著：《中国民族志电影先行者口述史》，云南人民出版社 2015 年版，第 21 页。

从事云南傣族的实地研究期间，拍摄了大量照片。彼时，其他的社会学、民族学学者亦多借助影像辅助田野调查和人体测量，收集了许多图像资料，大多发表在学术刊物或作为资料收藏，少数发表在流行刊物上。①

20世纪三四十年代，由于建设现代民族国家这一事业的感召，以及救亡图存这一理念的刺激，加之社会学—民族学的影响，边疆考察在社会上蔚然成风。当时有很多学者、作家、记者等都前往西南地区并拍了大量影像资料，在内地各种专业和非专业的报刊上发表，反映云南情况的有萧乾等人关于滇缅公路修筑的《从昆明到仰光》（《良友》1940年第154期）、《滇缅公路上之新动态》（《良友》1941年第162期）等。庄学本和孙明经也是西南边疆考察史上的两个比较重要的人物，庄学本是来自南京照相行业的一名摄影师，孙明经则是南京金陵大学一名专职电影教师，他们以不同的学科背景进行西南边疆民族考察，留下了大量珍贵的影像资料，与社会学和民族学的考察共同描绘了当时丰富多样的社会图景。

民国边疆考察活动以及民族学及相关学科的调查与研究都对影像手段有所使用。也正是在这些实践和研究中，影像可作为社会民族文化研究的工具逐渐被学界认知并接受，也为后来影像技术成为学科研究中的自觉选择打下了基础。

---

① 参见郭净等编著《中国民族志电影先行者口述史》，云南人民出版社2015年版，第21页。

第二节　现实需求的促成

一、宣教的需要

艺术被人们认为是最早出现的社会意识形态之一，它通过具体、生动、典型的形象来把握和反映社会生活。电影这种艺术形式也具有承载意识形态的功能和价值。20世纪三四十年代时，纪录电影早已依凭自身强大的关于历史记录和阐释功能为西方国家政权所关注并视为国家政策或价值观念的解读工具，成为彰显国家主流思想的强有力工具而被广泛应用。同样地，纪录影片在我国也承担着为政治服务，承载国家意识形态的功能。在民国时期，民国政府就设立了制片厂和影像放映等相关机构，开展影片摄制及放映活动。1939年，国民政府军事委员会政治部委派电影人郑君里等人到西北宣传抗日，他们出发时就带着摄影和放映队。1939—1941年，郑君里团队在宁夏、内蒙古、甘肃、青海、四川等地考察并拍摄，筹拍出了反映西南民族支援抗战场景的大型纪录片《民族万岁》，在这部长达90分钟的影片中呈现了回族、藏族、蒙古族、苗族、彝族等的日常生活情境、宗教仪式及歌舞文化活动等场景信息，如回族忠孝节的大礼拜，藏族人叩长头、住帐房、吃糌粑，蒙古族住蒙古包、吹长号等，因而也被电影研究者认为是一部具有浓厚人类学色彩的影片。当时，不仅是民国政府，很多私人公司乃至个人都可以摄制电影，私人及公司所摄制的影片大多是具有娱乐性和商业性的故事片，对纪录影片涉猎不多，政府相关机构仍是纪录影片摄制的主力军。

在中国共产党的历史上，革命文艺一直受到重视，文艺作品是宣扬革命思想的重要工具。中国共产党人对电影的功能早已有所认知，而且也积极利用电影开展抗日宣传等活动。1931—1936年，中国共产党就领导了国民党统治区的"左翼电影运动"，电影成为思想交锋和舆论的阵地。抗日战争期间，电影摄制和放映逐渐成为军队文艺宣传的重要手段。1938 年，在延安八路军总政治部领导下，电影团成立了，电影团下辖一个摄影队和一个放映队。摄影队先后拍摄了《延安与八路军》《十月革命》《边区工业展览会》《南泥湾》等纪录片，放映影片除了延安电影团拍摄的外还有苏联原版影片。关于文艺和政治的关系，毛泽东主席说过"在现在世界上，一切文化或文学艺术都是属于一定的阶级，属于一定的政治路线的。为艺术的艺术，超越阶级的艺术，和政治并行或互相独立的艺术，实际上是不存在的"①。在对待文艺批评中政治标准和艺术标准关系问题时，毛泽东主席认为："政治并不等于艺术……但是任何阶级社会中的任何阶级，总是以政治标准放在第一位，以艺术标准放在第二位的"，"我们的要求则是政治和艺术的统一，内容和形式的统一，革命的政治内容和尽可能完美的艺术形式的统一"。② 毛泽东主席的论述从马克思主义的理论高度明确提出了文艺工作的方向、道路、革命文艺路线、方针、政策等问题，阐明了文艺与政治的关系以及文艺批评及文艺界统一战线等问题，为中国文艺发展指明了方向。在文学艺术各领域内革命文艺的特色更加鲜明、更加突出。讲话所提出的文艺理论问题也包含了对影视工作的指导，电影艺术自然亦把政治性当作了首要的要求，制作符合政治路线和意识形态的影片。

　　1949 年中华人民共和国成立，需要加强并规范社会管理，更好地宣传党和政府的新政策。因革命战争时期积累了电影制作和放映的相关经验，更考虑到当时社会经济、文化水平和各民族社会历史现实状况，形象鲜明、易于

① 毛泽东：《在延安文艺座谈会上的讲话·结论》，载《毛泽东选集》(第 2 版)，人民出版社 1991 年版，第 875 页。
② 中共中央文献研究室编：《毛泽东文艺论集》，中央文献出版社 2002 年版，第 73—74 页。

理解、传播范围广且效果好的电影成为国家首选的宣传教育工具。新中国成立初期在开展国情与省情调查之时便考虑延续已形成的电影制作和放映的传统。事实上，新中国成立后中央政府就考虑在全国布局建立电影工业基地，电影的摄制学习并借鉴了苏联的电影经验。在"新政权建立初期，苏联电影体制与管理机制几乎被横向完整地移植到国内，使得新的电影生产秩序与规范得以在短时期内得以重构"[①]。然而，在相当长的时期内题材规划也成为电影的拍摄主要指导依据。1950 年，中苏合拍了《中国人民的胜利》和《解放了的中国》两部纪录片。1950 年至 1951 年，中央派出的访问团二团到云南访问时就有放映队和带摄影机的电影组随行，访问期间多次举办展览、播放影片，拍照数百张，在民众间产生了巨大的反响，影像的震撼效果和影响力也较为明显。纪录影片的功能在实践中更得到了进一步强化和更广泛认知。

边疆地区和少数民族问题一直是社会治理体系的重点，中央政府为了摸清楚社会各地区各民族的实际情况，决定在全国范围内自上而下地组织开展少数民族社会历史调查和民族识别相关工作，以便制定合理的民族政策和管理制度。在 1956 年的春夏之际，国家民委和全国人大民族委员会提出要对少数民族进行社会历史调查。在这一工作部署中，已有经验丰富的民族学专家们提出"用电影手段实拍少数民族的社会生活"的建议，高层领导人也支持和倡导运用电影的手段来进行调查。这一想法与在民国时期西部边疆社会考察中呈现的重视影像趋势，以及民族学调查研究中影像手段的使用经验有关，但更与中国共产党在斗争中积累的经验和传统有关。在早期的民族社会考察中，影像已成为一种较好的宣传和记录的手段而被人们认知。因而当开展全

---

① 罗锋:《"历史的细语"：新纪录运动中的底层影像研究（1991—2010）》，博士学位论文，复旦大学，2011 年。

国少数民族社会历史调查之时，使用影像工具帮助调查组收集资料并拍摄相关纪录影片虽然由学者提出，但最终采用是领导者综合考量后的抉择。

延安文艺思潮对文艺作品影响深远。电影作为文艺的一种类型，影片创作自然要遵循时代赋予它的诉求和责任，这种诉求体现于电影机构的改革中。新中国成立初期，加强了对影视机构的管理，尤其是公私合营政策的实施使电影成为只有政府才有权经营的事业，统一归入国家管理，电影生产需要专业设备和专业技术人才，而设备和人才大多归属政府机构管理，遵守着体制内的管理规定，所有的电影制片厂都是国营单位，影片从投资到发行都由政府包揽。另外，在社会文化水平不高、人民群众识字率较低的时期，比起书本文字，影像直观的、形象的、跨地域、跨文化传播的特点更使得它成为那个时代最为强大的鼓舞和激励人民群众的宣传教育工具，因此，基于少数民族社会历史调查和民族识别而产生的影像民族志在服务于社会政治舆论方面发挥了应有的作用。中国少数民族社会历史科学纪录电影中对此也有着深刻的体现。

二、新中国建设的需要——少数民族社会历史科学纪录片拍摄

（一）拍摄缘由

诞生于战火之中的新中国，面临着十分严峻的考验，边疆地区的安定仍需要不断巩固，而如何处理错综复杂的民族关系和民族问题显得尤为重要，各民族间的关系维护、边境的和谐、边疆稳定等成为党和政府工作的重心。如何加强国家凝聚力，领导边疆少数民族平稳过渡事关国家安定团结，需要高度重视并积极采取措施。1950—1951年，中央访问团分别赴祖国西南、西北、中南的少数民族地区访问，他们收集了上百万字的调查材料，勾勒出了中国民族关系的基本轮廓，也深刻认识到了少数民族问题的复杂性和重要性，制定并推行了一系列的政策和措施。

　　在新中国成立前，全国各地少数民族的社会经济发展极不平衡，由于地理、历史、经济等原因，少数民族的社会状态和生活方式差别较大，有的还过着刀耕火种的游牧生活，有的以山林狩猎采集为生，有的居无定所游牧迁徙……在新中国成立后的民主改革和社会主义改造推进过程中，少数民族的生活方式和社会面貌迅速发生变化。而且，当时社会文化水平整体较低，很多人不识字，虽然有些民族有自己的文字，但掌握本民族文字的人也不多。当时在民族学研究领域已有学者关注到这些现象并提出应注重少数民族社会发展史的研究。鉴于现实各种情况，国家便决定开展少数民族社会历史调查，进行民族识别，对少数民族文化进行记录和抢救。

　　此次少数民族社会历史调查工作自上而下有组织有计划地开展，调查既有理论上的指导，亦有方法上的严格要求，采用了综合方法，由历史学家、民族学家、语言学家、考古学家等组成调查组共同开展工作。调查任务为民族文化相关内容文字资料整理、文物收集、拍摄照片和影片等，这是国家对调查工作的统一部署和要求。

　　（二）组织拍摄及影片概况

　　为了如实地反映少数民族当时的社会面貌，在全国少数民族社会历史调查的初级阶段，纪录片便作为一种方法被提了出来，得到了国家的响应和支持。1956年，党中央要求史学界和民族学界在几年内将少数民族在社会制度、物质文化生活等方面发生变化的历史面貌真实地记录下来。"抢救"和"如实记录"成为当时纪录影片拍摄的关键词。这项工作于1957年启动，科学拍摄需要学科理论指导和相关的调查资料的支撑，因此，少数民族社会历史科学纪录片的拍摄与少数民族大调查工作是同步进行的，拍摄工作依托于调查工作。全国人大民族委员会主持和部署民族调查相关工作。民族识别和拍摄工作的开展采取委托的方式进行，即全国人大民族委员会委托中国科学院民族研究所（中国社会科学院民族学与人类学研究所的前身）开展民族调查识别工作，委托"中央新闻电影制片厂""北京科学教育电影制片厂""八一电影制片厂"等专业电影制作机构开展民族调查识别的相关拍摄工作，工作所需的费用开支由全国人大民族委员会拨付，组织机构和资金安排为影片拍摄提供了保障。

少数民族社会历史调查和民族识别及拍摄相关工作的开展是通过行政命令来推动的，由各相关机构自上而下贯彻执行，逐层逐级推进。一般情况下是工作人员先到省民委开具工作介绍信，然后到市（州）民委办公室、再到县政府及乡镇，各级机构相关人员协助、协调、配合开展相关工作。关于拍摄组人员的构成，标准配置是民族学者加上专业摄影师，每一摄制组成员有来自电影制作机构的导演、摄影师等人，有时导演和摄影师同为一人，同时有来自少数民族调查组的相关专家学者等人。为保证拍摄的"科学性"和"真实性"，管理者从开始就制定了一个框架：要求各个民族调查组依据调查材料撰写拍摄提纲，提供给电影厂做参考。拍摄提纲经领导和专家审查通过以后，再由摄制组到当地踩点考察，并在当地修改提纲，完成分镜头剧本，然后实地拍摄。① 这种先制定提纲，再按提纲进行拍摄的方式与战争期间常用的随手抓拍然后剪辑成片的方式不一样，拍摄思路和方法的转变在一定程度上是受到了苏联电影和苏联专家的影响，这是新中国成立后我国影像工作者在与苏联专家的合作与交流中学会的新的方法。另外，这种先写提纲用以指导拍摄和剪辑过程的方法在当时已经成为新闻纪录片摄制的标准程式并得到广泛的认可，因而这种先写提纲后拍摄的方法自然被直接引入中国少数民族社会历史科学纪录电影的拍摄中。这种拍摄方法的使用使影片内容更加丰富

---

① 参见郭净等编著《中国民族志电影先行者口述史》，云南人民出版社 2015 年版，第 27 页。

全面，影片摄制过程更具规范性，影片的科学性在很大程度上得到保证，影片的艺术性也有所提高，而影片思想性和政治性则更为明显。

由于调查与拍摄工作的同步开展，虽然之前就已动员调查组要写调查提纲，可拍摄工作启动得很匆忙，有的连调查提纲都没有，调查工作尚未深入开展，这时摄制组只能到达当地后临时写一个简单的拍摄提纲便开始工作，在实地边拍摄边调查，修改完善提纲并进行拍摄活动，拍摄完成后把粗编影片交由专家学者和上级领导审查，审查中可能需要进行补拍和重新编辑，只有通过审查才算最终完成影片的拍摄。

除了学者和摄制人员之外，还有一类参与人员就是地方上的干部，他们提供了食宿、交通和安全等方面的保障，积极配合甚至参与到影片的拍摄和动员工作中，他们对云南影像民族志的摄制产生着积极的影响。如时任云南西盟工委书记李炎亲自召集佤族长老开会，时任金平县县长龚则盛也亲自带着许多干部走进森林寻找苦聪人，云南西双版纳勐海傣族土司刀述仁以干部和学者的身份参与了拍摄，独龙族县长孔志清对拍摄《独龙族》出力甚多，佤族摄制组的翻译马哈和李小生等人对影片的摄制积极贡献力量。[1] 由于调查和拍摄过程中有不同地区、不同学科的学术专家、摄影、摄像等专业技术人员，有作为拍摄对象的民族成员或是参与拍摄相关工作的各类群众，更有着推动调查拍摄工作开展的各种政府机构和各级官员，在此过程中各方的磨合在不同阶段和场合表现不一。

影片是由学者和摄影师共同完成的，学者与摄影师的协作决定着影片的架构和质量，二者视角的差异也会导致争论和冲突的存在，比如有的摄影师为追求光线、画面效果等改换拍摄时间、地点，改变事件发生真实场景的呈

---

① 参见郭净等编著《中国民族志电影先行者口述史》，云南人民出版社 2015 年版，第 32—33 页。

现，有违民族文化的真实性。学者可能因不懂电影，提出的拍摄想法不切实际，无画面感或情节关联，不符合电影制作规律，在这种联合组成的摄制组中，如何把握学术和技术及艺术之间的平衡，将"科学"和"艺术"两套标准以最佳的方式结合起来，是颇费考量的[①]，二者间反复的磨合才最终使影片成型。学者和摄影师完成的是初稿影片，影片的审定最终由专家组和领导来完成，专家学者对影片的"科学性"进行把关，较为注重学术研究的理性表达，领导则对影片的思想内容要求较高。

这种条件下拍摄的反映少数民族历史风貌的民族志影片，主要拍摄地区遍及西藏、新疆、黑龙江、云南、四川、海南岛等边疆区域，参与者不仅有中央及地方学术机构的人类学、民族学者，电影摄制者与各级政府工作人员，更动员了大量的各少数民族成员参与到影片的拍摄活动当中。拍摄实践跨越的时间和空间范围都是空前绝后的，当然也对后来民族影像的发展产生了深远影响。在拍摄之初，当时全国人大民族委员会的要求是给每一个民族拍摄一部纪录片，由于"文革"的到来，当初一个民族一部纪录片的宏伟计划未能完成，1957—1976 年共拍摄完成了 16 部影片，这些影片后来被统称为"中国少数民族社会历史科学纪录电影"，这也是新中国的第一批民族志电影，以下描述简称"民纪片"，具体内容概要整理如下[②]。

1.《黎族》(1957—1958)，35 毫米黑白胶片，共 6 本。影片记录了海南岛五指山黎族保留的原始社会残余——"合亩制"的情况，以及当时黎族的社会面貌及生产生活习俗等。

---

① 参见郭净等编著《中国民族志电影先行者口述史》，云南人民出版社 2015 年版，第 31 页。

② 参见杨光海编《中国民族社会历史科学纪录片文本汇编》"出版说明（一）"，云南人民出版社 2015 年版，第 1—3 页；朱靖江《田野灵光——人类学影像民族志的历时性考察与理论研究》，学苑出版社 2014 年版，第 132—134 页。

2.《佤族》(1957—1958),35 毫米黑白胶片,4 本。影片记录了云南西盟佤族解放前处于原始社会末期向奴隶社会过渡的情况,反映了部落联盟刀耕火种、拉木鼓、猎头祭祀、生产生活习俗和相关仪式等。

3.《凉山彝族》(1957—1958),35 毫米黑白胶片,6 本。影片记录了四川大凉山彝族地区民主改革以前存在的奴隶制社会面貌,呈现了买卖奴隶、家支制度、打冤家等场面。

4.《额尔古纳河畔的鄂温克人》(1957—1959),35 毫米黑白胶片,5 本。影片记录了东北大兴安岭鄂温克族的游猎生活方式、婚姻习俗和原始宗教信仰等。

5.《苦聪人》(1959—1960),35 毫米黑白胶片,4 本。影片记录了云南金平哀牢山区苦聪人处于父系家族公社的社会面貌,以及山林居住、刀耕火种的生产生活习俗等。

6.《独龙族》(1960—1961),35 毫米黑白胶片,6 本。影片记录了云南怒江贡山独龙族处于原始社会末期家族公社发展阶段的社会面貌,以及刀耕火种的农业、采集和渔猎生活以及纹面习俗等。

7.《西藏的农奴制度》(1960—1961),35 毫米黑白胶片,7 本。影片记录了西藏地方农奴制度的社会面貌,以及领主们的黑暗统治,也展现了农奴制废除后的社会巨变。

8.《新疆维吾尔族地区夏合勒克乡的农奴制》(1960—1962),35 毫米黑白胶片,6 本。影片记录了新疆墨玉县夏合勒克乡在民主改革前存在的封建农奴制及农奴主庄园概貌等。

9.《景颇族》(1960—1962),35 毫米黑白胶片,6 本。影片记录了云南多个地方景颇族的某些原始社会残余现象,"血族复仇"以及家庭婚姻和宗教活动等。

10.《西双版纳傣族农奴社会》(1960—1962), 35 毫米黑白胶片, 12 本。影片记录了云南西双版纳傣族的封建农奴制度及组织形式, 婚姻丧葬及宗教信仰等习俗。

11.《鄂伦春族》(1962—1963), 35 毫米黑白胶片, 8 本。影片勾勒出了大兴安岭鄂伦春族社会由氏族公社、家庭公社到农村公社的轮廓, 记录了鄂伦春族婚姻、丧葬、服饰、手工艺品及萨满教等文化事项。

12.《大瑶山瑶族》(1963—1964), 35 毫米黑白胶片, 12 本。影片记录了广西大瑶山瑶族处于封建地主经济发展阶段, 但还保留着某些原始社会遗迹, 反映"瑶老制""石牌制"等社会组织形式, 以及民族起源、姓氏由来、祖先迁徙等。

13.《赫哲族的渔猎生活》(1964—1965), 35 毫米黑白胶片, 5 本。影片记录了黑龙江边境松花江、混同江和乌苏里江沿岸赫哲族的渔猎生活和渔猎经济, 并简要地介绍了赫哲族的政治和文化。

14.《永宁纳西族的阿注婚姻》(1965—1978), 35 毫米黑白胶片, 6 本。影片记录了云南宁蒗永宁公社摩梭人的原始母系氏族社会特征, 对男不娶、女不嫁的"阿注婚姻"形态做了详细描述。

15.《丽江纳西族的文化艺术》(1966—1976), 35 毫米黑白胶片, 3 本。影片记录了云南丽江纳西族的建筑、壁画、手工艺品、东巴经、音乐、舞蹈等各种文化艺术形式。

16.《僜人》(1976—1977), 35 毫米彩色胶片, 6 本。影片记录了西藏察隅一带的僜人社会存在的氏族公社残余现象, 以及家庭结构和生产生活习俗等。

（三）民纪片的反思

民纪片极其重要的历史文化价值得到了学界的普遍认同。与此同时, 学界也分析指出了民纪片的不足之处，即采用预设的框架和扮演、摆拍等拍摄方法。因拍摄的规范性和可行性要求，大多数民纪片在拍摄前就撰写好了脚本，预先设定了拍摄框架甚至是最终的结论和观点，影片的共同之处在于用一种既定的社会发展的模式来看待不同族群的文化和社会现象，通常要突出表现新旧社会面貌的差异。

民纪片虽然在全面反映民族文化方面还不够深入，有的事象之间关系模糊不清，有些地方不注重细节，影片整体结构也较为相似，影像段落还存在人为的干预和编排等缺憾，但它所具有的极其珍贵的历史文献价值是不能轻易被否定的。朱靖江认为在 20 世纪的五六十年代，这样的摄制规模也堪称是世界影像民族志创作史上的大手笔，但由于彼时中国人类学/民族学研究孤悬于国际学术界之外，历经政治风云的起伏，而影视人类学在西方人类学界亦处于尚未成熟的萌芽状态，因此，这批具有重要的社会历史价值、开创了中国影像民族志实践先河的中国影像民族志的重要文本在相当长的时期内被束之高阁，没有获得深入的文本分析与应有的学术评价。① 在后来的影像民族志创作方法反思热潮中，有一批拍摄者到这些民纪片的原拍摄地点进行了回访性拍摄，通过影像的对比来呈现拍摄地历时性的社会历史风貌的变化，这样的对比更凸显出了民纪片的历史厚重感和珍贵价值。郭净认为，民纪片是亚洲和中国革命的产物，民纪片就是一面镜子，为我们搭起跨越事件对话的桥梁，促使我们反思自身，也反思人群之间多元和依托的复杂关系。从中国影像的发展历程来看，20 世纪 50—80 年代的民纪片不仅延续和拓展了民国时期纪录影像的线索，而且开辟了一个将现代影像技术与中国民族学社会学

---

① 参见朱靖江《田野灵光——人类学影像民族志的历时性考察与理论研究》, 学苑出版社 2014 年版，第 134 页。

的学术传统及中共革命实践相结合的局面。它在民国与当代纪录影像（包括民族志影片和新纪录片）之间承担了承前启后的作用。民纪片虽有一些遗憾之处，但这批影片却无疑奠定了中国影视人类学的学科基础，是中国影视人类学学科不可或缺的重要部分。

第三节　新技术的普及运用

一、新技术的普及

影像自诞生之日起就与摄影、摄像和声音等技术的发展密切相关，影像技术可以对客观世界进行如实的、形象的记录而被应用于民族学、人类学、影视人类学的研究中，与其他以文字信息表达为主的学科相比，视听技术对影视人类学的发展显得尤为重要。所谓新技术的"新"是一种相对而言的概念，"新"依托于所处的时代和技术并借助一些具体媒介物质得以显现。

"任何一种视听技术都包括影像和声音的采集记录、编辑制作、传送播放三个主要过程。19世纪后期，随着感光化学、精密机械和光学技术的发展，电影技术诞生了。电影是由摄影机采集连续影像，把它记录在胶片上，再通过放映机回放给观众。"[①] 在摄影机未发明前，传统绘画便是现实世界图景视觉化"再现"的唯一方式，而且这种"再现"具有明显的主观性。然而，电影摄影机能将物质世界记录在胶片上，并能跨越时间空间的限制在银幕上再次呈现。与传统绘画不同，影像是对现实的复制品，更具客观性，影像对现实

---

① 庞涛：《论现代视听科技在影视人类学中的应用》，《民族研究》1999年第2期。

世界的"客观记录"和"真实再现"使影像技术受到重视并运用。电影便是最早的唯一的活动影像记录工具，电影影像的存储载体是电影胶片，胶片有65毫米、35毫米、16毫米、8毫米和超8毫米等尺寸，不同的胶片也对应着不同的电影摄影机，通常胶片尺寸越大的摄影机越笨重。16毫米及以下的胶片摄影机是后来才出现的，相对来说更为轻便且操作简单。早期的电影经常使用35毫米的胶片，拍摄相关设备笨重，操作技术难度大，这种胶片虽然保存时间长且影像质量高，但电影总的制作成本高，而且播放需要专业的机器，影片的放映和传播效果有限。我国于20世纪50年代拍摄"中国少数民族社会历史科学纪录电影"时大多使用的就是35毫米的胶片，如杨光海在拍摄《佤族》时带了35毫米德国的徕卡照相机，后来用苏联的基辅照相机进行拍摄。电影胶片在当时是极为珍贵的，民纪片的拍摄对胶片抠得较紧，通常严格遵循1：3的比例，就是说10秒中的影片内容，至多允许拍到30秒，不能超过规定的片比，这也在一定程度上限制了影片的拍摄。另外，当时的胶片还是以黑色胶片居多，后来才发明了彩色胶片，所以民纪片中只有《僜人》是彩色影片，其他的都是黑白影片。

20世纪中期及以前，鉴于影像技术和拍摄设备的限制，影像摄制也只是掌握在少数专业人士手中。20世纪50年代后期，电子技术迅速发展促使电视技术的出现，电视技术的发明和录像带的使用迅速推动了影像技术的进一步发展。特别是在拍摄的同时还能采集现场声音这一同期录音技术的突破，改变了影片传统配音方式，画面和声音的同步增强了拍摄影像"真实"感，也使民族志影片的摄制更为便捷。这种利用电子技术来记录和传播活动影像的新技术在此后二三十年里飞速发展，与之相应的影视摄制相关设备也不断更新换代。传统电影摄制需依靠专业电影机，影像制作采用机械剪辑手段的非线性编辑模式，影片制作难度很大。电影的载体是电影胶片，只能通过专业的电影设备才能播放，传播渠道受限。然而，基于电子技术的电视摄像机和录像机的协同使用让影像采集和记录变得更加便捷和高效，电子编辑设备的连续编辑功能让影像画面制作更为容易。电视影像的记录载体是录像磁带，录像带便于携带，更易在各地迅速流转传播，且电视影像还可通过无线电广泛传播。对比传统笨重的电影专业录播设备和机械剪辑方式，基于电子技术的影像拍摄、制作及传播显然更具优势，而且相关设备的功能不断增强且越来越轻便。因此，基于电子技术的影像摄制方式迅速受到影视工作者的青睐和推崇。20世纪80年代后期，国内已有研究机构使用电视摄像机拍摄人类学影片。因电子设备的特性和优势，影片拍摄现场已不再需要多人组成的团队，通常一两个人就能完成拍摄，拍摄中也减少了对拍摄对象的人为干扰，这为人类学家的田野观察和拍摄提供了极大便利。因此，基于电子技术的影像设备也逐渐成为人类学纪录片新手田野调查和摄录制作的技术手段。

随着微电子、集成电路等技术的进步和发展，促成了数字技术、多媒体技术和网络技术等新技术的出现及应用，人类当时正在步入数字化信息化时代。进入21世纪后，数字摄像机、数字录像机、数字编辑特技机、数字录音机、数字电视等电子设备的功能越来越强大，影像质量越来越好，为影片摄录剪辑制作及传播提供了更好的物质基础。而且，基于新技术的影像摄制相关设备还在不断迭代更新中。特别是计算机技术的出现迅速改变了传统的影视制作方式，计算机技术可以同时处理图片、文字、声音、影像和大量的数据，可把多种不同的信源集中进行管理、分析和处理，并且能将信息采集以二进制文件形式进行数字化存储。另外，在影视制作领域还必须提及非线性编辑系统，随着编辑技术的发展，影像的剪辑制作从早期的机械人工剪辑发展为计算机界面的可视化任意编辑，极大地降低了影视剪辑的难度和门槛。新技术的普及和应用为影像摄制实践和观念创新提供了更多的可能性。日趋成熟的计算机技术、多媒体技术、网络技术以及非线性编辑技术等改变了影像记录、编辑和传播的形式，正在为影视人类学的创作实践与研究提供着更多的技术支撑。

二、影像记录的普遍化

影像记录必须借助具体的影像摄制软硬件才能实现。在时代发展中，影像技术、信息处理技术、数字技术、多媒体技术的不断发展使影像设备具有更强的功能且操作越发便捷，影像摄制相关硬件设备已从早期硕大笨重的摄影机慢慢演变为小巧轻便的摄影机，影像摄制的准入门槛也在不断降低，由此便促使影像记录逐渐走向普遍化，也促使更多人自觉或不自觉地参与到民族影像的摄制中来。影像记录普遍化的原因主要表现在以下两个方面。

一方面是小型数字摄像机的出现。最早的数字录像机产生于20世纪90年代。1995年7月，日本索尼公司发布了DV摄像机DCR-VX1000，这种新型的影像记录格式使拍摄工作变得更加便捷。在此之后新型号的摄像机不断被研发生产，只是不同厂家不同型号摄像机的数字录像格式并不统一，有不进行数字压缩的，也有采取数字压缩的。无损压缩的摄像机产生的影像质量最高，为广播级别，影像可直接在电视台播放，通常为电视台专业人员所使用。数字多媒体技术的优越性使之迅速渗透到电视广播制作的各方面，随即摄像机的应用范围更加广泛。数字摄像机自产生后不断采用新技术并升级，功能越来越强大，性能亦更佳。到了1999年前后，随着DV摄像机的逐渐普及，影像拍摄设备变得小巧轻便而且价格低廉，有的小型数字摄像机虽然体积很小，但拍摄影像质量却接近广播级摄像机的水平，且价格不高，已成为学者和影视工作者拍摄记录的首选设备。2003年以后，更多的独立电影制作人和艺术家开始使用DV拍摄。2004年，第一台HDV1080i高清摄像机诞生。

此后，数字影像从"标清"转向"高清"，为影像拍摄提供了更好技术设备支持。随着时代的发展，计算机的运算速度在不断提高，硬盘的容量不断扩大，这使影像的采集和编辑更加便捷。另外，随着 DV 技术的发展，DV 摄、录、编等设备的价格更加亲民，DV 不再是影像专业人员使用的工具，更多的普通人开始尝试使用 DV，他们开始用 DV 来拍摄记录自己的日常生活和身边事物。可见，快速发展的数字多媒体技术为影像的平民化、普遍化提供了技术保障，DV 的产生及应用加速了影像的大众生产。

另一方面是非线性编辑系统的完善。摄影机拍摄获取的现实场景影像素材只有通过后期编辑制作才能完成影像意义构建并形成影片，影像编辑是创作中极为重要的环节。在电影出现的早期阶段，影片的编辑只能通过人工机械剪辑，之后是基于磁带的线性编辑系统，剪辑工作难度大仍需由专业人员完成。而到了 20 世纪 90 年代以后，人们开发出了"数字多媒体音频非线性编辑系统"，该系统由高性能电脑、音视频采集压缩卡、海量存储硬盘阵列和非线性编辑软件构成。1999 年前后，非线性编辑系统逐渐取代了需要通过对磁带进行顺序剪辑的线性编辑系统，对影像剪辑创作产生了深远的影响。在时代发展中，非线性编辑系统的功能越来越强，操作却越来越简单化，素材可以任意排列，任意修改，随意剪辑，编辑时影像音画的损失较小，保留了高质量的图像，大大提升影像编辑制作的效率和质量，为制作者的创作和创意提供了极为便利的条件。目前常见非线性编辑软件有苹果公司开发的 Final Cut Pro，康能普视公司的 EDIUS，Adobe 公司的 Premiere、Production Studio 以及较为大众化的加拿大 Corel 公司的 Corel Video Studio（会声会影）等。随着非编系统的不断优化升级，其配音、特效、音效、字幕、动画、转场、抠像及调色等功能不断增强，民族影像的剪辑变得更加容易，同时让不具备专业知识和设备的普通民众也能借助编辑系统的强大功能而轻易完成影片的制作，激发了民众参与影像记录和创作的热情，通过影像剪辑来实现自己的电影梦也变得唾手可得。

如今，影像拍摄器材已十分普及，影像拍摄、编辑和处理专业技术门槛越来越低，拍摄成本也不断降低，记录介质从胶片、磁带、录像带等到闪存卡，存储功能更强。人们甚至无需摄像机也可使用随身携带的手机拍摄出高清视频，影像摄制在日常生活中变得越来越普遍。现在，摄影摄像和存储等技术以及摄录编辑设备的不断更新升级使影视人类学工作者进行田野考察和民族影像摄制更加便捷高效，也为普通民众的日常影像实践提供了更多可能性，影像记录的普遍化必然会丰富影像民族志的实践。

第四节　走向自觉的影像民族志

一、中国影视人类学的发展

影视人类学是人类学的分支学科，是电影技术与人类学研究结合的产物，也是一门由国外引介到中国的新兴学科。影视人类学这一名称源于英文"Visual Anthropology"（视觉人类学），该术语于 20 世纪 60 年代才出现于西方国家。然而直到 1985 年，国际影视人类学委员会主席、加拿大蒙特利尔大学教授埃森·巴列克西访问中央民族大学时才将"Visual Anthropology"这一名称介绍到中国。"Visual"有视觉的、看得见的含义，"Anthropology"译为人类学。无论在国内还是国外，这门注重影像技术的学科产生过程都与民族学 / 人类学的田野考察密切相关，而不同国家有其自身的学术用语习惯，因此该学科引介到我国初期的学科名称较为杂乱，有影视民族学、视觉人类学、影视人类学、民族志电影等不同称谓，也引发了学界对学科定义、内涵和功能的探讨。庄孔韶认为："影视人类学是以影像与影视手段表现人类学原理，记录、展示和诠释一个族群的文化或尝试建立比较文化的学问。"[①] 也有其他学者做过不同的学科命名，尽管视角、表述不尽相同，但为了便于进行共识性对话与交流，大多数学者都逐渐接受了这一名称。1995 年，中国民族学学会影视人类学分会成立时便将"影视人类学"学科名称固定下来，此后该学科便有了统一规范的学科名称。当然名称的固定也并不会阻止学者们探究的步伐，如今"影视人类学""视觉人类学"的学科名称之争仍然存在，如邓启耀、王海龙等持"视觉人类学"名称的学者认为视觉包含了一切与视像有关的事物，不仅包含着现代的影视图像，更包含着人类历史中产生的岩画、壁画、雕塑、遗迹以及服饰、图形图案、巫符、鼎等视觉物像和视觉符号。"影视人类学"名称把学科局限于影视手段似乎有一定的局限性。总体上，视觉人类学学科范畴更大，包含了影视人类学，但现在视觉人类学的研究还未更深入，且很多时候二者的研究内容又有重复之处，因此经常会出现对这两个学科名称不加区分而混用的情况。本书更多关注人类学与影视手段结合后产生的民族影像，因此我们暂且采用"影视人类学"这一名称。影视人类学在中国的发展大致经历了学科启蒙和肇始、学科实践与理论探索、学科趋于成熟等几个阶段。

（一）学科启蒙和肇始

追溯学科前缘，中国的影视人类学本土实践源于 20 世纪初至 20—30 年代杨成志、凌纯声、孙明经等专家学者进行的各类边疆社会考察活动和人类学的田野调研，考察调研中拍摄影片使人们逐渐认知了影视手段在田野调查和学术研究中的作用，那时的影像大多也只是对现实世界场景片段进行如实

---

① 庄孔韶主编：《人类学通论》，山西教育出版社 2002 年版，第 557 页。

记录。而影视人类学真正的起步则是 20 世纪 50—70 年代拍摄的"中国少数民族社会历史科学纪录电影",此时影片不再是单独的现实场景片段的呈现,而是民族文化要素提炼后的集中体现,影片的制作开始有了对文化整体描述的架构性思考。影片的摄制采取严格的审查制度,由此而极大地促进了相关工作者们对人类学影片理论的探索与思考,在当时"主要表现在为审查民纪片而召开的一些内部座谈会上,就拍摄民纪片的目的、意义和方法,科学性与艺术性关系等问题进行的探讨、总结,从而产生了我国影视人类学的初步理论"[1]。1961 年,在完成了《佤族》《西藏的农奴制度》等 7 部影片之后,于当年 9 月,文化部、民族事务委员会组织召开了少数民族社会历史科学纪录影片座谈会,历时近一个月,每周座谈 3 次,领导、专家学者、影像工作者集中交流,持续深入地探讨后初步形成了民族志影片拍摄的一些原则和方法,为影视人类学理论的发展打下了基础。因此,以电影手段记录少数民族社会文化状况的"中国少数民族社会历史科学纪录电影"无疑可被认为我国影视人类学学科的肇始。

（二）学科实践与理论探索

20 世纪六七十年代,因社会政治运动的影响,影视人类学如同其他学科一样发展缓慢。改革开放以后,学界各个学科研究也逐渐活跃起来。首先要提及的是早期人类学片拍摄的依托学科——民族学,经过时代的洗礼,中国的民族学 / 人类学从实践到理论都在不断丰富与成熟,这一学科的发展无疑为影视人类学的学科意识觉醒和进一步发展奠定了基础。然后是民族影像相关工作者们的实践与探索。1977 年,中国社会科学研究院民族研究所成立电影摄制组,开展民族志影片的拍摄。1978 年,影像民族志摄制者杨光海先生

---

① 　陈景源:《中国影视人类学发展述略》,《民族研究》1998 年第 2 期。

等人发表文章呼吁："组织和集中必要的力量,有计划、有步骤地继续摄制处在过去不同社会发展阶段上的我国少数民族社会历史诸形态,有系统、有重点地反映和记录各民族社会的历史和现状、文化遗产……"① 这篇首次讨论民族志影片的文章成为改革开放后中国影视人类学理论探索的开端。自此以后陆续有先前参加过民纪片拍摄的编导、学者、摄影师等人公开发表文章,回顾民纪片的拍摄历史、分析拍摄过程,总结经验与不足,激发了学界对人类学纪录片拍摄理论和拍摄技术的探究热情。同时,《北方的纳努克》《赤道故事》等国外优秀纪录片也相继引入中国,这些纪录片创作理念为国内纪录片创作提供了借鉴思路,沉寂多年的民族影像拍摄工作逐渐恢复。1978—1980年,杨光海与人合拍了《苗族》《清水江流域苗族的婚姻》等多部影片。20世纪八九十年代,人类学纪录片的拍摄出现了多方参与的格局,云南省社会科学院、中国社会科学院、中央民族学院(今中央民族大学)、中央电视台(今中央广播电视总台),以及云南、四川、贵州、甘肃等地方电视制作机构也逐渐参与了人类学纪录片摄制,创作出了大批民族影像作品,如《施洞苗族的龙舟节》《哈萨克族的丧葬习俗》《白裤瑶》《黎族妇女文身习俗》《丝绸之路》《话说长江》《唐蕃古道》等,这些影片中真正称得上影视人类学片的只是其中的一部分,虽然影片在内容上对人类学关注的内容表现得不充分,但社会多方力量的介入使民族影像的创作更具活力,为影视人类学相关学科理论的总结提供了实例。"可以这样说,这一阶段我国影视人类学的摄制工作采取了谨慎的'试验性'的拍摄,每一部片子都有了较深的学术内涵。虽然片子数量不多,在大量的非影视人类学性质的民族片的冲击下显得默默无闻,但是

---

① 杨光海等:《努力摄制更多更好的少数民族社会历史科纪片》,《中央民族学院学报(哲学社会科学版)》1978年第2期。

我们认为，这种'沉默'，正是中国影视人类学学科意识觉醒前的思考，也是中国影视人类学从非自觉走向自觉的必然现象。"[1] 还有就是学术交流对视野的开拓。20 世纪 80 年代以后，我国学者得以走出国门参与国际人类学民族学大会和相关影展并放映中国拍摄的人类学影片。如 1986 年，中央民族学院电教中心主任李德君教授在南加州大学《社会影视人类学通讯》第 2 卷第 1 期发表论文《影视人类学在中国》（这是中国学者首次向国外介绍中国影视人类学的文章）。1988 年，中国社会科学院民族研究所所长杜荣坤出席了第 12 届国际人类学民族学大会并放映了我国 20 世纪五六十年代拍摄的人类学纪录片，宣读论文《影视人类学在中国的发展》（与杨光海合著）。1989 年，民族研究所杨光海应邀参加弗莱堡市第三届民族学与第三届世界电影研讨会，会上放映了《佤族》《苦聪人》《独龙族》和《僜人》等影片并介绍了中国人类学片的概况。[2] 我国影视人类工作者的积极参与在国际学术界引起了一定的反响，促进了国外影视人类学界与我国学界的交流合作，德国、日本、澳大利亚等国家的影视人类学家陆续来到我国进行学术交流。随着拍摄实践的不断丰富和对外交流交往的增多，开拓了影视工作者的学术视野，理论研究也更趋活跃，探讨的内容更深更广，涉及人类学片的性质与特色、人类学片的拍摄与后期制作、人类学片的学术价值与功能以及影视人类学发展等，这些理论与方法的探讨不断丰富着我国影视人类学学科理论，搭建着我国影视人类学的基本学科框架。

（三）学科趋于成熟

自 20 世纪 90 年代至今，是我国影视人类学逐渐趋于成熟并不断发展完

---

① 王清华：《影视人类学在我国的发展》，《云南社会科学》2003 年第 6 期。
② 参见单万里《中国纪录电影史》，中国电影出版社 2005 年版，第 388 页。

善的时期。20 世纪八九十年代，国外影视人类学相关书籍和文章逐渐被有识之士引介到中国，极大地拓展了研究者的学术视野。1989 年，中央民族学院出版社出版了美国影视人类学者卡尔·海德的《影视民族学》，该书对我国影视人类学的发展起着重要作用，促进了中国学者对影视人类学理论的探索，学者们从影视人类学片的性质、影视人类学学科定位、拍摄目的、拍摄原则、拍摄范围、拍摄技术手段等展开论述，不断构建学科的理论与方法，在理论层面为学科的进一步发展奠定了良好的基础。1995 年，在北京召开的"首届中国影视人类学国际学术讨论会"是一次重要的会议，其中国内代表 33 人、国外代表 21 人，与会专家学者们围绕会议议题："新中国人类学影片的拍摄实践和理论研究；国外影视人类学的历史和理论；人类学影片的研究价值、教学作用和其他功能；人类学影片研究中多媒体技术的应用"[1] 展开深入的讨论，进一步扩展了学术研究视野，启迪了民族影像制作的新思路和新理念。同时"影视人类学"学科名称的规范也促使学界进一步聚焦学科研究范围、内容和方法的探讨，促进着影视人类学的发展。

自 20 世纪 90 年代起，国内一些高等院校相继开展了影视人类学教学和影片拍摄实践活动。1991 年，云南大学历史系在全国率先开设影视人类学选修课程。1995 年，中央民族学院新闻专业为研究生开设了影视人类学课程，1997 年，则又在民族学系开设了影视人类学必修课。1996 年，广西民族学院（今广西民族大学）也开展了影视人类学专题讲座。随后，中山大学、兰州大学、中南民族大学等高校也相继开设影视人类学课程。影视人类学原理、中外影视人类学发展史、影视文化、纪录片创作、拍摄技能、影片剪辑等课程被纳入课堂教学中，学科体系框架建设、教学内容设置、教学方法等不断完

---

[1]　张江华：《影视人类学国际学术讨论会综述》，《民族研究》1996 年第 2 期。

善，持续的教学实践使影视人类学的教学体系不断完善日趋成熟，自此以后影视人类学教学逐渐走向专业化和规模化发展之路。

在影视人类学的发展过程中既有影像民族志的拍摄实践，又有专家学者的理论探索，还有专业化的教学，更有优秀的影视人类学者不断涌现。在多种因素的协同助推下，影视人类学这一外来学科逐渐完成了学科本土化的嬗变，理论研究和影片创作实践两方面都显得更加理性和思辨。张江华、李德君等人合著的《影视人类学概论》（2000）是中国第一部影视人类学专著，该书全面深入地探讨影视人类学的研究对象、人类学影片的特征、功能和拍摄原则等，力图以我国影视人类学的历史和现状为依据构建中国的影视人类学学科体系，填补了学科领域空白，影视人类学逐渐走上系统化研究的道路。后续有邓卫荣、刘静合著的《影视人类学——思想与实验》（2005）、庄孔韶主编的《人类学概论》（2006）、伍新明编著的《影像与异像——影视人类学的理论与实践》（2007）、王海龙著的《视觉人类学》（2007）、吴秋林著的《影视文化人类学》（2008）、李光庆著的《影视人类学理论探究》（2011）、邓启耀编著的《视觉人类学导论》（2013）、黄冠玫美著的《影视人类学的视界》（2015）、朱靖江著的《在野与守望：影视人类学行思录》（2019）等，这些只是影视人类学成果中的一部分，还有很多优秀的著作在此就不再一一列举。这些著作专业化、系统化地展开影视人类学发展历程、理论与创作实践、学科内涵与属性及学科建设等问题的研究，多视角、全方位、多面向地呈现学科发展的轨迹，这些轨迹交织编绘了影视人类学的学科蓝图。影视人类学不仅理论研究取得进步，创作实践方面成果也颇为丰硕。《沙与海》《藏北人家》《最后的山神》《甫吉和他的情人们》《山洞里的村庄》《沙漠人家》等影片在国际相关影展上屡屡获奖，引起了国内外学界的关注和强烈反响。

在开放发展的时代背景下，影视人类学界的国内外学术交流活动持续增多，促进着影视人类学的发展。1995 年，在成功召开"首届中国影视人类学国际学术讨论会"后，随即成立了"中国民族学学会影视人类学分会"并开展工作，学会"除个人会员外，还有全国 13 家省级电视台国际部和福建东南亚影视有限公司、中国民族影像出版社等 15 个团体会员。学会还创办了不定期刊物《影视人类学通讯》"①。这是我国影视人类学发展中的重要事件，它改变了长期以来各机构之间分散和封闭的状态，打通了学术交流与合作的通道。学会的成立也标志着中国影视人类学作为一个学科开始平等地参与国际人类学界对话，更多的影片走到了影视人类学国际学术舞台。自此以后，我国影视人类学界积极加深与国际人类学界交流和合作，在国际影视界和一系列的学术研讨会中学习提升并借鉴国内外经验，通过加强学术交流来促进学科发展，为中国影视人类学立足本土实践、成熟、发展起到了积极的作用。学者们"在消化西方学说、完成学科规范的基础上，结合田野实践后的思考，结合我国民族社会的具体情况，初步建立了具有我国本土特色的影视人类学理论体系"②，并且我国影视人类学逐步在国内外学术舞台上树立学科地位和学术地位。学界较为重视学术交流的作用，在每一次国际性或全国性的学术论坛召开后通常会将会议相关内容汇聚以论文集形式出版，让学术交流的成果惠及更多的人，扩大学术交流的功效性和影响力。如《影视人类学国际学术讨论会（北京）论文集》（1998）、《视觉对话——兰州 2002'影视人类学国际学术研讨会》（2003）、《视觉纪录——内蒙古 2005'影视人类学国际学术研讨会论文集》（2007）、《视觉人类学论坛（第 1 辑）》（2015）、《视觉人类学论坛（第 2 辑）》（2016）、《视觉人类学论坛（第 3 辑）》（2017）等。2009 年的

---

① 　单万里：《中国纪录电影史》，中国电影出版社 2005 年版，第 388 页。
② 　王海飞：《近三十年来中国影视人类学的发展与研究》，《民族研究》2008 年第 1 期。

"国际人类学与民族学联合会第 16 届大会"开启了国际民族志电影在中国的先河。2013 年，中国影视人类学专业电子期刊《视觉人类学论坛》诞生，搭建了影视人类学理论探讨和拍摄实践反思的专业化学术交流平台，虽然总计发刊 13 期，但其作用不可被忽视。2019 影视人类学国际论坛在北京召开，主题为"构建人类命运共同体：跨文化文明互鉴"，这是学科融合深化的标志，也是学科在时代背景下对人类社会共性问题的回应与探讨。与此同时，民族志影片的展映展播活动持续推进，也让社会民众有更多机会接触民族志影片。目前，中国民族志影像展、广西民族志影展、华语民族音乐影视展等多级民族志电影展成为影视人类学片最重要的展示和交流平台，由此也扩大了学科的社会影响。

　　在长期的民族影像实践过程中，全国各地的影视人类学相关机构不断成长，如清华大学新闻与传播学院的清影工作室、云南省社会科学院白玛山地文化研究中心、中南民族大学民族学教研室、中央民族大学民族学与社会学学院影视人类学研究中心、文化和旅游部民族民间文艺发展中心、新疆师范大学民族学与社会学学院社会文化人类学研究所与影视人类学工作室、云南大学东亚影视人类学研究所、中国社会科学院社会学研究所、广西民族博物馆、中国社会科学院民族学与人类学研究所影视人类学研究室、云南省社会科学院影视人类学研究摄制中心等。[①]通过大量的田野实践、民族志纪录片实践创作、理论研究和教学、学术交流等活动，我国的影视人类学不断汲取养分、完善自身并扩宽学术空间，已逐渐摆脱早期单一的"民族文化展示"模式而有了新的发展，用影像深度诠释民族文化，学科发展进入全面整合的阶

---

① 参见鲍江《影视人类学季春》，载朱靖江主编《视觉人类学论坛》(第 1 辑)，知识产权出版社 2015 年版。

段，形成了以学术价值为基准，目标各异、类型有别、方法多元的人类学影像民族志的研究和创作体系。

从学科的发展定位来看，早期的影像民族志是依托于民族学田野调查的产物，是文本民族志的补充说明，处于文化描述的辅助地位。随着学科理论的发展，影像民族志成为学科理论指导下产生的独立影像学术文本，它不再是文本民族志的辅助，而是成为与文本民族志具有同样重要学术价值的影像文本。然而，现在仍将民族志影片视为文字性民族志或是人类学理论研究补充的观点依然存在，学科理论体系也有不健全之处，学界主导拍摄的影片虽也存在诸多不足，影像民族志的创作与理论研究还有待加强，但该学科从引介至今一直在进行着"本土化"探索与实践，随着影视人类学与其他学科间互动、交流、合作的加深，影像独立表意功能的增强，影像民族志的创作将更加丰富且多元，学科理论将得以提升，学科体系亦会更加完善成熟。

回顾影视人类学科历程可知学科的发展道路艰难而曲折，然而这种艰难曲折也促使学科研究逐渐从最初的无意识、非自觉走向有意识的自觉状态，从而开启了学科进一步发展之路。

二、云南影像民族志的发展

影视人类学的标志性成果形式就是影像民族志作品。影像民族志与影视人类学的发展密切相关，二者发展历程几乎是完全相同的，但影像民族志的实践探索比影视人类学的概念出现得更早，可以说实践于理论先行。云南是中国影视人类学的重要发源地，云南地处祖国西南边陲云贵高原之上，云贵高原气候复杂多样，地形地貌变化独特，具有多样化的自然生态景观，地理自然资源优势和多民族共生造就了云南绚丽多姿的民族文化资源，也正因高原独有的自然生态景观和少数民族风土人情，吸引了大批专家学者和影像爱好者以云南作为拍摄对象，使云南成为全国率先开展民族影像研究的三个地方之一。在此地，专家学者和相关影像工作者们积极开展民族影像的创作实践与探究、进行专业化的教学、探讨学科理论、举办影展、搭建学术交流平台等，一代代学人薪火相传一脉相承，为云南民族影像和中国影视人类学的发展积极贡献力量。

（一）民族影像的机构教学与实践

云南影像民族志的产生最早源自国外影像爱好者，之后是国内学者们对云南的社会考察，留下了珍贵的史料影像，然后是20世纪50年代的少数民族社会历史调查以及拍摄的民纪片，如《苦聪人》《景颇族》等。在开展少数民族社会历史调查工作时，云南大学和云南民族大学（原云南民族学院）民族学相关专业的师生和云南省民族研究所的学者们就参与了云南地域的少数民族社会历史的调查工作，在调查中就已经接触到了民族文化的影像表达方式，他们中有的就此走向了民族文化的影像表达和研究之路。

在民族影像专业化教学方面，云南是国内起步最早的省份。1991年，云南大学率先在历史系的高年级班开设了"影视人类学"选修课，聘请蔡家麒、范志平、郝跃骏、刘达成等经验丰富的学者和编导进行授课，带领学生观摩影片。当时因经费紧张不能购买拍摄设备，学生无法拍摄实践，学习主要还是在理论层面，但这也是国内最早进行的影视人类学教学活动。云南大学也较为重视这一学科，在时任云南大学历史系主任林超民、云南省社会科学院原职工郝跃骏、广东东亚音像制作有限公司和福建东宇影视有限公司董事长肖锋等有识人士的积极推动下，云南大学、德国哥廷根科教电影研究所、香港美亚影视制作传媒有限公司和广东东亚音像制作有限公司建立了合作关系，并争取到了德国大众基金的支持。1994年，"东亚影视人类学研究所"在云南大学成立，林超民担任所长，王筑生担任副所长，"该所的宗旨是为建立和发展中国影视人类学，为中国培养一批具有一定理论水平和实际操作能力的影视人类学人才，并以现代化的影视手段抢救、记录许多正在或即将消失的人类学资料"[①]。云南大学东亚影视人类学研究所（以下简称"东亚所"）成立后率先开设了影视人类学课程，该所于 1999 年 3 月—2000 年 2 月、2001 年 8 月—2003 年 3 月举办了影视人类学培训项目，两期共培训学员 20 名。项目课程设置参照英国格林纳达影视人类学中心的课程体系，授课教师来自欧洲，进行全英文授课。曾到过东亚所授课的教师有英国的保罗·亨利、美国的霍金斯、德国的芭芭拉·艾菲等国际顶尖的影视人类学家。另外还有来自德国和其他国家的影视专家和人类学家到云南大学进行授课或开展讲座，同时，机构还为学员们提供一些国际交流学习的机会等。通过培训，学员们已熟练掌握了影像民族志的摄制方法，他们摄制的多部民族志影片还在国际的纪录片影展中获奖。东亚所培养出了一批具有国际视野和较高专业素质的学员，朱靖江、鲍江、陈学礼、徐菡、张海、艾菊红、曾庆新等人曾经就是这个项目的学员，如今他们已经成为中国影视人类学研究、教学和影片创作的骨干力量。后来东亚所因人事、制度及资金等原因产生了一些变动，由谭乐水担任常务副所长，在缺少原有支持资源的情况下，东亚所克服重重困难在暑期连续举办影像培训班和进修班，持续不断地进行云南民族影像的实践。东亚所的合作项目实践为云南与国际的影视人类学专家建立了沟通的桥梁。

云南大学作为云南影像专业教学的先行者极为重视影像在学科教学及实践中的应用。1999 年，学校组织了"跨世纪云南少数民族调查"，2003 年，组织了"新世纪中国少数民族调查"，出版了一系列成果，在这些调查中也使用了影像的手段。自 2003 年起，云南大学开始在云南多个少数民族村寨

---

① 刘达成：《影视人类学在云南》，《云南民族学院学报（哲学社会科学版）》1995 年第 4 期。

建立调查研究基地，为师生开展持续的田野调查和影像拍摄奠定了基础。同时，学校在开展学科方法论的研讨中进行了新的尝试，推动了当地少数民族撰写"村民日志"和影像拍摄的实践。2006 年，云南大学成立了西南边疆少数民族研究中心影视人类学实验室，"建成影视编辑室、影视播放室、多媒体点播系统和资料室，配备多种型号的摄像和编辑设备……主要任务是收集与制作民族学 / 人类学影视资料；建立包含中国人类学 / 民族学者、中国西南民族民间文化的影像库；致力于西南民族民间文化的保护和传承；培养人类学电影摄制的专业人才等"①。该实验室已完成了一批民族学 / 人类学者访谈和云南民族民间艺人的影像记录等摄制工作，此外还组织每周一次的"纪录电影论坛"，协助举办"民族学纪实影像沙龙"以及其他学术会议和影视学术交流活动，丰富了教学实践形式，形成了浓厚的学术研究和交流氛围，现已成为对云南民族影像发展极为重要的机构。与此同时，云南大学的硕士点设置了影视人类学研究方向，进一步拓展影视人类学理论及研究的深广度。2001—2008 年，云南大学还曾以"人类学与影视制作研究生进修班""人类学电影拍摄与制作"名称招收并培养了 4 届影视人类学专业的学生。长期多样化、多层次的影像教学实践使云南大学积累了丰富的影视人类学教育教学经验。

　　云南大学持续的影像教学实践为云南培养出了一批高素质的民族影像专业人才，也带动了影视人类学在云南的发展。云南民族大学、云南师范大学、云南艺术学院等高校也更加重视影像在学科中的运用。事实上，云南民族大学于 20 世纪 90 年代就购置了多媒体视音频非线性编辑设备，"以拍摄本省少数民族题材的人类学片为己任，拍摄了《毕摩与祭坛》《云南师宗瑶族受戒仪

---

① 鲍江：《影视人类学季春》，载朱靖江主编《视觉人类学论坛》（第 1 辑），知识产权出版社 2015 年版，第 65 页。

式》《罗婺婚俗》《傈僳族澡堂会》等 10 余部影片"[1]。云南民族大学的民族学及
相关专业在后续的教学与实践中应用影像技术已逐渐成为常态，拍摄了大量
民族文化相关的影像资料或短片，丰富着云南民族影像的内容。此外，云南
其他高校的新闻传播学院及影视学院等也在不同程度地进行云南影像民族志
的探索与实践。如 2001 年云南艺术学院电影电视艺术系（今电影电视学院）
成立，开展大学本科纪录片教学，课程设置包括基础影像制作等内容，后来
学院持续坚持举办电影节，还积极参加参与组织和承办云之南人类学影展等，
培养出了一批具备专业素质的纪录片人，其中有的就专注于云南民族影像的
创作。云南艺术学院也招收影视人类学方向的研究生，学生在完成硕士论文
的同时还需摄制关于云南影像民族志作品。

　　云南民族文化影像化探索除高校外还有其他机构的积极参与。始建于
1958 年的云南民族电影制片厂一直把云南民族文化作为重要的拍摄内容，
1983—1987 年，"该厂先后拍摄了《博南古道话白族》《纳西族和东巴文化》
《泸沽湖畔的母系亲族》等涉及云南 17 个少数民族的 18 部影片"[2]。在这些影
片中饱含大量民族文化信息。云南省社会科学院民族学研究所承继先前民纪
片和其他民族文化相关纪录影片拍摄的传统，即便在科研经费紧缺、设备人
员有限的情况下，仍在坚持拍摄。该院于 1982 年在情报中心建立了"影视摄
制组"、在民族学所建立"民族影视制作中心"，开展民族影像摄制工作，并
在此基础上于 1995 年建立了"影视人类研究摄制中心"，开展影视人类学理
论研究、拍摄民族志影片、建立影视人类学资料库以及组织学术交流等，进
一步拓宽和发展了影视人类学这一学科。在 20 世纪 90 年代期间，该中心在

---

① 　单万里：《中国纪录电影史》，中国电影出版社 2005 年版，第 381 页。

② 　王海飞：《近三十年来中国影视人类学的发展与研究》，《民族研究》2008 年第 1 期。

基于影视人类学理论研究的基础上拍摄了《拉祜族的宗教信仰》《云南藏族》等影像资料。另外，90 年代，一些民间音像影视机构也参与了人类学纪录片的摄制，如广东东亚音像制作有限公司、艺研影视社、云南影视广告艺术公司等都对云南社会和民族文化有所关注，摄制过反映云南民族文化的影片，虽然这些影片并非严格意义上的人类学片，但也在一定程度上推动着人类学纪录片的发展。

值得一提的是，20 世纪 90 年代，云南电视台的刘晓津、谭乐水，昆明电视台的周岳军和云南省社会科学院的郭净组成了"复眼"小组开展纪录片的摄制，这对云南民族影像的发展产生了积极的影响。在多年的探索中，云南省社会科学院民族影像工作者们已摄制了《澜沧江》《西盟佤族边寨日录》等一批具有影响力的影像民族志作品，发表了一些具有影响力的理论探讨文章。2000 年，云南省社科院白玛山地文化研究中心成立，该中心主要开展山地文化研究和影像教育研究，"影像教育主要是在研究区域利用影视人类学的手段开展文化传统的教育"①，至今中心已开展过"滇西北保护与发展行动计划""社区影像教育课题""社区教育课题""乡村影像课题"以及云之南纪录影像展等民族影像相关研究和影片拍摄实践活动，进一步丰富了我国影视人类学的研究内容。云南省博物馆还曾定期举办民族志电影放映和幻灯展示等，积极助力云南民族影像发展。此外，云南民族文化音像出版社、中央新闻纪录电影制片厂驻云南记者站以及云南电视台和云南各州市电视台等影视传媒机构也成立了纪录片工作室，陆续摄制了民族文化主题相关的纪录影片。

---

① 鲍江：《影视人类学季春》，载朱靖江主编《视觉人类学论坛》（第 1 辑），知识产权出版社 2015 年版，第 51 页。

对云南民族影像的发展来说，2015 年由云南艺术学院牵头实施的国家艺术基金人才培养项目"影像民族志人才培养"是一次重要的实践，该项目获得国家艺术基金管理中心 90 万元的资金资助，项目开展了为期 30 天的理论教学，邀请了邓启耀、朱靖江、雷建军、鲍江、吴乔等全国知名影视人类学专家学者，何明、王建民等知名人类学家，以及胡台丽、范华等海内外影视人类学专家现场授课，在田野拍摄实践中聘请了纪录片经验丰富的谭乐水等人担任技术指导，吸引了大批具有影视人类学兴趣的师生参与。借助国家艺术基金项目实施之机有幸促使影视人类学界学术大咖聚集于昆明呈贡，一个月的理论教学在传播先进理念和拍摄经验技巧的同时更是促进了学者间的彼此沟通交流，更重要的是让民族影像的概念逐渐深入人心，让人们重新认识到影视人类学的重要性和研究的可行性，也增强了云南民族文化的自信心，凸显了云南民族影像研究的资源和区位优势，直接或间接地带动了一批影像民族志人才的成长，可以说是影视人类学界一次意义重大的盛会。

（二）民族影像的学者实践及学术交流

云南民族影像的发展离不开学者的参与，云南民族影像相关工作者们以积极主动的姿态推动着云南民族影像的发展。东亚所的杨昆、和渊、李昕等几个同学在"西祠胡同"网站社区平台共同组织了"昆明电影学习小组"，他们在网络论坛上发起民族影像相关主题的讨论与交流，为全国志同道合的影片爱好者搭建了网络交流的平台，论坛参与者不同的视角和观点也促进着他们对云南民族影像的认知与思考，这个论坛在网络上也产生了一定的影响。另外，学习小组"自成立之日起，数年来每周定期在云南大学校园内组织了一系列观影活动，放映了大量研究所馆藏或个人收集的电影佳片……同时他们还出版了数期《电影笔记》，主要刊载小组成员的影评文章和与本地制片人的采访录"①，留下了一些珍贵的影像资料。他们定期在云南大学 517 教室举行的放映会不仅仅是集中观影，现场还要进行影片的交流和讨论，这是云南民族影像爱好者第一次自发组织的民间团体性观影和影评活动。后来，在云南省社会科学院学者郭净的引导、推动和帮助下，该电影小组成员和渊、杨昆、杨青、李昕、曾庆新和易思成等人以外来的和本土的影像文化长期积淀为基础先后参与策划并运作了"云之南纪录影像展"。该影展"以思想艺术交流为主旨，以纪实影像为主要表现形式，用'影像展'的方式，鼓励原创性、多文化视角以及多样化艺术表现的纪录片参展"②。第一届影展于 2003 年 3 月 21—27 日在昆明举办，名称为"云之南人类学影像展"，同年出版了《云之南人类学影像展手册》，从第二届开始改名为"云之南纪录影像展"。云之南影展活动场地通常选择云南省图书馆、云南省博物馆、高校等公共空间，为普通民众观影提供了更多机会，扩大了民族影像的传播范围。影展平台拓展了人类学纪录片的生存空间，促进影像新人和前辈间的交流与探讨。影片展映和研讨推动了云南民族影像的进一步发展，也在一定程度上改变着纪录影像的生存和发展环境。影展的举办并非一帆风顺，如 2007 年云之南纪录影像展改为在大理进行内部放映，虽然困难重重，但云南民族影像工作者们仍然坚持为之。自 2003 年第一届开始，每两年举办一次，截至 2011 年，共举办了 5 届，收录了 900 余部纪录片，曾为拍摄者、拍摄对象、学者、观众等群体提供了相互交流、探讨和切磋的舞台，其作用不容忽视。遗憾的是，云之南纪录影像展因资金和其他因素的影响而停办。

　　中国的影像民族志作品在改革开放前处于较为封闭的状态，几乎不为

① 易思成：《云南民间独立影像概述》，《当代艺术与投资》2007 年第 7 期。
② 唐莉：《作为"民间记忆"的中国独立纪录片分析——以云之南纪录影像展为例》，硕士学位论文，安徽大学，2010 年。

外界所知。1993 年时，德国学者瞿开森来到云南省社会科学院商谈项目合作，由此与云南影像结缘，通过他的引介，我国影视人类学与西方国外同行交流的通道打通了。民纪片也正是在这样的机缘下才逐渐被国际社会认知的。1994 年，云南民族影像《甫吉和他的情人们》受邀参加了德国哥廷根国际民族志电影节，这是一个良好的开端。此后我国便有更多的影像民族志作品逐渐走入国际影视人类学界舞台并发出了自己的声音。学术交流是促进学科发展的重要渠道，云南民族影像也在学术交流中不断找寻生存空间并扩大其影响力。2005 年，日本东北艺术工科大学举办"云南影视人类学的新起点"主题展映活动时还放映了云南的 5 部人类学影片，即民纪片《佤族》(1957)以及云南纪录片人拍摄的《吉祥格布》《阿卡新年——嘎汤巴》《金平哈尼族的纺织工艺》《儿子不在家》等影片，以这样的形式展示云南民族志纪录电影前后相续的历史脉络。最为盛大的学术会议是 2009 年在昆明召开的"国际人类学与民族学联合会第十六届大会"，国内外四千余名学者参会，会议展映了从世界各国精选出的 23 部人类学影片，会议组织的观影、影评和交流活动拓宽了影像工作者的学术视野，也展现出了影视人类学理论和实践的革新。这次会议在影视人类学的发展史上具有里程碑意义。会议的影展手册《文化之眸：国际人类学与民族学联合会第十六届大会影展》不仅有入围影片的介绍，还有我国影视人类学的发展历程和早期实践等相关内容，极具价值。云南民族影像工作者们积极在各类纪录片节参展影片，积极参与学科相关的学术会议和研讨活动并争取发言。在 2019 年影视人类学国际学术研讨会召开期间，来自云南的几位影视人类学学者都进行了发言，如云南大学张海的《缅甸克钦 / 景颇民族影像志研究》、云南大学李伟华的《身体展演与视觉呈现：中国人类学魁阁学术史研究》、云南大学陈学礼的《作为反思共识的民族志电影》①，他们表达了自己的研究观点，在学术交流平台上发出了云南的声音。不同层次和规模的民族影像展映活动及相关学术会议研讨促进了云南民族影像的传播与发展。

在高校、研究机构以及电视台等机构开展的民族影像相关实践之外，民间民族影像的实践也悄然拉开帷幕。2000 年，云南省社会科学院白玛山地文化研究中心在郭净、章忠云等人的主导之下开展了"社区影像教育"项目，以帮助村民借助影像工具表达自己的观点和意见，拍摄有关当地文化的纪录片，并利用这些片子开展社区文化的自我教育。多位学者和影像工作者都积极参与了村民影像技术的培训工作。随后云南民族影像工作者又相继开展了多项村民影像相关的项目，依托不同项目的民间影像拍摄实践促使村民更加关注本民族文化传统，村民影像实践丰富并拓展了云南民族影像的类型。

（三）民族影像学人的探索与成长

云南为我国影视人类学发展做出了积极的贡献，云南民族影像摄制及理论研究的相关成果学界有目共睹。至今，云南仍在中国影视人类学研究中占有一席之地，这些正是一代代学人薪火相传、不懈努力的结果。

20 世纪五六十年代在民纪片拍摄实践中成长起来的第一代影像民族志工作者，如杨光海、徐志远、蔡家麒、谭碧波、杨毓骧等人，他们在拍摄中付出了艰苦卓绝的努力，摄制出了大量珍贵的民族志影片。他们在影像拍摄实践之余不断进行反思和总结并发表研究成果，如从事人类学纪录片编导、具有 40 余年拍摄经验的影像民族志工作者杨光海对民纪片的历史做了概括性的

---

① 参见鲍江《多点起源到交流互鉴：影视人类学 70 年的一个视角》，《民间文化论坛》2021 年第 6 期。

梳理，形成的论文《中国少数民族社会历史科学纪录影片的回顾与展望》于1982 年公开发表，文中首次公开提出了"民族志影片"的概念。同时，他不断总结自己多年的拍摄经验并使之上升到理论层面，他在后续的《谈民族学影视剧本的编写》和《人类学电影导演基础》(内部资料) 这两篇文章中对中国民族志电影的拍摄技术和拍摄理论进行了系统化的探讨和总结，为中国民族志电影的制作提供了宝贵的指导意见。1981 年，杨光海将历时三年收集整理的民族纪录影片文字资料汇编成了《中国少数民族社会历史科学纪录影片剧本选编》，该资料由当时的中国科学院民族研究所内部印刷成册。自 1978年起，云南学者蔡家麒也陆续发表了《努力摄制更多更好的少数民族社会历史科纪片》(合著，署名"蔡家骐")、《试论民族学摄影》等相关文章。这些思考与探讨促进了中国影视人类学学科理论的发展，直接助推云南民族影像的发展。在加强文化建设的新时期，学者们以文化自觉的心态策划编撰了"中国民族纪实影像书系"，经过杨光海先生同意，他之前汇编的资料被重新整理为《中国民族社会历史科学纪录片文本汇编》并于 2015 年公开出版，书中有拍摄提纲、分镜头剧本和解说词等选编，是研究当时社会难得的资料，也是一份珍贵的文化遗产。

　　第一代影像民族志工作者为后续的民族影像摄制工作开了好头，也促进了影视工作者的成长，邓启耀、郝跃骏、刘达成、郭净、王清华、张江华、谭乐水、范志平、周岳军、刘晓津、张宇丹等第二代民族影像工作者以更强的学术自觉意识进行了更广、更深的影像民族志相关理论探索。林超民、王筑生、杨慧等人也为促进云南民族影像的发展而积极努力。1988 年，于晓刚、王清华和郝跃骏共同撰写了《影视人类学的历史、现状及其理论框架》一文，其中首次提出了"影视人类学"的概念并作了定义，即"影视人类学是运用人类学的基本理论、方法并用现代影视技术和表现技巧，对人类学研究的对象、范围进行科学综合观照的一门新兴边缘性学科"①。文章对影视人类学的理论和研究内容做出了全面阐述,尝试建立一套有中国特色的影视民族学理论与方法,打开中国影视人类学片研究的新视野。从此以后,新兴的"影视人类学"理论范式逐渐成为学术评判的新标准。

20世纪80年代以后,中国人类学研究有了新的发展,影视人类学的研究在云南也受到了更多的关注与重视,学者和影像工作者们积极投身于学科实践中。八九十年代的云南影像工作者并不具备多少影视人类学的知识和专业自觉,在当时社会时代风气和"新纪录运动"影响下,他们把镜头对准云南少数民族,记录下了大变革时代云南少数民族文化及其变迁,丰富着中国影视人类学研究对象和内容,有的影片也成为影视人类学的经典作品。影片创作实践过程为他们总结并提升影视人类学相关学科理论打下了坚实的基础,也激发了他们进行拍摄反思和学科理论探讨,增强了学科自觉意识。1991—1995年,《昆明社科》杂志开辟了"民族影视文化研究"专栏,这是人类学理论探讨的一次有益尝试,该专栏陆续发表了20多篇影视人类学理论探讨的文章,其内容涉及影视人类学拍摄原则、意义和方法,以及现代化手段的应用等方面。云南学者刘达成对影视人类学理论也有着较深的思考,他提出了一个横跨纪录片与风情片的"民族影视文化"大框架,并将这个框架与"民族志影片"和"影视人类学"的概念做了对接。他还发表了《影视人类学在云南》等论文,聚焦探讨中国影视人类学的发展问题。另外,张江华的《影视人类学国际学术讨论会综述》,王清华的《影视人类学在我国的发展》,蔡家麒的《"影视人类学"理论与方法的再探讨》《中国影视人类学40年回顾》,

---

① 于晓刚、王清华、郝跃骏:《影视人类学的历史、现状及其理论框架》,《云南社会科学》1988年第4期。

张宇丹的《纪录片知识谱系的演进轨迹》等论文，这些影视人类学学科相关问题的探讨和学科发展的反思在理论层面为学科的进一步发展奠定了良好的基础。郝跃骏长期坚持民族志影片的摄制，在田野工作中经历了各种艰难险阻但从未退缩，他曾说："只要我拿起摄影机，只要我在城市以外的任何大山之中，一切功名利禄、人世间所有的烦恼均可全抛脑后；唯有大山和大山里的山民以及他们创造的丰富而灿烂的文化能让我发狂。或许正是这种狂劲，任何力量和非学科的诱惑都难以阻止我放下手中的摄影机并停止对那些正在消逝中的传统文化的影视抢救记录工作。"[①] 正是有着这样执着的精神和坚持的品质，他创作出了一批优秀的影像民族志作品。这种深切的热爱与韧性的坚持也正是很多影视人类学工作者共有的品质特征。第二代影视人类学工作者所取得的成就和所做出的贡献是有目共睹的，但他们却从不自满停下探索的步伐而是继续迈步前行，如云南大学王筑生等人编译了《影视人类学原理》，译介工作对中国影视人类学的理论方法创新是非常必要且重要的，这也是云南学者对中国影视人类发展做出的重要贡献之一。如郭净于 2019 年出版的《影视人类学实践与思考》对影视人类学的发展、云南影视人类学的实践、乡村影像故事以及电影节参展等做了梳理和回顾，探讨了影视人类学的理论及创作实践问题。无论何时他们都在推动学科发展及学科人才培养方面一如既往地积极贡献自己的力量。

　　随着影视人类学学科理论的发展与成熟，云南影视人类学的队伍逐渐壮大，鲍江、朱靖江、陈学礼、徐菡、张海、易思成、朱凌飞、李昕等第三代影视人类学工作者在学习和实践中逐渐成长起来。事实上，这批人都曾在东

---

① 郝跃骏：《我用摄影机来抢救记录变化中的文化》，郝跃骏纪录片名人工作坊，2012 年 10 月 8 日，http://jishi.cntv.cn/program/gongzuofang/hyj/20121008/100298.shtml。

亚所学习过，他们是我国纪录影视史上第一次中外合作培养出的影视人类学专业人才，他们受教于顶尖的影视人类学家，受到国际影视人类片制作理念和方法的熏陶，在选题、构思、拍摄、挑选素材、影片结构、剪辑等方面受过规范且严谨的训练，既熟悉理论还擅长拍摄，他们以专业的学术素养和学术自觉开展民族影像的实践和理论探索，丰富着影视人类学的学科理论。朱靖江的专著《田野灵光——人类学影像民族志的历时性考察与理论研究》对中国影视人类学的发展做了全面的梳理，且详细介绍了国外影视人类学相关理念和影片摄制理论的演变进展，历时性的考察以清晰的脉络呈现出了中国影视人类学与国际影视人类学的关联与区别。朱靖江编著的《民族志纪录片创作》一书从学理层面梳理了影像民族志发展往和现状，而且详细解析了民族志影片摄制的要素和注意事项，为影像民族志实践提供了方法指导和具体可行的操作指南。鲍江的《你我田野：倾听电影人类学在中国的开创》通过对中国民族影像前辈杨光海等人的访谈，重新把民纪片《永宁纳西族的阿注婚姻》等的拍摄过程呈现出来，反映了早期民族影像实践的具体情况。陈学礼的专著《被隐藏的相遇：民族志电影制作者和被拍摄者关系反思》强调民族志影片意义的建构性，深入探讨拍摄者和被拍摄者之间不平等关系的实质，以及民族志电影第二次表述的解构问题。他的《民族志电影实践手册》详细地阐释了民族志电影的基本构成和生产过程、实地拍摄和后期剪辑的注意事项等，呈现了完成一部民族志电影的具体环节和流程，具有较强的指导性。徐菡较为关注西方影视人类学学科发展，她曾到英国曼彻斯特大学格林纳达影视人类学中心深入学习，积极地对西方影视人类学的学科理论进行译介和探索。她的专著《西方民族志电影经典：人类学、电影与知识的生产》对西方民族志电影发展概况、代表性人物及代表性影片进行了系统化梳理，清晰地呈现了西方民族志电影发展的脉络和理论变化。她的论文《电影、媒介、感觉：试论当代西方影视人类学的转向与发展》探讨当代西方影视人类学在学科民族志电影制作、媒介运用和感觉研究方面的进展。她的《人类学"观察电影"的发展及理论建构》阐述了"观察电影"的基本发展阶段并归纳了其主要观点与方法。吴秋林和陈学礼合著的《中国西部民族文化通志（影视卷）》（2015）对西部民族文化影像志做了较为细致的梳理与总结。除此之外还有大量影视人类学及影片摄制相关理论探讨的学术成果，在此不再一一赘述。

　　云南民族影像的拍摄实践和学术研究是个长期持续的过程，在此论述中对学人代际的划分也只是基于强调他们在所处时代做出贡献的考虑，他们之间是传帮带的关系，具有一脉相承的学术研究传统。现在，云南影像工作者的联系是极为紧密的，他们依托"民族影像"的共同学术追求而建立了人际关系网络，加强了相互间的沟通、交流与交往，凝聚力量形成了研究的团队，积极为云南民族影像贡献自身力量。2011年，郭净组织了研究团队，访谈了杨光海、徐志远、谭碧波、杨毓骧、蔡家麒、曹成章、刀永明、刀述仁、杨俊雄9位中国民族志电影先行者，于2015年出版《中国民族志电影先行者口述史》，通过访谈对象的讲述呈现出了早期云南民族电影制作历史和当时的社会历史状况。此外，郭净、徐菡和徐何珊还访谈了林超民、谭乐水、郝跃骏、王清华、和渊、陈学礼、芭芭拉·艾菲、李昕、张静红、保罗·亨利等11位影视人类学家，于2013年出版了《云南纪录影像口述史》（第一卷），以不同的视角讲述了20世纪80年代以来云南纪录影像发展中的重要事项及个人的民族影像创作实践及研究的相关经历等，呈现时代变迁中的云南民族影像发展概况。这两部口述史中的个人讲述和对话彼此交互印证云南民族影像发展的推动事项及事件细节，以及人物的交集和相互关系等，较为翔实地呈现出了历史进程中云南民族影像产生与发展的历史渊源。

　　由此可见，云南民族影像的发展具有清晰的学术脉络，学人们的研究一脉相承，三代学人共同造就了云南民族影像的学术品质。

（四）云南民族影像的发展历程

　　云南民族影像是中国影像民族志的重要组成部分。自 20 世纪初至今，不同时代、不同背景的影像作者记录下了大量云南地域特定时空的真实民族文化事象、民俗风情和自然景观等，形成了丰富珍贵的云南民族影像资料和民族志电影。学界早有学者开展了中国影视人类学及影像民族志的发展历程研究，朱靖江把中国的影像民族志创作实践分为 20 世纪 50 年代到 70 年代的"中国少数民族社会历史科学纪录电影"、20 世纪 80 年代到 90 年代的"新纪录运动"以及 20 世纪 90 年代至今的中国学院派影像民族志和 2000 年以来的"社区影像民族志"几个部分进行考察[1]，并对每一阶段的影片进行了详细考察分析，其中内容也涉及云南民族影像的发展，为云南民族影像发展的阶段划分提供了些许思路。云南本土学者郭净对云南影像民族志的发展历史进行了梳理，他认为云南民族影像的发展可以分为三个时期，即"1933—1949 年，民国边疆考察电影时期；1957—1981 年，少数民族社会历史科学纪录片时期；1980 年代至今，新民族志电影或影视人类学时期"[2]。边疆考察电影时期是知识分子救国存亡、心怀天下而进行的边疆社会历史考察，考察中借助了影像的手段，这是知识分子以影像方式呈现的对云南的最初认知。少数民族社会历史科学纪录片时期，这批影片是新中国成立后由上而下主导拍摄的，虽然拍摄手法具有明显的时代特征，但这批纪录片不仅延续和开拓了民国时期纪

① 　参见朱靖江《田野灵光——人类学影像民族志的历时性考察与理论研究》，学苑出版社 2014年版。

② 　郭净：《民族调查与电影传统——"民纪片"渊源初探》，载朱靖江主编《视觉人类学论坛》（第1辑），知识产权出版社 2015 年版，第 73—74 页。

录电影的线索，而且开辟了一个将现代影像技术与中国民族学—社会学的学术传统以及革命实践相结合的局面，也构成了中国影视人类学的一个重要组成部分。到了新民族志电影或影视人类学时期，民族志影像的理论已然日趋成熟，理论指导下的影像民族志创作实践越发多元化。

学界对影像民族志发展历史的梳理和阶段划分为本研究提供了有益的思路。基于中国影视人类学的发展以及学者们对民族影像发展阶段性的考察和划分，也考虑到 2000 年以后"社区影像民族志"的迅猛发展之势及其产生的影响，下面拟将云南影像民族志分为边疆考察电影时期、少数民族社会历史科学纪录片时期、新民族志电影或影视人类学时期、社区影像民族志时期几个部分，不同类型影片的产生与社会历史进程紧密相关且具有阶段性特征，这样的阶段划分与影视人类学的学科发展和学术研究一脉相承，能更好地展现云南影像民族志的大致发展脉络，试图呈现云南影像民族志在不同历史阶段的发展状况和特征，更为全面、系统地展现云南影像民族志的真实样貌。

第二章
云南影像民族志的概况及类型

影像民族志作品反映着不同时期人们的影像使用态度。19 世纪末期至 20 世纪初人们对影像的使用更多的是出于对新技术的好奇，20 世纪三四十年代的影像使用是专家学者们的自主选择，50 年代至 70 年代则是出于宣教与记录目的的部署。80 年代至 90 年代以后影像的使用逐渐变得普遍，而且影视人类学也在迅速成长，高校、研究机构、电视台等相关人员一直进行着较为专业化且学术化的影像民族志实践，可谓学院派的民族影像。同时，他们中也有一些人则走进更广阔的田野，试图运用影像的力量，激发民众的自觉，重新构建地方性的知识，开展家乡文化调查，也在一定程度上影响着当代乡村文化建设。2000 年以后，更多的普通民众也拿起摄像机进行自我文化的影像表达，人们对影像的使用更加自主和自觉。至此，我国的民族志影片已超越以往由文化精英创作单一作品阶段转向广大民众积极参与创作多元作品的阶段，不同群体通过长时间和持之以恒的记录共同构建民族影像的面貌，也由此产生了不同类型的民族志影片。总之，不同时代的影像实践主体都在积极书写属于自己的时代影像"史记"，从而造就了丰富多样的影像民族志。

第一节　云南影像民族志的阶段性作品

云南民族影像在历史进程的不同阶段因境遇不同，获得了不一样的资源和学术养分，因此影像民族志作品本身蕴含并体现着时代的特征与特色。本书把云南影像民族志作品置于边疆考察电影时期、少数民族社会历史科学纪录片时期、新民族志电影或影视人类学时期、社区影像民族志时期等几个时段中进行考察和分析，选取各阶段部分代表性影片做详细介绍，展现云南民族影像的丰硕相貌。

一、边疆考察电影时期（1927—1949）

民国时期，民族学吸收借鉴国外学科理论并积极开展着我国本土的调研和考察，20 世纪二三十年代已有学者开始了带照相机和摄影机的边疆民族考察工作，考察者的足迹也留在了云南土地上。1928 年，杨成志到云南考察少数民族。1934—1936 年，凌纯声、陶云逵等人曾到过云南考察。1937 年，抗战全面爆发后，基于时局和战局的考量，把祖国西部开发成为抗战大后方已经成为全社会的共识。此时学界也显示出时代的担当精神，积极开展西部边疆民族的社会考察活动。被誉为中国影视人类学先驱的庄学本是纪实摄影大师，他也曾到过云南考察少数民族，他拍摄留存下来的照片与西方考察者拍摄的不同，一方是中国本土学者，另一方是西方外来者，二者间的文化背景和文化立场决定了拍摄视角的差异性，他的照片展示的是中国学者眼中当时的云南社会和民族面貌，为云南民族留下了可信度极高的视觉档案。孙明经是中国早期纪录电影的推动者，也被称为"带着摄影机的徐霞客"，他开创了以电影形式记录国情和地理调查的先河，致力于摄制纪录片和科教电影，也关注手工艺和现代工业，共摄制了百余部影片。他和魏学仁于 1942 年到云南拍摄了《防空电厂》《机械制造》《长寿水力发电》（记录了抗战背景下，发电厂被迫迁入云南山洞的情景）等 7 部工业系列影片，留下了云南工业发展历史的珍贵影像。在此时期的考察活动中虽然对影像有了一定程度的运用，但图片影像资料大多只是调查的补充说明，是对真实人物、事件、场景的影像化记录，是对日常生活情景的简单复制，这些影像是一种证据式的存在，大多仅作为证据资料使用。由于技术的局限和纪录观念的缺失，这个时期的影像工作者并未有意识地将影像剪辑成为具有一定主题的影片。虽然这些影像与现代意义的纪录片存在着差距，但影像具有的人类学价值和对当时社会民族文化的反映是弥足珍贵的，也可认为是中国人类学电影的雏形。

二、少数民族社会历史科学纪录片时期（1957—1981）

20 世纪 50 年代，我国启动了全国范围内的少数民族社会历史调查和民族识别工作，此项工作由时任全国人大常委会委员长彭真亲自重点抓管，为此，调查组奔赴全国各地开展工作。云南作为中国少数民族最多、国境线长的西南边陲省份，自然成为调查的重点地区。云南调查组由知名人类学家费孝通任组长，侯方岳担任副组长，另外还有民族学家林耀华、中央民族学院（今中央民族大学）宋蜀华、中国科学院经济研究所（今中国社会科学院经济研究所）朱家桢、中国科学院考古研究所（今中国社会科学院考古研究所）赵学谦、中国人民大学历史系宋恩常等学者以及北京师生百余人，他们共赴云南调研。事实上为了配合做好这次民族调查和识别工作，云南省已于1956年7月就成立了云南省民族研究所（今云南省民族研究院），协调人员组建调查队伍并开展相关工作。云南高校的杨堃、方国瑜等师生以及民族研究所的学者们也加入了调查工作。在实际调查工作开展过程中，云南省又抽调省委各厅局、省民委、省语委等机构的人员参与其中，为保障调查工作的顺利开展，各市州县配备党政和翻译干事、武装人员等。如此规模的调查工作直接或间接地带动了人们对云南民族文化的关注。

拍摄民族影片是调查和识别工作的一部分，有专门的机构来负责。1957

年，在民纪片拍摄之初，八一电影制片厂就派出四个摄制组奔赴不同的地点进行拍摄，其中郑治国、杨光海被派到云南拍佤族。1958年，云南少数民族社会历史调查组按照上级部门的有关要求成立了一个电影摄制组，组员为谭碧波和徐志远两人。谭碧波曾在陕甘宁边区文化协会工作，新中国成立后被调到云南省文联工作，他作为民族调查组的一员以自身的兴趣和责任担当于1958年1月执笔编写了电影脚本《边疆民族纪实》，他的思考对云南民族影像的摄制是有意义的。

随着拍摄工作的推进，先后又有中央新闻纪录电影制片厂的陈和毅、北京科学教育电影制片厂的张清、杨俊雄、李云阶、袁尧柱等专业拍摄人员到云南继续开展拍摄工作。在众多专家学者、云南省少数民族社会历史调查组成员、云南民族研究所、北京和云南的部分师生共同参与下，共摄制了7部反映云南少数民族文化和社会风貌的纪录片，这7部影片涉及云南的佤族、傣族、纳西族、独龙族、拉祜族（苦聪人）、景颇族6个少数民族。全国性的调查工作一共拍摄了16部民纪片，其中7部是关于云南民族的，云南民纪片的数量是此次拍摄之最，占了总片数的三分之一以上，无疑谱写了云南民族影像光辉的篇章。影片从侧面反映出了云南民族文化的丰富性，以及解放前后云南民族社会历史的复杂性，也显示了中央政府对云南少数民族的关怀。在此次民族识别和调查工作中，云南积累了丰富的民族影像资料，仅在云南省社会科学院的相关档案中，就有专门的"云南民族调查照片资料"和"云南民族调查电影纪录片资料"两个系列，前者收藏了12000多张底片和照片（少部分为1960年以后拍摄），其中大部分已由调查者整理成不同民族的专辑。[1]拍摄和调查活动使云南丰富多彩的民族文化资源宝库被更多人认知，云

---

① 参见郭净等编著《中国民族志电影先行者口述史》，云南人民出版社2015年版，第17页。

南的专家学者和影像工作者也因参与此项工作而积累了经验，影响带动了一批学者，他们在后来的云南民族影像的生产中发挥着重要作用，云南也成为中国影像民族志创作的沃土，为影视人类学的发展提供了丰富的养分。云南7部民纪片的摄制情况和内容如下。

（一）《佤族》（1957—1958）

拍摄提纲：谭碧波、徐志远。

分镜头剧本：郑治国、杨光海。

摄影：郑治国、杨光海。

拍摄地点：云南省普洱市思茅区西盟佤族自治县西盟山马散寨子（村）。

影片内容：影片介绍了佤族社会的整体概况，西盟佤族在解放前处于原始社会末期向奴隶社会过渡的阶段，佤族的社会组织一个村寨就是一个独立的经济、政治和军事单位，村寨内最高权力是村寨男子全民大会，平时由窝郎、头人、魔巴共同处理全寨事务。佤族以农业为主，传统耕种方式是刀耕火种，采集也是重要的生活来源，狩猎仅在农闲时进行且会对猎物进行平均分配。影片记录了佤族人烧山开种前看鸡卦、锄耕撒种、挖野薯、采野菜、分割猎获的兽肉、剽鱼等活动，记录了薅草、割谷穗、踩谷穗等劳作场面，谷子的分配方式、手抓食物的饮食方式以及盖新房、娶亲等过程；记录了拉木鼓仪式中的歌舞狂欢、剽牛、"砍牛尾巴"争抢牛肉的祭鬼宗教仪式。影片对复仇械斗也有所反映，如佤族人面对疾病时的魔巴祭鬼仪式，死者的安葬方式等，以及记录了处理纠纷的习惯法裁决方式，如对偷窃行为使用竹签戳手的方式裁决。还记录了佤族和周边民族的物物交换以及小集市上人们使用半开货币购物的过程。影片的结尾部分展现了解放后的西盟佤族新气象，如政府运来了救济物资，民族工作队队长调解纠纷，让有矛盾的村寨放下仇恨言和，佤族人民积极进行生产劳作的热烈场面等。

（二）《苦聪人》（1959—1960）

拍摄提纲：宋恩常、徐志远、杨毓骧、杨光海。

导演、摄影：杨光海。

拍摄地点：云南省红河哈尼族彝族自治州金平苗族瑶族傣族自治县勐拉乡翁当区。

影片内容：影片介绍了苦聪人的整体概况，金平县哀牢山区的苦聪人常年漂泊在无边无际的原始森林里，采取刀耕火种的方式种植，农作物主要是玉米，也会进行采集和狩猎活动。苦聪人处于父系家族公社发展阶段，家族公社一年或两年就要进行一次大迁徙。影片记录了一个苦聪家族的搬迁过程：首先是家族长用芭蕉叶和旱谷粒卜卦选择了新的居住地，他们提前到那儿搭好芭蕉叶和竹叶茅棚，这就是他们未来的新居。他们返回原来住地收拾好全部家当，带上祖先牌和火种便开始走上迁徙之路，火是他们生活中最重要的东西，迁徙第一天傍晚时，瓢泼大雨浇灭了火种，经过长时间艰难的摩擦两片竹片，终于重新生起了火。他们到达新居便开始了正常的生活，日常的饮食是竹筒苞谷面饭，用手抓食。新居通常就在耕地的附近，在耕种前他们先砍树晾晒，然后烧成可耕种的地，地划分之后各家撒上苞谷种任其自然生长，玉米成熟后再去收割。在闲时，苦聪男子还会组成狩猎队伍去打猎，影片中的这次狩猎射中的是一头野猪，兽头分给射中者，其他的平均分配给每一位猎人。妇女也会去挖野薯作为日常饮食的补充。12月到次年1月，苦聪人会选择吉日过年，大家杀猪、备酒，共同庆祝。他们没有自己的集市，与周边的哈尼族、苗族等彼此间进行以物易物的交换。由于没有布，新生儿出生后用芭蕉叶包裹。人生病了祈求鬼神，死后用树皮盖好，藤条包裹，就地埋葬，然后他们又开始了新的迁徙。影片的最后部分是，解放后政府几经周折才寻找到了苦聪人，给他们带来了救济物资，哈尼族、瑶族等附近各族男女帮助他们盖新房，他们搬出原始森林。影片记录下了工作组教他们开水田的过程，以及收割稻谷、热闹的集市、小学生唱歌、医务人员注射等场景。

（三）《独龙族》（1960—1961）

拍摄提纲：云南省少数民族社会历史调查组、云南省少数民族社会历史研究所洪俊、谭碧波、刘达成、杨光海在实拍中对提纲进行了修改补充。

导演、摄影：杨光海。

拍摄地点：云南省怒江贡山独龙族怒族自治县西部独龙江畔。

影片内容：影片介绍了独龙族的整体概况，独龙族居住在高黎贡山峡谷间的独龙江畔，到处是原始森林，往外界的通道是崎岖狭窄的山路，过河只能用木、竹制作的溜索，独龙族也采取刀耕火种的方式种植。新中国成立前独龙族停留在原始社会末期家族公社阶段。影片记录下了一位外出返家、饥肠辘辘的独龙人在途中见到他人留下的粮袋而不食的场景，体现出了独龙族族人"物各有主，道不拾遗"的美德。独龙族人外出交换物资时因路途艰辛漫长，风餐露宿，为减轻负担会把粮食挂在树上以便返回时取食。家族族长组织家庭成员烧荒播种，共同在园田里耕种劳作。在收获玉米后，则按户平均分配。日常生活中，独龙族妇女舂玉米，石板碾压出荞面，烙荞面饼，给家庭成员分食物。妇女会织布缝衣服，男子编织渔网，捕到的鱼会送给亲友。另外，独龙族人会去采野果、采黄连、挖野百合等。男人们会组织狩猎，狩猎之前祭祀山神，捏塑"面野兽"作贡品，实际捕获的猎物则平均分配给狩猎家庭成员。另外，影片也记录下了独龙女子的文面习俗、求婚仪式、卜卦选择地基、盖新房仪式，以及人生病请巫师念鬼、人死后的丧葬形式等民俗文化。独龙族人没有法律体系，在面对纠纷时，独龙族人采用习惯法调解，通常由家族族长当众主持调解，当事人摆棍说理，家族族长根据情况做出判决。在独龙族社会中，因娶妻送礼或因病祭祀鬼神，出现了借贷小牛的现象，牛的大小使用拳头丈量。斧头是独龙族的稀缺品，借斧头也要支付一定的报酬。12月是独龙人的"过年月"，他们共同庆祝，剽牛祭天，跳"牛锅庄舞"等。影片还记录了西藏察瓦龙土司派来的管家和随从进入村寨收贡品，抢人家孩子，欺压独龙族人的场景。为此，独龙族人组织了反抗，他们选举军事首领，用木刻传递动员命令，联合众人共同反抗藏族土司。影片的结尾是贡山县委按照工作计划，组织马帮驮运来了各种救济物资，教独龙人种稻谷，建立卫生所，建立气象站。人们在集市购物、工人装云母、打谷机打稻谷脱粒等画面，呈现出欣欣向荣的景象。

（四）《景颇族》（1960—1962）

拍摄提纲：云南少数民族社会历史调查组、云南省少数民族社会历史研究所，徐志远做了补充修改。

导演、摄影：陈和毅。

拍摄地点：云南省德宏傣族景颇族自治州德宏地区潞西、陇川、瑞丽、盈江等地。

影片内容：影片介绍了景颇族的整体概况。景颇族的祭祀仪式较多，如秋收前由专人念鬼、打鸡卦、杀小猪祭献祭官庙时的仪式。人生病了也是念鬼、卜卦、牛祭献。景颇村寨有旱地和水田，有水田的村寨会种植稻谷。刀耕火种也是景颇人的耕种方法之一，在砍树烧荒、耕种前会举行"纳破"仪式。土地是公家所有，人们在公地上义务劳作。有的村寨村民可以通过"号地"的方式自行耕种，新入寨农民可通过向山官交一定的物品请求得到土地的使用权。日常生活中妇女会去采集野果，男人们进行狩猎，对猎物也是进行平均分配。村民间在日常劳作、建造房屋上会不计酬劳相互帮助。影片以全景方式展现了景颇村寨的面貌，茅屋前有人春米、纺线、编织、制作酒筒、背水等日常生活场景，如记录下了一个过路男子到一户景颇人家"吃白饭"的场景。景颇人税赋重。收获后进行粮食的分配，先要交"公仓"，付"牛租"，还债等，另外还要交棉花、笋干、半开（一种货币）等"杂派"。山官辖区附近的汉族、傣族要请求山官保护还得每年交"保头税"等。景颇族人已发展出了贸易形式，他们在集市上进行货物买卖。影片记录了景颇族人的宗教庆祝大典"木脑脑"（也称"目脑"或"木脑"）仪式过程。在婚姻方面，景颇人婚恋自由，卜卦定婚姻，实行"抢婚"，丈夫死亡后实行转房制度等。影片还记录了因越界种地，两个寨子起冲突，发生血族复仇的事件。调解村寨纠纷的"拉事"过程是对村民间不能判明的嫌疑案件采取如斗田螺、赌咒、捞开水等"神判"的裁决形式。影片中记录下因衣服丢失事件而进行的"闷水"裁决过程。影片的最后部分是解放后的景颇族新景象，政府发放救济物资，实行民族区域自治制度，成立生产文化站，开展互助合作运动，对民族上层山官的改造教育使之融入合作社中。炼铁、修沟、包装奶粉、碾米，建设出学校、卫生所、食堂场景等呈现出繁荣的景象。

（五）《西双版纳傣族农奴社会》（1960—1962）

编剧：曹成章（执笔）、刀永明、刀述仁。

顾问：谭碧波。

导演：张清。

摄制：杨俊雄、李云阶。

拍摄地点：云南省西双版纳傣族自治州傣族村寨。

影片内容：影片介绍了傣族社会的整体概况，西双版纳地区的傣族社会经济以农业为主，主要种植水稻，也在坡地、旱地里种植玉蜀黍等，生产工具除木制的以外已有砍刀、铁犁、铁锄等，善于纺织和编织篾器，会榨糖、酿酒、烧陶器，农村集市有商品买卖，也有"串门子"的以物易物交换形式。傣族社会实行封建领主制度大土地所有制，田分为"家族田""寨公田""私田"等。封建领主的政治组织中召片领是最高封建统治者，傣语意为"广大土地的主人"，召片领司署设置不同职务和等级的官员分管不同的事务。封建领主有"孟"和"翁"两等，农民也分为"傣勐""滚很召"等级，各等级分别建立村寨，实行严格的等级管理。此后领主的各个寨子有着明确专门的分工，各司其职，不得越界。傣族有本民族的法典，通过议事庭处理诉讼和执行刑法。议事庭是一个非常重要的机构，负责发布各种命令、条例和法规，摊派各种款项，以及提升、加封或免除头人官职等，农民承担着各种繁多的税赋。傣族人民信仰南传上座部佛教，男童9岁以后要进寺庙当和尚。影片记录了盛大庄严的赕佛仪式及宗教信仰活动、赶摆的热闹场景。傣族佛事活动多，佛寺的费用全部由群众承担，这给傣族人民的生活带来了沉重的负担。影片还反映了傣族封建领主对山区人民的严苛统治，领主富裕生活与农民贫困状态形成了鲜明对比。影片对傣族的婚丧嫁娶也有所反映。影片的最后部分介绍了解放后的西双版纳，政府宣传讲解民族政策，傣族人民控诉封建领主罪行，各民族党员举行宣誓仪式，傣族人民摆脱了压迫和奴役。傣族聚居地区也展开了农业生产合作社，发电站、制茶厂等呈现出热火朝天的景象。

（六）《丽江纳西族的文化艺术》（1966—1976）

编剧：詹承绪、杨光海。

顾问：秋浦。

导演：杨光海。

摄影：袁尧柱。

拍摄地点：云南省丽江市。

影片内容：影片以丽江文化艺术为主题，呈现了丽江美丽的自然风光，纳西人常见的住宅样式（"三坊一照壁"的院落以及门上、屋顶上的浮雕和图案）。影片聚焦丽江城、半边街，展现了地主家房屋的浮雕和雕刻彩绘，土司宫殿的建筑样式和装饰图案，对五凤楼、佛国寺、文峰寺、普济寺、玉峰寺等的建筑艺术、佛像、壁画、彩绘雕刻等进行了集中展现。同时也关注到纳西象形文字与东巴经书等文化载体、精美的铜器和刺绣等民间艺术。在音乐方面记录下了纳西人唱跳"哦门达""乌热热"的热闹歌舞场景，也有古乐队演奏古乐"北石细里"（自元代遗传至今，是极为著名的大型组曲）以及其他乐曲的场景。片子还介绍乐队吹奏使用的直笛、二黄、中音胡、音锣、琵琶等各种乐器。影片较为全面地呈现出了纳西族文化艺术的成就和整体概貌。

（七）《永宁纳西族的阿注婚姻》（1965—1978）

编剧：詹承绪、杨光海。

顾问：秋浦。

导演：杨光海。

摄影：袁尧柱。

拍摄地点：云南省丽江市宁蒗彝族自治县永宁公社纳西族（摩梭人）。

影片内容：影片介绍了摩梭人的婚姻概况，永宁摩梭人村落每个家庭是一个生产消费单位，家庭中一般有二代至四代成员，他们的婚姻形态较为特别，通常男不娶，女不嫁，盛行阿注婚姻，家庭成员的血统从母系计算，妇女在家中享有较高的地位。影片记录了母系家庭的房屋结构、家庭成员情况、饮食习俗以及日常劳作等。当人生病时通常要请"达巴"为病人祈祷施行巫术，病人不愈则由长女平均分配死者财产给自己和姐妹们，人死后要请喇嘛念经，实行火葬制度。一个家庭若没有女继承人，采取过继养女的办法续嗣。女孩13岁时要举行穿裙子礼，男孩13岁时举行穿裤子礼，这意味着他们已经成年，成年礼之后就可以自由结交阿注。结交阿注的时机很多，过年期间各村寨都会立秋千，男女们打秋千，跳"锅庄"趁机结交阿注。朝狮子山会时男女盛装，结交阿注或是联络感情，日常劳作中也可结交，只要双方愿意都可结交。结交阿注的同时可过偶居的生活，如果是公开稳定的阿注关系，男子可以进入女子家的正房，两家在生产上互相帮助。秋收打稗子时男子们会帮助女阿注收割。但即使是稳定的阿注关系，也很容易解除，只要男子把行李搬走就算结束了关系。若女子被土司和当权者看上，那女子则暂时失去公开结交阿注的自由，另外一些藏商和汉商也会和摩梭人妇女建立临时同居的关系。影片还记录下了有男子将女阿注带到自己家中生活后将妹妹的东西丢出，母系家庭发生变化，母系向父系过渡的反复性。影片通过画面和解说把永宁纳西族长期保存的母系氏族社会特征呈现出来。

三、新民族志电影或影视人类学时期（20 世纪 80 年代至今）

1978 年，我国开始实行改革开放政策，促使我国社会政治、经济和文化的方方面面都发生着巨大变化。随着改革开放的深入，人们的思想得以解放，文化领域产生了重要变化。就纪录片领域而言，在此之前的纪录片制作大多沿袭主题先行、主题决定形式和内容的专题片形式。20 世纪 80 年代的社会思潮也延伸到纪录片领域，随后社会思潮中的反叛精神在纪录片领域内催生了"新纪录运动"，新纪录运动由体制外向体制内渗透，体制外以吴文光 1990 年独立制作的《流浪北京——最后的梦想者》为开端。新纪录运动虽发轫于体制外，但因资金、设备、渠道、人员等条件的限制，最终却在体制内获得了更大发展和繁荣。新纪录运动摒弃摄制者高高在上的姿态，他们降低机位，采取平等的态度、平民的角度，以及跟拍和同期录音等纪实的手法将镜头对准普通民众进行记录，强调要尊重历史和现实，重点是对人的关注，表达出了强烈的历史性意识和人文精神。体制内则以 1991 年中央电视台的大型电视系列片《望长城》的播出为一个里程碑，影片的播出引起了人们的关注，冷眼旁观式的跟拍，"教化与指导"，声画分离的方式被放弃了，长镜头、跟拍等成为那个时期纪录片拍摄的热门手法。新纪录运动的反叛和独立精神以及新纪录理念引起了影像工作者的关注并激发了创作的热情，在实践过程中创作出了《藏北人家》《沙与海》《最后的山神》《八廓南街16号》《三节草》《阴阳》《神鹿呀，我们的神鹿》等一大批优秀作品，在社会上产生了巨大反响，更重要的是新纪录运动使纪录片本身回归于本体——纪实性，这种纪实性与民族志影像实践遵循的准则完全一致，这批作品注重纪实，同时又展现出强烈的人文关怀。新纪录运动的精神同样也影响着影像民族志的创作与实践，新纪录运动与民族影像的摄制有着千丝万缕的联系，首先，新纪录运动的作品有历史的宏大叙事和现实的日常描摹相结合的"京派"；以平民视角关注底层民众悲欢离合的"海派"；偏好边缘题材，浓郁的人文特色和绮丽的自然景观糅合的"西部派"。① 其中"西部派"关注祖国西部地区。西部幅员辽阔，全国55个少数民族西部就有51个，于中东部地区而言，西部显得闭塞、落后，大部分少数民族还处于传统农耕文明向现代社会过渡的时期，保留了传统文化的原生态和完整性以及民族风情的多样性和独特性。"西部派"所关注的正是影像民族志的研究内容。其次，新纪录运动的人员虽然大多是体制内的，且并无人类学的相关学科背景，但新纪录运动对西部地区和民族文化的关注与影视人类学的研究对象和影像创作手法上都具有高度的一致性和相似性。最后，新纪录运动所体现出来的人文精神，如描述对象的具体化、对优秀传统文化的挖掘，以及影片创作者对历史文化、生命的思考精神，使影片中蕴含着深厚的人文关怀，这与人类学影片的价值也是不谋而合的，因此，

---

① 参见李建华《记录与说明——20世纪90年代新纪录运动》，硕士学位论文，南京师范大学，2006年。

新纪录运动所产生的部分作品也可被认为人类学纪录片。在全国新纪录运动的浪潮影响之下，云南的影像工作者也在积极实践，摄制出了一批颇具影响力的作品，如云南电视台谭乐水的《巴卡老寨》、云南电视台郝跃骏的《最后的马帮》和《山洞里的村庄》、云南电视台刘晓津的《关索戏的故事》《传习馆春秋》和《田丰和传习馆》、昆明电视台欧阳斌的《六搬村》、昆明电视台周岳军的《阿鲁兄弟》等。

　　持续不断的影像实践和经验积累为中国影视人类学科发展奠定了坚实的基础。中国影视人类学于 20 世纪 80 年代开始建立学科体系，自此民族影像进入了新民族志电影或影视人类学时期。此后学界对学科理论的探讨和拍摄实践也逐渐增多，学科得到了进一步的发展，特别是 1995 年中国影视人类学会的成立有力地促进了我国影视人类学的国际交流，促进了我国民族影像创作的发展，影片的广度和深度都有所提升。在参加国内外影展和学术交流过程中，云南高等院校和研究机构的人类学专家学者、电视台影像工作者交流交往越发密切，他们彼此借鉴学习，影视行家逐渐掌握了更多的人类学理论并运用于拍摄实践中，人类学专家学者的影像制作能力也得到了提升，他们共同致力于云南民族影像的创作。另外，云南丰富的民族文化资源和独特的少数民族文化同样吸引了国内外专家学者和影像工作者，云南为民族影像制作提供了沃土，成为民族文化和少数民族题材纪录片的创作重地。云南本土和国内外的专家学者、影像工作者有意识地把镜头对准了云南社会和少数民族历史文化进行记录，创作了大量优秀的民族志影片。他们制作的影片虽有不同的影像摄制理念和价值诉求，但他们用影像之笔书写了更为丰富完整的云南民族社会历史和文化，一起用纪录影片构筑了云南民族的真实相貌。以下将按时间顺序对部分代表性影片做详细介绍，以期获取对影片的整体性认知和把握。

（一）1980—1989 年的民族志影片

《生的狂欢——哈尼族奕车人节日一瞥》(以下简称《生的狂欢》)导演为郝跃骏，影片摄制于 1984—1986 年，取景地为红河州红河县的哈尼族奕车人所在村寨。影片以当地哈尼族奕车人支系的十月年、三月节（姑娘节）、开秧门、五月年（苦扎扎节）等几个主要节日为线索进行拍摄，重视现场抓拍方式的使用，记录了奕车人在节日期间展演的生殖崇拜舞蹈、狂欢活动、祈求丰收的"哈鲁哲"活动等民俗活动以及传统婚姻习俗等文化现象，体现出了奕车人对生的敬重和旺盛的生命力，以及他们对种族繁衍生息的渴望和新生活的向往，反映了人类文化的普遍特征。影片首次使用了纪实的拍摄手法对哈尼族奕车人的历史和独特民俗进行影像还原式保留，可谓中国民族志电影重启拍摄的代表作。

（二）1990—2000 年的民族志影片

《云之南》导演为英国独立制片人菲尔·阿格兰德，影片于 1990—1994 年拍摄，是一部全长 7 小时的大型纪录片。影片记录了丽江及世代生息于此的纳西人，影片采用了故事片式的手法，以中医老唐和好友木屠夫、老唐的女儿、鲁老师、周老师等人物为故事线展开叙述，用镜头语言讲述丽江普通家庭的故事，涉及传统人际关系、农村与城市的关系、青年人的婚恋、中医针灸、文化传承、城市犯罪等，通过对当地普通民众日常生活及喜怒哀乐的展现，将丽江古城和周边村落鲜活的芸芸众生相呈现给观众，也描绘出了丽江古城整体的社会结构。该片获得过英国电影学会格列逊大奖以及最佳纪录片奖等多个奖项。全世界 80 多个国家和地区先后购买过它的播映权，使影片在世界范围内得到了广泛传播，影片成为世界认识中国、认识中国西南文化的视像坐标，该片的巨大影响也使它成为中国纪录片作者的创作标杆。

《甫吉和他的情人们》是云南电视台导演范志平与云南省社会科学院影视

人类学研究员郝跃骏合作的作品，影片摄制于 1992—1994 年。拍摄对象是红河州红河县哈尼族奕车人，他们虽然实行一夫一妻制，但有着"不落夫家"的婚恋习俗，妻子在怀孕生子前不在夫家居住，也就是说结婚后到生孩子前相当长一段时间内夫妻双方都享有结交异性情侣的自由。当地 25 岁的奕车青年甫吉有自己的家庭和孩子，他很爱自己的妻子和孩子，但按照奕车人的风俗，甫吉婚后仍然可以继续结交其他的情人。影片以他的家庭和情感故事为主线，讲述了他与情人们的故事，把奕车人的婚姻形态、家庭观念等呈现出来，是一部展现红河哈尼族奕车人传统婚恋习俗的纪录片。该片得到了较高的认可和评价，曾入选德国哥廷根国际民族学电影节、瑞典斯德哥尔摩第十五届北欧影视人类学电影节以及其他多个电影节展演。

《拉木鼓的故事》导演为郝跃骏，影片由中共云南省委宣传部、东亚影视公司委托拍摄，摄制于 1992—1995 年，拍摄地为云南省普洱市西盟佤族自治县的佤族部落。佤族村寨坐落于中国和缅甸交界的茫茫群山中，部落曾经有着猎头祭祀的习俗，佤族人民崇拜山、崇拜太阳、崇拜主宰万物的大神"莫伟"，他们崇拜神灵，也崇拜木鼓。拉木鼓是他们重要的宗教仪式，佤族人认为木鼓本身就是一种精灵，是神的化身，是人神对话的媒介，是通天的"神器"。猎头祭祀和拉木鼓在解放后因野蛮与落后于 1958 年被禁止。为了研究佤族文化，班帅大寨的佤族人被要求表演性地重现这种已经在佤族部落中消失了三十多年的拉木鼓和砍牛尾巴仪式，对此不同人群意见不一，特别是信守传统的老人们认为如果只搞拉木鼓仪式但又不举行猎头活动会对神灵不敬畏，心生害怕。影片记录下了为重现拉木鼓仪式，曾经的佤族头人老隋嘎四处奔走做工作，劝说佤族人协助拍摄拉木鼓仪式，协调仪式所需的树、牛以及这个过程中的人工等，牵涉其中的佤族人各抒己见表达自己的观点和讲述自己的诉求。几经周折，最终木鼓制作完成，牛和其他物品也准备就绪，佤族人"重现"了拉木鼓仪式和砍牛尾巴仪式。这部讲述西盟佤族拉木鼓传统信仰与仪式的纪录片曾入围 1995 年在北京召开的"首届中国影视人类学国际学术讨论会",但拍摄伦理与民族文化禁忌内容的论争使这部影片在当时颇受争议。

《山洞里的村庄》导演为郝跃骏,也称为《拉电的故事》,影片摄制于 1995 年。拍摄地为云南省文山州广南县南屏镇安王村一个叫"峰岩洞"的地方,峰岩洞是喀斯特地貌,村中到处是石头,找一块平地都很难,生活环境恶劣,生活条件艰苦。峰岩洞是迄今为止所知的世界上最大的洞穴村落,这是一个由 56 户、280 多人组成的汉族村落,村落就在山洞里,洞内最宽之处约 125 米,洞口至洞底最深处约 100 米,房屋建在离山崖洞口较近的地方,利用山崖作为遮风挡雨的天然屏障,洞壁就是房屋的天然屋顶,因此绝大多数房屋并没有屋顶。这个村庄虽小,但里面有选举产生的"村长",有学校、医生、兽医等,是一个处于半封闭正常运转的微型社会。当地人已经在此生活了 8 代,村民间彼此不是"家门"就是"亲戚",这种特殊的关系使全村人凝聚在一起,共同面对险恶的自然,在这里大家共用一个"大屋檐";共奉相同的神灵;共饮一个水池;共同行走一条通向外界的山路……多年来村里依靠火把油灯照明,1995 年秋天,这个村庄才拉通了电,影片记录了通电过程。影片以村民李朝臣为主要跟拍对象,依托具体人物活动展现拉电过程中村民对电的讨论,拉电过程中村民筹借拉电费用的困难、对拉电分配费用不满等各种事件和矛盾冲突,把拉电前讨论、拉电过程及通电的全过程呈现出来,其中有不同村民的态度和观念表达,故事背后隐藏的是错综复杂的人际关系和这种关系下人的生存状态。该片是一部在国际影视人类学界比较有影响的作品,曾在法国、英国、德国等国相关电影节中屡次获奖。

《无父无夫》导演为蔡华,影片完成于 1994 年,是他在云南省社会科学院工作期间拍摄的影片。该片以摩梭人的婚姻为主线，详细记录了云南省丽江市宁蒗彝族自治县永宁乡泸沽湖摩梭人无父无夫的婚姻制度，着重讲述了摩梭人的走婚习俗，即男不娶女不嫁。走婚是摩梭人独特的婚姻方式，摩梭姑娘成年后家人会单独盖一间房给女孩住，之后就可以开始走婚了。通常是男性夜访女孩住所，夜合晨离，所生孩子由女方家庭抚养。那里没有固定的姻亲关系，通常情况是几个兄弟姐妹以及数个母系血亲共同生活在一起，共同谋生并维持家庭生活，家中男性承担养育姐妹们所生的孩子的责任，自己的孩子则在走婚对象家庭中成长，因此出现了家庭中有母亲、孩子，但没有父亲的情况。该片引起了国内外人类学者对云南少数民族婚姻形态的关注，是云南人类学纪录片中一部独特的作品。1995 年，该片在巴黎国际民族志电影节上获法国文化部"玛黎约 – 吕斯鲍里"奖。

《村长约纳》是《巴卡老寨》系列片中的一集，摄制者为谭乐水，影片拍摄于 1996 年，拍摄地为西双版纳傣族自治州景洪市基诺山基诺族乡巴卡村委会的巴卡老寨村。巴卡老寨的基诺族原本以刀耕火种的农业为生，他们希望种植水稻，可当地的水源并不丰富，种植水稻并提高水稻产量首先就需要解决水源问题，为此村民们想把不远处的水源引入稻田。引水入田需要修建水渠，修水渠需要资金，村民们因资金问题向当地政府寻求帮助。影片以村寨获得政府资金的过程为线索展开记录。影片记录下了此过程中的巴卡老寨与自然、与外界的冲突，引发了人们的思考，展现出了基诺族文化生活的变迁。这是我国第一部用 DV 拍摄的纪录片，具有一定的开创意义。

《三节草》导演是梁碧波，影片摄制于 1997 年。拍摄地是云南省宁蒗县永宁区，影片记录了泸沽湖最后一位土司夫人肖淑明老人传奇的一生。她是一位有文化的汉族女子，16 岁时还在校园上学的她被安排嫁到泸沽湖地区做了摩梭人土司喇宝成的压寨夫人。在丈夫去世后，她为了孩子和家庭并没有离开泸沽湖而是独自撑起整个家庭。1996 年，老人回乡探望，孙女喇拉珠（一位初中没有毕业的姑娘）也一同前往。面对外界的变化和都市的繁华，老人百感交集，孙女喇拉珠也被繁华的都市吸引而央求婆婆把她弄到成都去。老人敏锐地觉察到了世界的巨变，加上孙女的请求，也萌生了一定将孙女喇拉珠送到成都去工作的念头，影片记录下了她努力地将喇拉珠送往成都的全过程，影片中穿插她个人的口述，回忆往事，讲述了她的传奇人生经历和生活感受，展现了她目前的生活状态。该片获第 20 届法国国际真实电影节特别奖、第 4 届中国纪录片学术奖、第 7 届中国电视骏马奖等奖项，入围爱沙尼亚国际电影节、意大利佛罗伦萨波波里电影节等多个电影节。

《乐土古乐》导演是张宇丹，杨福泉作为民俗顾问，影片拍摄于 1997 年，是在丽江古城进入"世界遗产"名录之际，由昆明电视台主导拍摄，共 4 集。影片聚焦于丽江古乐，拍摄了大研古乐会的宣科、和毅庵、周善甫等古乐名人，记录下了普通纳西族人日常生活中的古乐相关事项，有地震之后惊魂未定却忙于向孙子索取幸存笛子吹奏的老人、自带米面聚集在一起演奏的人群、白华树村古乐队的乐友们、痴迷古乐长期为乐队做饭的老人，在庭院中奏古乐、唱古歌、边打场、编斗笠、"日作而歌"的农人，支持丈夫玩"古乐"的农妇，晚上聚精会神学习乐谱的百姓等。影片通过不同群体玩古乐的真实状态，反映出古乐在纳西人生命和精神世界中的位置。

《曼春满的故事》为傣族变迁系列纪录片，导演为谭乐水，他自 1992 年到曼春满拍摄，拍摄活动持续二十余年，2003 年剪出了一个在电视台播放的版本。影片以谭碧波老人于 1998 年和 2001 年对曼春满的两次重返为线索展开记录，曼春满是西双版纳旅游景区傣族园中的一个村寨，当地于 20 世纪 90 年代开始了旅游资源的开发探索，这个古朴的傣族村子在旅游的热潮中迅速发展。老人故地重游发现曾经的人和熟悉的事物大多已物是人非，有的熟人已离世，古朴的民风悄然改变，一年一度的"泼水节"盛会变成了日常旅游消费常规项目天天上演。旅游的发展曾引发了村中种种矛盾，最终各种矛盾冲突被化解，村寨又恢复了往日的平静安宁。影片通过老人的重返观察将曼春满在旅游经济快速发展过程中产生的传统文化改变、邻里冲突、经济利益纠纷等问题呈现出来。

《卡瓦格博》导演为郭净，影片摄制于 1998—2003 年，2003 年此里卓玛参与了拍摄，影片展现了云南省迪庆藏族自治州德钦县卡瓦格博峰脚下藏族村庄的日常生活场景及人们的历史记忆。影片由"麦子""嘛呢""飞机""牧人"与"野花谷"五部分组成，"麦子"记录的是夏季卡瓦格博峰脚下荣中村的一片麦田里藏民们收割庄稼的场景，劳作中伴随着欢笑和藏族姑娘的舞蹈。"嘛呢"在藏传佛教中亦指"嘛呢石"或"转经筒"，这段影像记录了当地藏族老年妇女日常念诵经文、转经、跪拜等宗教生活场景，还有她们教拍摄者藏文发音与其互动的情景。"飞机"这一影像段落是通过一位藏族老者讲述自己人生经历的口述史而展现的，老人从 20 世纪 40 年代当地的坠机事件讲起，讲到了 1956 年藏区反动上层集团发动的叛乱和家人遇害带来的痛苦，以及近年来自己的身体情况等。"牧人"展现了卡瓦格博峰的两片高山牧场里牧人们唱歌、养牛、挤奶、搅拌酸奶的劳作场景。"野花谷"记录的是 2003 年朝圣卡瓦格博峰及山外转经道上朝圣者从电线杆洞里拯救小青蛙，讲述转经途中的传说与故事的事件。

《学生村》导演为云南电视台编辑魏星，影片拍摄于 1999 年，拍摄地点为云南省大理白族自治州云龙县内的天登中心完全小学（以下简称"完小"）。完小建于 1949 年，也是天登地区 168 平方公里内唯一的小学。那里山高谷深、山路崎岖，因路途遥远，孩子们不可能每天往返上学，父母们就在学校前的山坡上为孩子们搭建了可供食宿的小木屋。孩子们无论大小，每天除了学习还要自己生火、做饭、洗衣服等，每周回去一次。魏星去了完小就过起了与同学们一样的生活，他深入了解学生的学习生活情况，以六年级学生何树松和三年级学生杨灿军两兄弟为主要拍摄对象，记录下了他们的日常学习情景，以及挖药材、去县城买字典等事件，反映出了学生村孩子们的艰苦处境，更展现了他们乐观的精神。

（三）2000 年以后的民族志影片

《最后的马帮》导演为郝跃骏，由中央电视台、云南电视台和云南红塔影视中心联合拍摄，摄制于 2000 年，拍摄对象是生活于滇西怒江大峡谷独龙江畔的独龙族人民。独龙族居住地较为偏僻，地势险峻交通不便，每年冬季大雪封山长达半年之久，物质长期匮乏。新中国成立前当地还保留着原始社会的生活方式，生产力水平低下，生活非常困苦。新中国成立后为保障独龙族人民的生活和基本生存需要，于 20 世纪 50 年代后期开始便投入大量人力和物力成立"国营马帮"，"马帮"将生产生活相关物资运送到深山之中，成为独龙族与外界联系的特殊形式。1997 年，通向独龙江的公路开始修建。到 1999 年年底随着独龙江公路的通车，这个组建历史长达 40 年的最后一支国营马帮被解散。导演对解散前的马帮进行了跟踪拍摄，呈现马帮赶路、露营、搭帐篷、点柴火、蒸饭以及与大雪奋战等场景，记录了在公路开通之前这个特殊地区马帮人从雨季到冬季来临前运送物资的过程，展现了他们惊心动魄、艰辛、感人却鲜为人知的生活。另外，影片将独龙小学师生活动、民众收看电视、通车庆祝仪式、县政府开会现场、炸山修路等也呈现出来。影片共分为 4 部，每部 40 分钟，第 1 部《翻越高黎贡山》、第 2 部《倒霉的雨季》、第 3 部《提前到来的大雪》、第 4 部《冲出死亡围困》。影片记录下了正在消逝的马帮文化现象，反映出最后的国营马帮的生存困境。影片获第 18 届中国电视金鹰奖、第 8 届"骏马奖"纪录片一等奖、第 6 届中国电视纪录片学术奖长片二等奖等多个奖项，入围德国哥廷根"2000 国际民族学电影节"、荷兰"影像中的影像"影视人类学电影节展演等。

《阿鲁兄弟》导演为周岳军，影片拍摄于 2000 年，拍摄对象是云南省红河州元阳县山村中的一户普通人家。这户人家有三兄弟，28 岁的阿鲁及他的二弟、三弟。当地是哈尼族的聚居地，哈尼族人世代在山上开垦梯田耕种劳作，当梯田已开到了山顶且不能再继续开垦的时候，人口与土地的矛盾就尖锐起来。为了谋生，当地年轻人纷纷外出打工，阿鲁三兄弟也加入了打工队伍，最先外出打工的三弟被骗得身无分文后返回家中，父母只得卖掉小猪凑钱让他继续外出找工作。阿鲁和媳妇以及村中二十几个年轻人也被招工人诱骗，经历了艰难险阻他们最终得以返乡。幸运的是，阿鲁的二弟后来在昆明城郊的一家木器厂找到了工作。影片反映出了社会变革时期及外来文化的冲击下人的心态和生存困境。

《虎日》导演为庄孔韶和王华，影片拍摄于 2002 年，全名为《虎日——小凉山民间戒毒的人类学实践》，拍摄主要地点为云南省丽江市宁蒗彝族自治县跑马坪乡沙力坪村。金古忍所家族所在的大小凉山地区是彝族的聚居地，历史上曾是鸦片的种植区域，新中国成立后也有过一段无毒品时期。后来因各种因素和地理环境的特殊性，这片土地上又出现了毒品和吸食者。为了帮助吸毒者戒掉毒品，小凉山金古忍所家族金古、嘉日、吉伙三个彝族家支在虎日①（2002 年 5 月 22 日）举行集体传统仪式，据说这种全族参加的集体仪式在过去的 60 多年间都未曾举行过。此次举行仪式的主题是盟誓禁毒，他们把毒品看作敌人，盟誓就是预示着集体对毒品这个敌人宣战，将禁毒戒毒视为维护家族生存的战争。家支头人、德古、毕摩、家支成员和吸毒者等参

---

① 虎日是彝族在历法上选择宣布战争的日子。

加了仪式。影片记录了集体盟誓的过程，盟誓活动由祭祖、喝血酒、盟刻和转头四个仪式组成，其中祭祖、喝血酒、盟刻仪式是集体行为，转头仪式在核心家庭中举行。集体仪式开始后首先是三个家族头人代表演说，然后是毕摩诵读古老的经文，在毕摩严厉的诅咒声中，20 个吸毒者喝鸡血和猪血拌的"黑血酒"盟誓，然后把碗摔碎。① 集体仪式之后核心家庭为吸毒者举行了转头仪式，影片展现了金古拾萨、金古杨林、阿宏三位吸毒者盟誓之后的戒毒行为，在戒毒过程中家族成员和亲朋好友给予了各种帮助、支持和鼓励等，共同帮助吸毒者戒毒。该片荣获 2003 年中英性病艾滋病防治中国地区最佳实践奖、2005 年第 16 届公共卫生会议暨电影节特别提名奖。

《雾谷》编导为周岳军，影片摄制于 2002 年，他的镜头指向了云南省红河州元阳的梯田和哈尼族文化，以一种新颖的手法进行摄制。元阳哈尼梯田风光壮美，是哈尼族引以为豪的自然景观和文化遗产，村寨中的人们保持着无偿互助的传统，民风淳朴。随着旅游业的发展，大批游客光临哈尼梯田，作为旅游观光地，当地人思想观念逐渐发生了变化，与游客合影、借服装、带路、唱歌、跳舞等在那儿也变成了收费的项目。影片以摄制组拍摄哈尼梯田需借牛、服装等为主线开展记录，摄制需要当地人的协助，16 岁的阿龙和 10 岁的李松这两位少年成为主要协助人，在协助过程中他们有不同的行为方式，阿龙对每一项协助行为都要求报酬，带路、借牛、借服装等都需要摄制者给钱，一到借服装的村寨边时还要求摄制组的汽车送他进村，甚至连走路返回都要求支付报酬，最终摄制组不再请他帮忙。李松则不计报酬积极帮助摄制者借牛、借服装，与村民讲价，甚至还劝说村民降低出租服装、水牛的

---

① 参见庄孔韶《"虎日"的人类学发现与实践——兼论〈虎日〉影视人类学片的应用新方向》，《广西民族研究》2005 年第 2 期。

价格，他遭到了村里人的指责和辱骂，甚至还有村民要拿小石头砸他。拍摄结束返回时，摄制组还遇到阿龙正在用牛耕田，但被问及要多少钱时他回答帮村里人不要钱。最后摄制组给了李松料想不到的报酬，影片反映出了旅游业发展对哈尼族传统文化的影响。

《德拉姆》摄制者是中国第五代导演代表人物田壮壮，该片摄制于2003年，影片记录了云南省西部高黎贡山脚下一个名叫"丙中洛"（藏语意为"藏族人的村庄"）山乡的马帮人的生活。他们主要依靠马匹在丙中洛和西藏南部边界小镇察瓦龙之间运输货物和生活用品等谋生。摄制团队加入了一支常年行走于茶马古道上的马帮队伍，跟随他们从丙中洛出发，沿着怒江而上一直走到察瓦龙。创作者聚焦马帮及他们在运输沿途遇到的人物和事件，采访沿途中的百姓，选取了怒族老太太、牧师、赶马人、丁大妈、女教师、"村长"6位人物为主要记录对象，采用口述的影像叙事方式进行讲述。双目失明仍顽强生活的怒族百岁老太太讲述了自己的婚姻家庭、人生经历和感悟。84岁的傈僳族天主教牧师讲述回忆了曾经的岁月以及自己妻子。34岁的马帮赶马人正多，他的一匹骡子摔下山坡死了，为避免妻子和孩子伤心哭泣，他一心想尽快买一匹相似的骡子。为无息贷款发愁的丁大妈家的15口家庭成员有汉、怒、藏、壮、白、傈僳等多个民族。还有年轻的马锅头、抗婚的美丽藏族女教师，以及妻子跑掉的"村长"等普通人的故事。虽看似是一个个独立的叙述，但他们的关系和情感却使这种独立的叙述形成了一个完整的故事，由此显现了怒江流域多民族共生及文化融合的图景，展现了不同民族、不同年龄以及不同信仰者的生命历程。

《甲次卓玛和她的母系大家庭》是云南电视台导演范志平与云南社科院研究员郝跃骏合作拍摄的影片，于2005年上映。拍摄地为云南省丽江市宁蒗县永宁乡的落水村。落水村就在泸沽湖畔，是一个传统的摩梭村寨，主要拍摄对象是落水村彩塔家（这是一个典型的母系大家庭）第二代的第四个女儿甲次卓玛。她于 1993 年来到昆明打工，在改革开放的潮流中她面临着传统与现代的两难决策，影片围绕她和她的摩梭母系大家庭展开记录。片子记录了从1994—2005 年发生于甲次卓玛以及她的母系家庭中的重要事象，记录下了这位摩梭姑娘的自主独立和摩梭村庄以及当地文化习俗的变化，可谓追踪摩梭人生活变迁历程的纪录片。该片入选 1998 年德国哥廷根国际民族学电影节、德国柏林博物馆人类学电影展和中国台湾地区 1999 年文化纪录片观摩研讨会等活动。

　　《搬迁：最后的洞穴村落》导演为郝跃骏，影片摄制于 2007 年，2008年播出。这部片子是《山洞里的村庄》的后续，拍摄地仍是"峰岩洞"村。2000 年云南省的"易地扶贫搬迁"工程实施，当地政府为峰岩洞村民制订了搬迁计划。面对搬迁，这个山洞村庄热闹起来。影片围绕着整个村庄的搬迁问题，记录下了在搬迁过程中所发生的一系列的矛盾冲突和一系列感人事件。面对搬迁问题，村中的老人、中年人和年轻人有着完全不同的看法，村干部召开村民大会传达搬迁的相关政策，询问村民意见。也有年轻人前往政府指定的搬迁点进行实地考察。最终他们还是决定在峰岩洞附近建盖新房，在"起房"开始后不久，住在洞口的人家遭遇石头的袭击，大量的民工来到山洞，村民徐正权在炸地基时掀翻了邻居的新房屋顶，村民间积累的怨气也开始爆发。建房需要资金，贫困的村民们也积极想办法筹借建房资金，他们联名向政府请求追加建房补助资金。相关部门做了协调工作。在建房过程中，村中的"端公先生"李和平不幸累倒在自家地基上没能再爬起来，一个月后村里人为他举行了葬礼。村中"风水先生"何安全不幸被自家房梁打倒。在大多数人建好新房时又遭遇了从未遇到的大风，造成了新房的损坏。在人们准备为新房上瓦时，几户人家的建房款被几个人卷走，好在公安民警为村民追回建房款。在建房临近结束时，村内矛盾进入白热化，人们提出进行"村长"选举……虽然历经艰难，村民们还是完成了建房及搬迁，最终在村口按期举行了搬迁剪彩仪式。

《六搬村》导演为欧阳斌，影片拍摄于 2008 年，是继 1959 年杨光海等人拍摄的少数民族社会历史科学纪录片《苦聪人》后重返原地拍摄的片子。能否找到当年的拍摄地和拍摄对象至关重要，摄制组从当年参加《苦聪人》拍摄的云南民族大学杨毓骧教授那里得知拍摄地点是云南省红河哈尼族彝族自治州金平苗族瑶族傣族自治县勐拉乡翁当区。翁当区在行政区的划分和调整中成为现在的翁当村。摄制组通过在赶集日放映《苦聪人》，偶然找寻到了片中苦聪人后代白幺妹，她家居住于老林脚村，因此摄制组选择到老林脚村拍摄。老林脚村是云南省红河州金平县西隆山上的一个村寨，那里不通公路，居住着 130 多户苦聪人，是一个规模较大的苦聪人聚居村落。摄制组六上西隆山，记录了西隆山老林脚村苦聪人搬迁的全过程。摄制组还找到了曾在《苦聪人》中出现的两名苦聪人（老林脚村的村民小组长白树林和白幺妹的母亲马二妹）。在拍《苦聪人》时，白树林还是一个赤身裸体、背着沉重的竹箩行走在山间小路上的孩子，如今他已经 58 岁了，能说一口流利的汉语，眼界也很开阔，被称为"村子里最精明的人"，他当了 40 多年村干部，还是县人大代表。当时 40 来岁的马二妹如今也已 90 多岁高龄了。摄制组住在白幺妹家里，最初是拍摄她家的生活状态，记录了她上山采药的过程。随着拍摄的推进，摄制组找到了新的关注点。原来自 1958 年起，到 2008 年，苦聪人从丛林搬出山外，又从山外搬回丛林生活已经 5 次了，随着他们与外界交往日益密切，他们又有了搬迁的意愿。作者在与村民的交谈中得知政府已为他们盖了福利房，每户缴纳 2000 元能获得房屋的居住权。在此契机下，村子又面临着新一轮的搬迁，摄制组便将关注的重点放在第 6 次搬迁上，搬迁之后的村子被命名为"六搬村"。拍摄期间白幺妹家意外获得了分房机会，为了缴纳房款，她家历经周折最终筹借到了需缴纳的钱。影片透过苦聪人对待搬迁的态度折射出该群体当时的生存状态和对外部世界的看法。

《难产的社头：一个花腰傣社区的信仰与文化变迁的海报》（以下简称《难产的社头》）导演为吴乔，摄制于 2006—2014 年，他长期在云南红河州元江河谷傣族地区做田野调查，田野调查和拍摄历时 8 年之久，对傣族文化有着深刻的认知。傣族寨子传统上是一个紧密的社区共同体，有共同的信仰和集体仪式体系，"社头"和"管寨雅嫫"就是社区自发组织的代表角色。通常每一个傣族寨子都有"社头"，社头及妻子负责操办寨中每年数次全寨性"祭社"和"撵寨子"，祭社是祭祀村寨主管之神"布召社"的典礼，撵寨子则是为全村去除邪秽的净化仪式。管寨雅嫫在集体仪式上诵经、咨询"神意"，"与神沟通"。社头是终身制的，通常年老体衰无力操持或是死亡时才退出职位。新社头的产生方式为"称衣服选社头"，也被称为"神选"，具体过程如下：在选社头的吉日里，每家每户都要准备好一件家里男人日常穿的衣服和一碗米装入竹筐内放到寨神所在的"寨心"小广场。仪式人负责准备好供桌及相关物品，在点香祈告后便开始了衣服称重。称重的杆秤通常架于竹竿之上以便操作，秤砣则绑定于一斤的位置上，衣服置于秤盘中，衣袖则扎紧成一个袋子，称重人根据秤杆上翘或下沉的情况往衣袖袋子中添加或减少米，直至秤杆保持平衡，这样每一家的衣服和米的重量相同。在第一遍称重结束之后，仪式负责人会在供桌上撒米，再次向寨神"布召社"祈告，随后便开始第二遍衣服称重。只是同样的杆秤，同样的秤砣和刻度，在称的过程中就会发现装有米的衣服有的变重了，秤杆高高翘起，这样的衣服就被单独挑出来放置。最后，负责人对挑出来的变重衣服进行第三遍称重，选出其中最重的一件，这件衣服的主人即当选为新任社头，人们则把所有米都装入袋中并送到新社头家。① 这样的方式即为"神选",新社头被认为是神选之人,会得到神灵的庇佑,受到寨中人的尊重。此后新社头便接手工作主持全寨的典礼。社头身系全寨田地丰产、人畜平安的重任,在承担义务的同时也享有一些特权,比如有"社头田",掌管支配集体资产,享用祭肉、谷米的实物报酬,以及其他的一些补贴等。另外,社头在村寨中享有较高的话语权,这些曾是傣族人羡慕和渴望的。2012 年,大槟榔园举行选社头仪式时,熟悉傣族文化的创作者敏锐地捕捉到了社头选举过程中的新变化,用镜头展开记录,第一位当选者不愿当社头,说家里的老辈人是被枪毙的,属于"凶死",会成为"恶灵"。第二位当选者仍然说自家在村寨中没有威信等,他们似乎总是找寻各种理由进行推脱。作者把仪式选举过程,当选人拒绝当选社头的态度、说辞及理由,村民们对拒任情况的反映,拒任后的解决方式,召开村民大会以及声浪表决由老社头继续留任等都记录下来。该片获得"首届北京民族电影展"银奖,这是人类学纪录片首次在民族电影展上获此荣誉。

《马散四章》导演为陈学礼,影片拍摄于 2008 年,是对 1957 年拍摄的少数民族社会历史科学纪录片《佤族》跟踪回访拍摄的片子。作者聚焦云南省普洱市西盟佤族自治县勐卡镇隶属于马散村村委会的大马散村,以大马散村和西盟县阿佤文化传承小组为拍摄地。影片呈现了被誉为民族英雄的"岩义"老人讲述佤族以前的砍头习俗以及回忆儿时经历的砍头事件时的反应,呈现了面对疾病时佤族村民试图通过传统捉鬼仪式来消除病痛,同时也采用现代输液来治疗疾病的场景,记录下了节日里年轻人的庆祝活动等,总体呈现了当地佤族的日常活动和文化事象。影片分为"仪式""啤酒""正月初一""文

---

① 参见吴乔《纪录片〈难产的社头〉与花腰傣传统信仰的变局》,《中国民族报》2015 年 3 月 31 日第 7 版。

化传承"四个部分，展现了佤族文化的变迁与传承保护情况。

《西盟佤族木鼓考察记》摄制于 2012 年，马祯与陈兴艳合作拍摄，马祯与陈学礼合作剪辑。拍摄地点为云南省普洱市西盟佤族自治县翁嘎科镇、中课乡以及西盟新县城。木鼓在佤族文化中意义非凡，它是佤族祭祀的"通天神器"，也与村寨部落的兴衰密切相关。2006 年，佤族木鼓舞被列为第一批国家级非物质文化遗产名录。影片主旨是全面地展现佤族木鼓文化，鉴于木鼓早已退出了佤族人的日常生活，砍树也得经过层层审批，现实条件也不可能再去砍树、拉木鼓并组织复原拍摄，为此拍摄团队进行了新的尝试，他们开展多点拍摄并进行人物访谈。影片呈现内容包括了拍摄团队出发到达西盟县，当地专家带领团队参观并讲解新建木鼓房，拍摄团队与当地领导和文化站工作人员协商拍摄地点、确定访谈对象，听取当地人的拍摄建议。不同村寨的村民热情介绍木鼓文化。县文化馆艺术团排练了木鼓舞。影片通过大量的访谈和对当地佤族传统风俗习俗的拍摄，展现了木鼓文化和佤族整体文化之间的关系。

《尼玛的盛宴》导演为张海，拍摄地在云南泸沽湖，记录了一位摩梭人的婚礼过程，新郎阿七尼玛是一位摩梭青年，他所在村寨相对传统而封闭，有男不婚女不嫁的"走婚"习俗，如今他却要结婚了，而且结婚对象是一个台湾女孩，他要为新娘举办一个传统而隆重的"摩梭婚礼"，因当地的走婚习俗，很多人都没有见过婚礼是什么样的，为此当地和台湾的亲朋好友，以及被吸引而来的人类学家、电视台记者们带着好奇参与了尼玛的婚礼。影片记录下了新娘母亲对这段婚姻和摩梭文化的看法、导演本人对摩梭文化的看法，以及新郎新娘亲友们对婚姻和本次婚礼的看法等，影片还呈现了整个婚礼的过程和细节等。该片获 2015 年首届"影视人类学学会奖"三等奖。

上述影片只是云南民族影像中的一部分，另外还有很多其他优秀的民族志影片，如云南华文影视人类学研制所马长书编导因拍摄了《苗族》《侗族》于1995年在爱沙尼亚第九届国际影视人类学电影节上获终身成就奖。云南大学民族研究院高志英、和金保完成的《嘎哇嘎普神山下的独龙村庄》获2015年首届"影视人类学学会奖"三等奖，以及鲍江的《去县城做白内障手术》、张海的《泐烘桑康》、谭乐水的《追踪版纳象》、王清华的《红土高原的企盼》、刘晓津的《关索戏的故事》、周岳军的《风流的湖》、于坚等人的《碧色车站》，还有《澜沧江》《云南藏族》《拉祜族的宗教信仰》《虎跳峡里的村庄》等大量的影片，这些都是云南民族影像的宝贵资源。随着影视人类学的发展，云南民族志影片更是呈现不断增长的趋势，影像内容更加丰富，不同时代的民族志影像共同描绘书写着丰富多彩的云南民族文化。

四、社区影像民族志时期（2000年至今）

影像技术的诞生影响到了社会文化生活和各学科领域，从早期的电影拍摄探索，到人类学田野调查中的运用，再到社会学、新闻学、医学以及科技中的应用，影像技术使用的范围在不断扩大，影像功能已逐渐超越了传统记录的意义。21世纪以来的民族影像更是异彩纷呈且具有多样化特征，其中最为突出的是村民影像的产生与发展。为此，笔者把"社区影像民族志"作为一个时期，只是想强调这一现象及持续性。

我国真正意义上的村民影像实践始于2000年，由云南省社会科学院白玛山地文化研究中心发起，该中心和迪庆州藏族村民合作，以藏族村民为影像制作主体，这种创新性尝试引起了学界的关注。白玛山地文化研究中心最初把项目称为"社区影像"项目，以社会学中"社区"一词命名，着重社会生活共同体的集体之意，用影像代表社区群体并为之发声。2005年，独立纪录片人吴文光负责的中国—欧盟村务管理培训项目（2001年，欧盟与我国民政部合作共同启动了中国—欧盟村务管理培训项目，目的是促进中国农村基层民主的政治建设）的子项目则以"中国村民影像"为名，支持村民拿起 DV 进行拍摄，表现民众的文化自主性。朱靖江则将这类影像实践称为"土著影像"，强调文化差异和在地居民的自主性。韩鸿则强调影像为社会边缘或弱势群体发声功能而把这类影像称为"赋权影像"。"村民影像""社区影像""土著影像""赋权影像"虽然名称有所差异，但这些影像项目的共同点就是外界机构给以资金支持，机构和学者教村民摄像机的使用方法和基本的拍摄技巧等，村民利用摄像机进行自主拍摄。在此，我们暂不探讨名称之间的细微差别，书中涉及此类内容采用"村民影像"一词代指。

有必要提及的是 DV 机，DV 机的发明和影像技术的持续更新让影像生产变得普遍且便捷。DV 影像改变着弱者的沉默与无权状态，赋予边缘群体发声的渠道，打破当时被主流媒介牢牢控制的影像表达权。DV 机也是村民影像实践的常用工具。村民在拍摄时，影像的主导权掌握在文化持有者（村民拍摄者）的手中，他们通过影像阐述自己的观点，发出自己的声音，打破了长期以来被他者代言的局面。这也逐渐成为一种新的记录方式，而且这种方式自开始之日也一直不断变化发展，涉及的范围越发宽广，主题内容更加多样，其内涵也越来越丰富，后文所指的摄像机就是 DV。

（一）云南村民影像的产生与发展

云南是最早的村民影像实践开拓地。云南的影像工作者通过项目的方式不断进行尝试、摸索与实践，一点点地推进，如今已逐渐集聚并培养了一批村民影像爱好者和实践者，而且这支队伍还在不断壮大。我们通过梳理云南村民影像的发展历程来见证其发展。

1. 村民影像的萌芽——"妇女生育卫生与发展"项目

云南涉及村民的影像实践最早源于 1991 年，当时美国福特基金会在云南资助了"妇女生育卫生与发展"项目，该项目研究农村妇女生殖健康方面的问题及需求，旨在改善农村妇女的生殖健康状况。项目邀请了云南53位农村妇女和9名县乡妇联女干部使用照相机记录她们的日常生活、周边环境、劳作场景和文化习俗等，用照片表达她们的想法，通过分析照片去探寻妇女生殖健康的相关影响因素，进而通过一些措施去影响当地关于妇女生殖健康的决策。云南省社会科学院以及云南高校的部分师生也参与了这个项目。这个项目可谓村民参与式影像在国内的萌芽和雏形。

2. 第一个村民影像项目——"社区影像教育"项目

云南省社会科学院白玛山地文化研究中心受到"妇女生育卫生与发展"项目的启发，也尝试着做社区村民影像。在此必须提及的是，社区村民影像的主要倡导者和实践者是云南省社会科学院的郭净教授，他在1996年参加云南电视台的民间艺术拍摄，结识了云南省电视台的郝跃骏、谭乐水等纪录片制作人，开始接触纪录片的制作。在随后的工作中，他把摄影机带入田野调查实践，用摄影机来记录田野调查中的仪式、信仰、风俗习惯等文化事象，在影像记录方面也逐渐积累了经验。另外，他长期研究工作的积累等为项目申请创造了良好的条件。

2000年，受美国福特基金会的资助，云南省社科院白玛山地文化研究中心学者郭净申请到了名为"社区影像教育"的课题，课题初衷是通过影像记录的手段帮助当地村民记录、学习和传播自己的文化。这个项目从2000年9月起至2005年完成，影像试点选在云南省迪庆藏族自治州的三个藏族村庄：汤堆村、茨中村和明永村，这也是白玛山地文化研究中心长期以来开展研究的田野点，村庄自然人文资源丰富，并且有着良好的社区研究基础。项目的运作采用"机构＋村民"的模式。影片的制作分为两个阶段：第一阶段是拍摄。首先机构学者带着摄像机来到当地对村民进行摄像机基本操作方法和拍摄技巧培训，经过一两天短暂的在地培训后将摄像机交给村民，由村民自己观察思考并拍摄，自主拍摄时间大约三个月。第二阶段是编辑。当村民拍摄好素材后，学者返回当地与村民一起观看素材并讨论，通常情况是项目组成员讨论出提纲，专家学者充分听取拍摄者和当地村民的想法，尽量让当地人充分参与到素材讨论中，项目组按照拍摄者和当地人意愿进行影片剪辑。这次项目实施最终完成了《黑陶》(作者孙诺七林)、《茨中圣诞夜》(作者刘文增)、《茨中红酒》(作者吴公顶、红星)、《冰川》(作者扎西尼玛) 4 部影像资料以及一部教材，并在社区小学开设了相关教育课程。

在影片制作完成后，项目组对影片的利用和项目的意义也进行了探索，尝试利用已形成的影像资料在当地开展社区文化自我教育。2002 年 4 月和 5 月，汤堆村小学和茨中村小学进行了三次教学实验课，让学生了解了尼西黑陶制作工艺和红酒酿制技艺等，增强了对家乡传统技艺的认知和兴趣。另外，项目组将项目所积累的有关报告和文字材料，以及专家、师生开展活动的照片和影片等编制成了"尼西汤堆社区教育资料库"，这样不仅能帮助社区积累当地历史文化影像资料，也为他们日后开展自主教育实践提供影像资料支撑。这种乡土知识教育实验课取得了较好的效果，受到当地教育部门和有关部门的重视。基于这样的经验，自 2003 年起，白玛山地文化研究中心便与云南省生物多样性和传统知识研究会与丽江东巴文化研究所建立了合作关系，以影像作为主要工具和手段，在迪庆、丽江、西双版纳开展以乡土知识教育为重点的"社区影像教育"项目，取得了良好的效果。

3. 第二个村民影像项目——云南·越南社区影视教育交流工作坊

"社区影像教育"项目的实施，使社区村民影像得到了更多当地村民的认可。白玛山地文化研究中心在总结先前经验的基础上进一步思考村民影像的摄制问题，毕竟第一个项目虽是由村民拍摄的，后期编辑也听取了在地居民的意见，但更多编辑工作是由机构学者来完成的，这种共同完成的影片与在地居民的自主意愿和观点的表达还是存在一定差距。另外，随时代发展而不断更新的影视制作手段的发展极大降低了影视制作准入门槛，为村民的影像的探索提供了便利。于2006年6月，白玛山地文化研究中心和越南民族博物馆合作启动了第二个村民影像项目"云南·越南社区影视教育交流工作坊"，这个项目的目标在于以影像的手段，开拓对传统文化认识的新途径，城市与乡村之间、学者（或大学生）与农村社区农民之间的相互沟通和认识，促进主流文化与传统文化交流、沟通与对话，促进云南和越南两地对"现代化"和"传统"等问题的新认识，以期对社区发展和保护提供一定的参考。[1]

项目实施采取社区村民（城市文化与乡村文化结合）与机构培训＋学者（或大学生）的合作模式，项目实施周期为三年（2006—2009）。项目在云南和越南共选取了7个不同文化背景的地区和有一定拍摄基础的社区村民，其中云南选取了5个地点：德钦佳碧村、版纳勐宋村、宁蒗落水村、文山烂泥洞村、昆明台磨山村，越南选取了申伟村、河内社区，为这7个社区村民配备了专人，有文化专家、影像工作者，也有在校大学生。如德钦佳碧村藏族鲁茸吉称与此里卓玛（大学生）、版纳勐宋村哈尼族妹兰与吕宾（NGO成员）、宁蒗落水村摩梭人尔青与谢春波（摩梭文化专家）、文山烂泥洞村苗族侯文涛与颜恩泉（苗族文化专家）、昆明台磨山村苗族王中荣与杨元捷（影像工作者），越南申伟村村民、越南河内傣族社区村民均与越南民族博物馆研究人员合作，一共7个团队，以村民和学者共同合作的形式来完成社区纪录影片的摄制。

---

[1]　参见章忠云《社区影像在云南的实践》，载朱靖江主编《视觉人类学论坛》（第1辑），知识产权出版社2015年版，第263页。

项目的实施由云南项目组、越南项目组和美国项目专家温迪以及 7 个团队共同完成，这种新的合作机制使项目在流程步骤上比第一个社区影像项目更加完善。项目实施完成要经历 4 次培训。第 1 次培训是基本工作方法培训。主要是对拍摄者进行摄影摄像等影视基本操作技术培训，同时也教给他们一些社区工作方法。掌握了基本方法后，这 7 个小组村民和他们的合作者回到社区，一起进行为期半年的影像拍摄活动。第 2 次培训是影片叙事方法培训。主要是增强拍摄者对影片的基本结构和叙事方法的了解，云南 5 个小组带着各自在社区所拍摄的素材和场记，利用影像叙事方法思索影片的整体架构，提炼、明确拍摄的主题及想要表达的观点。第 3 次培训是基本编辑技术培训。这是对小组进行影像编辑基本操作技能的培训。第 4 次培训是社区影像方法的巩固。培训时间是在编辑培训一年后，对整个拍摄过程和影像制作展映活动进行梳理、反思与总结，探究社区影像工作方法。

项目的实施最终完成了 7 部影片和一本社区影像培训教材，其中云南共完成了 6 部社区纪录片，其中一部为记录项目实施过程的影片，其余 5 部为：《我们怎么办？——落水村的变化》（尔青和谢春波）、《文山烂泥洞青苗丧葬仪式》（侯文涛和颜恩泉）、《谷魂》（妹兰和吕宾）、《我们佳碧村》（鲁茸吉称和此里卓玛）、《玩一天》（王中荣和杨元捷）。影片完成后，2008—2009 年，云南项目组在当地社区进行了 3 次巡展。另外，项目组还到越南参加了项目交流会并播放了所有影片。2009 年 3 月在昆明举行"云之南"影像论坛时还专门开辟了社区影像单元，公开放映这些影片。影片的每一次放映都引起了观者的热烈讨论，在社会上产生了一定的影响。

从项目的整体运行来看，项目选取了不同文化背景的社区村民，每个小组还配备了专家学者对应指导，对主题的选择、拍摄内容的确定、素材的选择、编辑、影片呈现方式等通常都经历了多次讨论，不仅有参与项目的村民和学者的讨论，更有社区集体的广泛讨论，影片不是个人独立的创作，而是社区集体共同参与完成的影像，这是一场真正的村民参与式影像实践。为期3年的项目运作，逐渐形成了项目策划、培训、运行、管理与交流的整套流程和方法，这一套完整的社区村民影像工作方法对后续的项目具有参考和借鉴意义。

4. 村民影像合作之路——乡村影像计划

21世纪初期，除白玛山地文化研究中心外，全国各地一些机构也先后开展了村民影像实践项目。白玛山地文化研究中心在项目实践中也逐渐积累了很多的村民影像素材和影片，以及丰富的项目运作经验。但整体来看，村民影像的影响力有限。因此，白玛山地文化研究中心希望搭建起各机构合作的村民影像交流平台，以更好地推广村民影像作品和村民影像理念，扩大村民影像的社会和媒介影响力，让更多的人认识这些影片及他者（社区村民）的思想和文化，促进对他者文化的理解和多元文化之间的交流。为此，2009年白玛山地文化研究中心经过努力而申请到了中国—欧盟生物多样性项目"乡村影像计划"，开启了与不同村民影像实践机构的合作之路。该项目以生物多样性与文化多样性为主旨，通过影像的方式来展现生物多样性和文化多样性。"乡村影像计划"项目最终是由白玛山地文化中心、山水自然保护中心、香港社区伙伴、年保玉则生态环境保护协会、青海省孕朵觉悟生态环境保护协会、青海三江源生态环境保护协会等机构共同合作完成。

项目实施采取"机构学者＋村民＋影视专家"合作的模式。项目的主旨是要展现出生物多样性和文化多样性，进行更广泛的对话与交流，资助方也有着对影像的预期。为高质量完成项目，因此在成员的选择上具有一定的倾向性。该项目从云南和青海选取了有一定基础的社区村民参与，涉及藏族、傈僳族、苗族等，而且村民成员大多曾参加过云南·越南社区影视教育交流工作坊，具有影像拍摄和制作的经验。对于这个项目来说，村民已有一定的基础，培训的重点不再是基本操作技能培训，而是影片内容的组织架构以及后期编辑。因此项目组寻求多方合作，邀请到了来自云南大学的谭乐水，云南电视台编导张晓萌，著名诗人、纪录片拍摄者于坚，"云之南纪录影像展"策展人易思成和杨昆等影视专家和学者们参与培训，他们承担了拍摄、剪辑指导等相应的培训任务。项目组组织了两次、为期一周的短期专业培训，以提升学员的影视制作能力和水平。而到了最后的剪辑阶段，基本上每个学员都配备了一个影视专业老师，接受一对一指导，完成影片后期编辑和字幕制作。在项目实施过程中，项目组记录下了项目实施的全过程，完成了一部项目短片，作为研究乡村影像的重要历史资料。最终，来自青海和云南的10位社区代表共完成了8部反映当地自然和文化多样性的纪录片，分别是宁蒗落水村摩梭人尔青的《离开故土的祖母屋》，文山烂泥洞村苗族人侯文涛的《麻与苗族》，香格里拉市藏族人汪扎的《水》，德钦县佳碧村藏族人鲁茸吉称的《我们村的神山》，腾冲市胆扎村傈僳族人余文昌的《鱼的故事》，青海尕朵乡僧人索昂公青的《蒲公英》，青海省白玉寺僧人扎西桑俄、周杰的《我的高山兀鹫》、青海省玉树藏族自治州莫曲村藏族人哈西·扎西多杰、加公扎拉的《净土》，这些影片以不同的视角真实地再现了拍摄者所在地生物多样性与文化多样性的景观。

这些影片不仅在当地社区放映，而且还在云南大学和昆明创库艺术区进行了公开放映和媒体宣传，观影对象也不局限于社区村民，而是学者、大学生、官员、记者以及广大市民等，让他们有机会能看到来自不同社区的故事，分享当地人对生态和文化的观念，一起讨论主流价值观和传统文化及观念等。项目组根据村民和公众的观影反馈再次编辑了影片，最终出版发行了这8部影片。影片的出版发行扩大了影片的传播范围和文化的影响力。该项目的实施搭建起了国内村民影像摄制相关机构与民间公益组织合作的桥梁，推动着村民影像的实践。

5. 村民影像的持续发展

"乡村影像计划"项目是极具影响力的村民影像项目，主要资助方为北京山水自然保护中心，该中心是一个民间环保组织，自 2007 年起就参与了社区村民影像培训，邀请普通村民用摄像机记录他们的生产生活、习俗禁忌、地方性知识以及村寨变迁等。此后他们携手多家民间组织，致力于帮助西部乡村农牧民使用摄像机来记录自己家乡的自然生态、文化传统以及生活方式变化等。北京山水自然保护中心从 2007 年最初的一个培训项目开始了乡村影像探索之路，在持续的影像实践中整合了山水自然保护中心、云南省社会科学院白玛山地文化研究中心、云南大学西南边疆少数民族研究中心等多家学术机构的学术力量，联合青海年保玉则生态环境保护协会、云南卡瓦格博文化社（后来该文化社又成立了文化传媒公司）、青海省三江源生态环境保护协会、广西民族博物馆等扎根于中国西部乡村社区的影像基地，以及联合乡村独立摄影师共同运作发展，逐渐发展壮大，于 2015 年 5 月成立了云南乡村之眼乡土文化研究中心，持续开展公益影像计划"乡村之眼——自然与文化影像保护项目"（以下简称"乡村之眼"）。

乡村之眼采取"机构 + 村民"的模式，首先项目组对我国西部地区普通村民学员进行视频拍摄和剪辑的专业培训与训练，村民在掌握一定的影像技术后便进行自主拍摄和影像创作，他们用摄像机来记录家乡的自然与文化、传统与现代的社会生活以及文化习俗等，用影像来表达自己对家乡文化及自然环境的理解。项目通过在地培训、纪录片拍摄实践、流动放映和社区互动等多种活动方式，以期西部各民族拍摄者从自己拍摄的纪录片中重新认识到自身文化传统的价值，反思如何促进保护与发展并存，进而唤起社区行动，构建和谐的在地社区生态与文化系统。①

乡村之眼在多年的拍摄实践中已为云南、四川、青海、广西等省、自治区的乡村居民提供了多次纪录影像培训，陪伴了近 300 位乡村影像拍摄者的成长，制作了 300 多部纪录片。如今，乡村影像的创作方式已从最初的村民个人培训发展成了在地的社区影像基地合作培训模式，广西、四川、青海、云南的藏区等多地已经建立了基地培训班。有的在地村民自发建立运作的社区影像基地，以社区基地为主体，开展本土学员发掘和基本培训，提供社区自主放映渠道，而乡村之眼的指导教师则根据基地的需要，从更宏观的层面进行合作和规划，为社区基地提供技术指导和咨询服务，积极帮助乡村建立影像工作站，支持乡村自主放映活动并协调搭建影像传播交流平台，以长期支持乡村影像相关的工作，其核心在于社区自主，形成一种自下而上的合作关系。这种合作方式将影像项目运行自主权进一步放到社区中从而获得村民的认可。乡村之眼的实施使云南社区影像进入一个新的社区影像合作时代，以乡村之眼为品牌的云南社区影像开启了新的篇章，而且以乡村之眼为代表的民间影像记录活动已成为中国当代极具原创性的文化现象之一。目前，乡村之眼仍继续在扶持建立基地培训班、积极搭建影像交流平台、培育和发掘社区的村民影像导师以及建立社区居民影像库方面而努力。

在云南省社会科学院白玛山地文化研究中心的带动下，云南多所高校也陆续开始了村民影像的实践与探索，如云南大学民族政治研究院从 2010 年开始先后在云南 14 个民族村寨建立基地，他们把摄像机交给一些有拍摄意愿的村民，让村民们自主拍摄当地的生活和文化变迁，以期建立乡村影像库，至

---

① 参见吕宾《乡村之眼的影像之路》，《新西部》2020 年第 10 期。

今已经积累了大量的影像素材。而一些 NGO，如香港社区伙伴等也陆续开展了村民的参与式影像。

（二）村民影像的影片概况

在各种机构的支持和项目的推动下，云南村民影像取得了不错的成绩，制作出了一大批村民影片，有的影片由机构学者和村民完成，有的是当地村民独立完成的，不论以何种方式，村民在影片摄制中表现出了很强的自主性，影片在很大程度上呈现出他们秉持的文化观点和深层文化意识。村民影片内容丰富，现对部分影片内容做简要介绍。

《茨中圣诞夜》由迪庆州藏族小学教师刘文增于 2002 年拍摄，该片关注民族宗教文化，展现了茨中藏族天主教徒过圣诞节的情形。《茨中红酒》由迪庆州天主教理事、藏族人吴公顶和儿子红星于 2002 年共同完成，影片呈现了红酒制作的情况和他们家的日常生活，作者不仅出现在影片中，而且还对家庭中的一些事象进行了解释和说明。《冰川》由迪庆州藏族人扎西尼玛于 2000 年完成，影片聚焦迪庆州明永村背后的旅游景点卡瓦格博峰，采取观察和访谈的方式参与并记录了明永村村民、朝圣者、登山爱好者、游客等人对明永冰川消融事件的认知和看法，以及村民在旅游开发中面临的环境和文化问题，既表达出不同文化背景人的生态观和信仰，也表现出了作者对家乡变化的思考。《文山烂泥洞青苗丧葬仪式》由文山苗族人侯文涛和苗族学者颜恩泉于 2009 年导演完成，内容为文山县（今文山市）薄竹镇老屋基村委会烂泥洞村村民举行的苗寨传统丧葬仪式，影片展现了仪式的全过程，体现出了苗族的传统生死观。《我们佳碧村》由迪庆州藏族人鲁茸吉称和此里卓玛于 2009 年共同完成，记录了迪庆州德钦县云岭乡藏族村落佳碧村村民的生活状态，有日常生活与劳作、传统婚礼和节日活动等。《玩一天》由昆明苗族人王中荣和苗族学者杨元捷于 2009 年共同完成，记录了昆明市台磨山村苗族村民在农历大年初一为欢庆新年而上山游玩一天的整个活动过程，影像借助传统节庆活动的描述展现了苗族传统文化。《水》由香格里拉藏族人汪扎于 2009 年完成，记录了迪庆州香格里拉县（今香格里拉市）藏族村吉沙村村民对水的认知、与水有关的仪式及观念等，细腻地展现了水的各种形态和美感，反映出当地人的生态观和自然观。《我们村的神山》由迪庆州德钦县藏族人鲁茸吉称于 2009 年完成，记录了他的家乡佳碧村春节时男人们祭神山活动，及活动后在山脚下向神山汇报一年发生的事情，通过男人们与神山交流的情景表现当地藏族人朴素的信仰观和自然观念。《我们村的塑料垃圾》由昆明市台磨村苗族人王中荣于 2012 年完成，他以塑料袋的使用为主线，围绕塑料袋滥用的情况及针对塑料垃圾的危害开展村民的访谈，通过影片唤醒人们对环境的爱护。影片的拍摄在村里引起了一定的反响，村民也逐渐有意识地减少塑料垃圾的产生，具有一定的实际应用价值。《芦笙》由文山苗族人侯文涛于 2012 年拍摄完成，记录了苗族传统乐器芦笙的制作过程，芦笙的作用及文化意义等。《为了永远的怀念》由曹红华于 2012 年完成，记录了宁蒗县永宁地区扎美寺罗桑益世活佛圆寂后举行葬礼的整个过程，以及当地民众、官员及其他佛教高僧对此事的反应。《葡萄》由德钦县佛山乡古水村藏族人李卫红于 2012 年完成，记录了她家尝试种植有机葡萄的过程，表达了对自己生活和耕种土地的依恋，其实内心深处是想为因新修建水电站即将面临搬迁的村庄留个纪念。还有《鱼的故事》《虫草》《永芝村的神山》《雪莲花》《我们的歌舞语言》《云南藏族的建筑文化》《朝圣者》《台磨山村的传统故事》等影片，这些影片透过村民的关注点和日常事象展现出本民族传统文化以及文化观念的变迁等，丰富着云南民族文化的影像表达。

第二节　云南影像民族志的类型

一、影像民族志的分类

民族志电影不可置疑地被认为纪录片的一种类型。关于纪录片的类型划分，美国学者比尔·尼科尔斯在《纪录片导论》（第 2 版）中为了探讨纪录片之间的差别而提出纪录片通用分类方法，他把纪录片分为六种模式，即"诗意模式""说明模式""观察模式""参与模式""反身模式""述行模式"。诗意模式"舍弃了电影的连续性剪辑传统和先后场景之间明晰的时空感觉，转而探索综合时间节奏和空间布置的关联与形态"[①]，这种模式强调镜头间的连接所产生的印象和感觉，以及光和影交织产生的意义，注重表达情绪、营造气氛和抒发感情，促使人们以某种特定的、诗意的角度去看待和体验世界，从而获得一种感觉而增强对世界和事件的理解。说明模式强调画面对内容的说明性作用，通过字幕或旁白提出观点，展开论述和叙述历史，常会牺牲时空的连续性进行"证据式剪辑"，强调客观的印象和证据充足的论点，它能促进知识的增长，正是一种理想的进行信息传递和调动人们积极性的电影模式。[②] 观察模式强调"观察精神"，拍摄者刻意在镜头前隐藏自己，只对镜头前发生的事件进行细致观察，不明显干预、不影响被拍摄事物的进程，他们收集必要的素材，通过后期的剪辑全方位展现人物个性和事件，借助剪辑技术来表达自己的观点和主张。观众在观看影片时依据影像内容和细节对人物的行为进

---

① 〔美〕比尔·尼科尔斯:《纪录片导论》(第 2 版)，陈犀禾、刘宇清译，中国电影出版社 2016 年版，第 161 页。

② 参见〔美〕比尔·尼科尔斯《纪录片导论》(第 2 版)，陈犀禾、刘宇清译，中国电影出版社 2016 年版，第 169 页。

行推断并得出结论，这就要求观众以更积极的态度对人物言行的意义做出判断。[①] 参与模式拍摄者会更加注重自己和拍摄对象之间的互动，以二者的遭遇及之间真实、生动的互动关系为特征，因而观众能亲眼见证那些主动介入具体生活情境的拍摄者所展现出的现实世界。反身模式的纪录片让我们更加注意反思认知的假定性前提以及我们自己的期待心理，进行自我追问、怀疑和质疑，这种纪录片自我意识最强、自省程度最高，理想情况会促使观众对自己与拍摄对象之间的关系有更高水平的认识。述行模式提出了"知识是什么"的问题，主要致力于提供了解一般社会进程的方式。而且该模式通过突出主观和情感因素，强调了我们对于这个世界的认知的复杂性[②]，强调了经验和建议的主观性特征，侧重点是情感和感性表现力的表达，事实和想象的自由结合是述行模式纪录片的一个共同特点。比尔·尼科尔斯也指出这六种模式间是一种不太紧密的框架结构形式，每一种模式都有最显著、最本质的特征，每一种新纪录片模式的出现都是基于对前一种模式不满的反思和实践，当然，很多纪录片中可能采取多种模式，在归类时侧重考虑其典型的特征。这种划分方式体现出了在纪录片生产过程中拍摄制作者和被拍摄对象的相遇过程和他们之间的互动关系，通过影片传达出制作者想要表达的观点及自我的反思，以更好地增进人们对世界的理解并促进跨文化交流。意大利学者保罗·基奥齐的论文《民族志影片的功能和战略》[③] 在梳理民族志影片功能的论述基础上，提出可将民族志影片分为三类：第一类是保存那些正在消失的

---

① 参见〔美〕比尔·尼科尔斯《纪录片导论》(第2版)，陈犀禾、刘宇清译，中国电影出版社2016年版，第174页。

② 参见〔美〕比尔·尼科尔斯《纪录片导论》(第2版)，陈犀禾、刘宇清译，中国电影出版社2016年版，第202页。

③ 〔意〕保罗·基奥齐:《民族志影片的功能和战略》，梦兰译，《民族译丛》1994年第2期。

文化的一种手段的民族志影片；第二类是作为交流工具的民族志影片；第三类是作为民族学—人类学研究的民族志电影。这样的类型划分反映出那个时代民族志影片的创作理念和对拍摄者对影片的工具性认知，这种对民族志影片功能的认知具有时代的局限性。影像民族志发展至今早已不再局限于对消失文化的记录，人类社会的一切文化现象都是民族志影片的记录范围，而且影片还具有了更强的文化解释和分析能力，一部人类学民族志影片必定记录了文化事象和相关信息，同时也是文化交流传播的载体和工具，在影像民族志内涵不断发展的今天，这样的划分方式显然不能有效区分不同影像民族志的特征。

当前对于影像民族志类型的划分，中西方学者各持己见，民族志电影类型因不同视角而被划分成为不同的类型。在西方学术界，将民族志电影划分为说明式民族志电影、参与式民族志电影、观察式民族志电影等是一种较为普遍的观点，这样的划分同样反映出纪录电影摄制理念的变化。国内的学者也在积极探索人类学纪录片/影像民族志的类型，因时代背景及学者对影像属性和功能认识差异而产生了不同的类型划分方式。王华把新中国少数民族题材纪录片类型分为民族志影片、文化迷失与挽歌类纪录片、大众娱乐型纪录片三大类型。[①] 其中的民族志影片是对文化做较为真实的记录而不做刻意评价。文化迷失与挽歌类纪录片侧重表达对逝去生活方式和文明无限惋惜的情怀。大众娱乐型纪录片是或多或少地把逝去与古老的文化视为猎奇素材或窥视对象，影片具有一定的娱乐性质。艾菊红纵观影视人类学片的发展历程，根据影片内容和目的把影视人类学片大致分为：作为研究资料的素材片、作

① 参见王华《少数民族题材纪录片的类型与展望——从〈鄂伦春族〉谈起》,《电视研究》2009年第7期。

为文化描述的影视片、作为文化解释的影视人类学片三种类型。作为研究资料的素材片这类影片主要出现于影像片的早期阶段，影像的拍摄只是当时人类学家记录文化的手段，拍摄内容用作研究的资料，抑或作为文化研究文字性文本的佐证材料，着重影像直接、形象化特征在文化考察记录中的应用，影像只是一种直观的视觉素材，并没有成为一种研究方法。作为文化描述的影片，这类影片通过对所拍摄素材的编辑，形成完整的影视片，对文化进行描述性记录，如同文字的描述一样，只对文化现象进行描述，不做解释①，既包含了对某一类群体文化的综合性介绍，也包含对单个事件、仪式等文化现象的描述。作为文化解释的影视人类学片，从影视人类学的定义和内涵来看，人类学影片不仅能对人类文化进行记录和展示，也有对文化进行解释的功能。影视人类学片可以借助影视和视听语言手段对文化进行"深描"，以视觉语言来深入思考和研究文化。这也成了学界的共识。朱靖江认为基于视听媒介的影像民族志文本具备更丰富、多义的表述能力，因此他把影像民族志分为学理型、描述型、表现型、应用型四种类型。学理型：此类型的划分是基于传统人类学的研究内容和影视人类学研究领域的考量，"只不过人类学是以文字来表达而影视人类学用影视等视听手段来表达"，"致力于用影像手段阐释人类学的普遍理论。"描述型：这种类型可理解为对人类文化事项的记录与意义表达，"在影像民族志的创作中，一些人类学者更强调影像的'描述'能力，也就是以观察式或参与式的拍摄方法，记录在特定时空所发生的社会事件或文化行为，通过历时性的剪辑手段，建构具有人类学旨趣的影像民族志作品，即'描述型'（Descriptive）影像民族志。此类民族志作品在叙事形态上，较

---

① 参见艾菊红《作为文化解释的人类学影视片——人类学影视片发展走向探析》，《中南民族大学学报（人文社会科学版）》2004年第2期。

接近于按照'直接电影'或'真实电影'方法拍摄的纪录片，具有更为明晰的人物、更为戏剧性的情节与更为广泛的文化传播性，是视觉人类学理论与影视艺术的交汇产物，也最易为影像民族志作者所采用"①。表现型：这种类型的影像民族志欲拓展视觉人类学的研究和表述范畴，意旨用影片去表达如情感、记忆、梦境等较为抽象的内容，利用影像具有的表现和感知优势，使视觉影像成为感知、传递和跨文化理解交流的途径，从而使影片具有独立于文字性民族志的学术价值。应用型：这一类型突出强调民族志影片对现实社会的干预，以及影片对特定社会的行为方式和群体价值取向产生的影响，具有现实的社会价值和意义。

这些民族志电影划分方式依据各有侧重点。比尔·尼科尔斯划分的诗意模式、说明模式、观察模式、参与模式、反身模式、述行模式这六种纪录片类型是唯一被学界高度认同的分类方式，对影像民族志的类型探讨有着重要的参考和借鉴价值。对于影像民族志而言，六种类型中的观察模式、参与模式已然成为民族志电影拍摄中常见的形式，这二者分别对应着"直接电影"和"真实电影"理念，理念出现时代对应模式的影片相对而言会较多，如果采用这样的划分方式将会与影视人类学发展史联系紧密，我们在下文中也会探讨这种划分方式的影片。述行模式具有"事实和现象自由结合"的特点，这与民族志影片"客观真实"的核心要求并不太相符，因而这种模式不太适合于民族志影片。

王华的划分方式侧重于纪录影片所表现的内容，考虑了纪录影片记录现实、消失的文化以及娱乐大众的功能，他虽然提出了民族志影片，但没有做

---

① 朱靖江:《中国人类学影像民族志的文本类型及其学术价值》,《广西民族大学学报（哲学社会科学版）》2013 年第 1 期。

出更明确的类型区分。艾菊红的划分则更关注纪录影片的功能，在一定程度上表现出了民族志影片与人类学之间的在时代发展中的关系纠葛，她对人类学片的划分与时代背景相关，毕竟早期的民族志影片大多是作为资料的素材片，20世纪50—80年代的人类学影片大多属于作为文化描述的影片，80年代以后作为解释的影视人类学片才逐渐增多，这样的划分方式侧重于影片功能的时代性，未能充分体现出民族志影片的特征。朱靖江的划分是在影视人类学趋于成熟的背景下，基于对学者们所摄制的人类学影片的全面考察，强调影像民族志与文本民族志的区别，突出了影像民族志的人类学表现能力。他虽把影像民族志划分为学理型、描述型、表现型和应用型四类，但他认为这四者之间虽然互有重叠，边界并不清晰，但在创作观念与文本形态上，却代表了中国"学院派"影像民族志的基本类型[①]，这种划分方式也得到了众多学者的认同。为此，当我们探讨学院派的云南影像民族志的类型时也采用这样的划分方式。

二、云南影像民族志的类型

前文所述对民族影像志类型的划分显示了学科探究的丰富性，类型的划分各有侧重点，这些划分方式既有重叠交叉，更有视角的差异，而影片的摄制也有其复杂性，为此我们不采取某种特定类别来划分云南影像民族志的类型，而是根据不同的角度来开展影片类型及特征的分析。要说明的是本书之所以对民族志影片进行分类讨论，并不是要区分影片类型的好坏，也不是要评论创作手法的高低，而是要从不同的角度来考察影片具有的鲜明特征。特

[①]　参见朱靖江《中国人类学影像民族志的文本类型及其学术价值》，《广西民族大学学报（哲学社会科学版）》2013年第1期。

别是在当下，随着纪录片和影视人类学的发展，影像摄制手法越发灵活多样，民族志影片多样化的拍摄手法已打破类型间的鸿沟。为更好地探究云南影像民族志作品的特征，在此还是将其置于不同角度的类型讨论中去呈现。

（一）考察摄制过程中创作模式的民族志影片分类

纪录影片的最终呈现在一定程度上是摄制理念、拍摄过程、摄制者和拍摄对象间关系的复合呈现。纪录片创作模式经历了画面加解说词的格里尔逊模式、旁观式的直接电影模式、访谈式的真实电影模式和主体介入的自我反射模式。这些创作模式的变化其实是影片摄制过程中拍摄主体观念及自身参与程度变化。为此，从拍摄主体的参与程度进行考量，同时参考国外学者对民族志电影的划分方式并结合实际，可将云南影像民族志分为说明式民族志影片、观察式民族志影片、参与式民族志影片和自我反射式民族志影片。

1. 说明式民族志影片

在20世纪三四十年代的纪录片创作中，英国"纪录电影之父"格里尔逊开创了画面加解说词的模式，后来也被称为"格里尔逊模式"。这种模式中影片创作者似乎不太在意拍摄对象及他们之间的关系，创作者根据自己的意图去捕获现实影像。影片意义的表达寄托于解说词或旁白，影片叙述内容和主要观点交由解说员来传达，旁白或解说词支配着影像画面，主导着影像中的事件进程，而解说词却成为权威性的"上帝的声音"向观众传达灌输着制作者的思想，影像被当作解说词的图示，处于被动、附属的地位。它的制作方式和影像功能与比尔·尼科尔斯定义的说明模式纪录片特征较为一致，这种模式在纪录片领域产生了深远的影响。虽然当时这种理念尚未传到中国，但中国纪录影像工作者的实践探索也有相似之处。20世纪50—70年代的民纪片的整体架构是在当时马克思主义民族理论和唯物史观的指导下完成的，因此在介绍某一民族时，通常从生产力与生产关系、阶级关系、经济基础以及上层建筑等方面来进行描述，具体记录了被拍摄民族的生存环境、经济形态、社会组织结构、生产活动、宗教仪式、婚丧嫁娶、衣食住行、风俗习惯等，画面配上合适的解说词，宏观地展现了族群文化的整体风貌和特征，同时也通过影像的论证试图构建多种社会形态依次渐进发展的单线进化理论。摄制鉴于当时少数民族社会历史的变迁状态和影像技术设备等的限制，基本采取"复原拍摄"手法，通常由本民族成员以表演的方式重现本民族文化事象。影片后期配上民族学专家学者撰写或把关的解说词，用来解释说明影像画面的意义和文化内涵，影片既反映了曾经存在过的民族文化和社会现象，也是对民族学人类学理论和调查成果的直接影像化说明。如《永宁纳西族的阿注婚姻》，影片是杨光海与当时在本地调研的北京民族研究所詹承绪合作编写提纲拍摄的，前期的田野调查认为永宁纳西族的婚姻形态较为独特，不是人类社会发展史上传统母系氏族制度下的婚姻形式，而是封建领主制度下的婚姻形式。影片围绕主题"阿注"（摩梭语意思为"走婚"），以丽江宁蒗县永宁区一家人为拍摄主线，通过这个家庭的活动来描述母系家庭，把永宁纳西族的婚姻形态通过自然环境、生产劳动、集会朝圣、仪式等镜头叙事而呈现。婚姻习俗是文化生活的重要组成部分，通常摩梭孩子13岁时要举行成年礼，男孩的成年礼仪式较为简单，影片中只用解说词描述，而重点突出女孩的成年礼，成年礼后她们可以参加歌舞聚会等社交活动，也可以开始结交阿注。影片对结交阿注的各种方式进行了描写，比如打暗号、丢石头和开门的镜头，结交阿注的场合也有交代和说明。影片呈现出了阿注婚姻的具体形态和样式，从学理的角度进行了详细的解释。民纪片中丢谷粒卜卦、闷水裁决、路边树上挂食物等诸如此类的画面如果没有解说词的说明，那么观者也许会觉得这些行为荒诞怪异而很难理解其中的含义。总体上看，民纪片基本上都是说明式的影片。另外，说明式影片是时代影像技术下的产物，特别是在录音技术有限且同步录音技术还未发明之前，加之观影经验也极为匮乏，以及社会文化水平程度及语言的限制，解说词确实对影像意义的表达极为重要，也是一种必然的选择。虽然同步录音技术在20世纪50年代末就问世了，但在我国广泛应用时间要晚得多，因此，我国20世纪七八十年代以前民族志影片大多数为说明式模式。

2. 观察式民族志影片

自20世纪50年代末起，便携式摄影机和同步录音机在国外逐渐得到了应用，这为纪录影片的拍摄及新的影像摄制观念实践提供了设备和技术支持。在影像摄制技术持续变革的基础上，国外影像工作者开创了直接电影和真实电影这两种新的纪录片模式。90年代初，纪录片理论家比尔·尼科尔斯把"直接电影"改称为"观察式纪录片"，"真实电影"改称为"参与式纪录片"。如今学界已形成了直接电影对应观察式纪录片、真实电影对应参与式纪录片的普遍共识。

直接电影的主张是20世纪60年代初美国以罗伯特·德鲁和里查德·利科克为首的一批纪录片人基于当时影视技术的发展而提出来的，当时16毫米肩扛式便携摄影机的使用使隐蔽拍摄成为可能，可变的镜头使拍摄者在无须移动位置的情况下即可获得不同的景别，而且同步录音技术的突破发展解决了以往影像中声音和画画分离的问题，为此他们进行了影像创新实验而创造了"直接电影"模式，即拍摄者手持摄影机在一个环境中紧张地等待，随时准备着记录镜头当下所发生的非常事件。持直接电影理念的人认为事物的真实状态和本真意义可以完全不受外界的干扰而自然显现，不受外界干涉和干扰就是一种真实状态，刻意隐匿的拍摄行为能最大限度地减少对拍摄对象的影响，理想的状况甚至是不会对拍摄对象造成影响。该模式认为摄影机是永远的旁观者，在拍摄时尽量减少摄影机的存在感，拍摄者也要采取旁观的姿态，摄影机和拍摄者要做"墙壁上的苍蝇"，不介入、不干预，不影响事件的过程，只做静默式的观察记录，用相对完整的长镜头尽量忠实再现拍摄者亲眼所见和亲耳所闻，尽量客观还原现实生活场景和事件。另外，后期制作时坚持最低程度的剪辑，摒弃旁白、评论和解说，追求对现实世界没有任何中介、直接的呈现。在观察式电影的摄制过程中，拍摄者其实已经关注到了拍摄对象，然而却采取主动疏离的态度静静旁观，制造出一种不在场、不相关的错觉。影片的意义试图依靠影像事件画面而自然呈现。从这些观念中可以看出直接电影便是对格里尔逊式模式的一种反叛。20 世纪 70 年代，西方著名纪录片理论家科林·扬把直接电影理念与人类学田野方法相结合，由此发展出了"观察式电影"。美国影视人类学者大卫·麦克道格尔也早已在影片拍摄中尝试使用观察式电影的拍摄手法，他是观察式电影的重要实践者和推动者。"直接电影""观察式电影"的拍摄方法逐渐成为当时民族志影片制作的主流。

　　于我国纪录影片而言，改革开放后外国纪录片才逐渐得以进入国人视野，这对国内纪录片的创作手法产生了很大影响，特别是直接电影理念迅速被运用于纪录影像创作中，我国的观察式民族志影片也随即产生。虽然人类学的田野调查主要采用参与观察的方法，但参与观察和"直接电影"理念并行不悖，深入的田野调研恰恰为更好地观察提供了支撑，在采用这种手法拍摄人类学影片时，拍摄者尽量隐身于镜头背后旁观，用镜头观察并记录田野中的文化现象，尽量客观呈现摄影机所捕获的场景、行为和事件。此时，同步录音技术也在国内得到了应用与发展，同步录音技术既还原了环境音，也保留了被拍摄对象交流的声音，使被拍摄对象的想法可通过自己的声音直接表达，增强了影片深入探寻文化内涵的可能性。于 20 世纪 90 年代的纪录片创作而言，云南学者郝跃骏的《山洞里的村庄》《最后的马帮》就是观察式纪录片的典范之作，也是当时云南纪录片的代表作，这两部作品都在国际上获得多个奖项。影片的摄制遵循着观察式纪录片的创作理念，创作者在摄制过程中置身于摄影机背后，冷静观察事件进程，尽量减少自身和镜头对事件的影响，他在观察中敏锐地捕捉事件的戏剧色彩，依托于事件线索较为自然地展现事件和人物关系，影片既注重故事性又注重画面的艺术效果，能引起观众的兴趣和思考。他后来拍摄的《搬迁：最后的洞穴村落》也是一部观察式的影片，记录下了"峰岩洞"面对搬迁及搬迁过程中不同家庭、群体的观点和行为。在影视人类学发展中，观察式影片已发展成为影视人类学主流，如庞涛《祖先留下的规矩》（2008）、刘湘晨《献牲》（2013）、顾桃《犴达罕》（2013）、雷建军和梁君健合作的《一张宣纸》（2014），以及王海飞《苏干湖畔的家》（2015）等。云南民族影像的摄制也早就运用了观察式的拍摄手法，如蔡华的《无父无夫》（1994）被认为中国人类学者较早地运用观察式和访谈式拍摄方法摄制的民族志影片。吴乔的《难产的社头》是一部基于深厚实地调研的人类学民族志影片，作者长期在云南元江河谷傣族地区进行田野调研，甚至学会了傣族语言，用参与观察和深入访谈的方式获取文化信息。长期的调研使他对傣族族群的文化有了系统而深入的把握，因此作者能敏锐捕捉文化的变化和差别，从而对社头选举这一文化事象进行全面而深刻的观察与记录。和渊《阿仆大的守候》（2011）记录了一位先天智力障碍的纳西族中年男人守着自己卧病在床的父亲，陪伴父亲度过最后时光的故事。作者具有超长的耐心和毅力，他经常开着摄影机静静地等，很少说话，等待拍摄对象的出现，记录眼前发生的一切，甚至片中人已离去他还不走，他就这样长时间进行观察和记录，用长镜头把这对纳西族父子最后的相处、静静守候的过程和感受表达出来，传达出对生命意义的追寻。张海的《泐烘桑康》也是观察式的影片，作者以旁观者视角观察审视节日相关的一切活动，用影像来呈现一个封闭社区宗教节日的日常、世俗与神圣。泐烘桑康意为傣历新年节，影片按照节日程序推进，记录了西双版纳勐海县章朗村布朗族 2015 年桑康节（傣历 1377 年）前的各种准备活动、与节日相关的每一个行为过程，以及桑康节活动仪式和细节等，展现了布朗族人的文化状态和他们的知识体系。影片在对节日流程的记录时关联了村民的茶叶生计以及人物的经验，试图揭示影像背后的文化关联，以人类学整体性观点探讨节日变迁的深层次原因。陈学礼的《不再缠足》被认为是纯粹观察式影片，拍摄对象是拍摄者的家乡亲人，片中有他的父母及妹妹等人，也有舅妈、叔叔、阿姨、奶奶等亲人或近邻，影像并未鲜明地反映出拍摄者与他们的亲疏关系，在拍摄时他静静旁观，不介入、不干扰拍摄对象，仅把自己当作带摄影机的旁观记录者。甚至在他妹妹的婚礼上当他的舅母提到新娘（拍摄者的妹妹）吃剩的离娘饭要给哥哥（拍摄者）吃时，他也未曾做出任何回应，似乎他只是一位手持摄影机的陌生人而非新娘的哥哥，这是他刻意回避的结果，拍摄者的行为严格遵守着观察式电影的规范和要求。

村民影像是云南民族影像中的重要组成部分。从影像的拍摄过程和最终呈现形式来看，村民影像中最多的是观察型影片，其次是参与型。当摄像机掌握到村民手中，除了产生触媒的作用，摄像机还具有区隔作为摄像师村民身份和作为被拍摄者村民身份的魔力，刚接触摄像机的村民被这种魔力变成了一台"摄像机"，变成了镜头后的冷静旁观者，由此村民的身份转换成拍摄者和被拍摄者，划分出你我对立的关系，变成看与被看的关系。从拍摄实践中不难看出，村民拍摄者在其第一部处女作品中，往往因摄像机这种魔力，而成为冷静的观察式拍摄的摄像机，而不是参与到村民活动中的成员。特别是刚接触摄像机的村民，他们的作品大多为观察型。这些观察型的影片，由于跳出了熟悉的生活场景中，获得冷静的旁观者的观察和分析视角，具有较为强烈的自我凝视与反思的意义。如《我可爱的家乡》由藏族人孙诺七林和儿子恩主于 2004 年共同拍摄完成，他们聚焦于自己的家乡，采取观察的视角展开拍摄活动，记录了他们所在的汤堆村村民的日常生产活动和生活状况，关注了本民族传统文化及生活事象，也蕴含着对家乡的情感。

3. 参与式民族志影片

真实电影也是 20 世纪 60 年代产生的一种电影类型，后来被认为"参与式纪录片"类型。在观察式电影产生的同期，法国人类学者让·鲁什并未将对摄影机的功能囿于客观记录，而是去探索影像机媒介对"真实"的触发与揭示能力，他拍摄了《疯狂的灵媒》《我是一个黑人》等实验性影片。20 世纪 60 年代，这位真实电影流派的先锋人物与法国社会学家埃德加·莫林合作开展了《夏日纪事》的实验性拍摄，提出了"真实电影"纪录片的创作方法，即拍摄者有意识地通过一些手段试图促成非常事件的发生。持真实电影理念的人认为真实有时并非如表象所见，而是隐藏在事物之后，需要去发掘才能使之显露。因此，该模式中拍摄者并非被动的旁观等待者，而是主动促进事件发生的参与者，他们具有较强的主观能动性，通过主动干预的方式刺激拍摄对象展现真实的自我和内心想法及观念。此后，让·鲁什还在民族志电影实践中生发出了"分享人类学"的观念，在后续民族志电影的发展过程中产生了积极的影响。虽然他的"真实电影"理论在 20 世纪 60—70 年代并未进入欧美人类学研究的主流视野，但为民族志的研究提供了反思与启迪。大卫·麦克道格尔也认同让·鲁什秉持的"唯有介入新的刺激，才能揭开文化面纱，显露其本质"的主张，并提出了"参与式电影"的民族志电影创作方法。[①] 在参与式电影的摄制过程中，拍摄者对拍摄对象非常关注，以一种更为

---

① 参见朱靖江《田野灵光——人类学影像民族志的历时性考察与理论研究》，学苑出版社 2014 年版，第 67 页。

主动的姿态去制造二者遭遇的机会和场景。影片的意义经由"遭遇"事件而得以揭示和呈现。

田野调查是人类学的重要手段和方法，人类学家的田野调查实质上也是对当地文化的介入与参与。在实际的田野作业中，不论调查者规避影响的主观意愿如何强烈，其本身的在场仍在不同程度上不可避免地刺激、调节调查对象的行为方式和在镜头前的表现。既然田野调查"在场性"产生的影响不可完全消除，那么不如承认其影响并积极利用。对民族志影片创作而言，这就意味着采用真实电影的思路拍摄民族志影片也具有达致文化理解的另一种可能性，特别是对较为隐匿的民族文化精神和深层民族文化心理的表现或许更应如此。采取真实电影手法摄制的民族志影片就是参与式的民族志电影，这种影片的创作强调介入的积极主动性。参与式民族志电影是与真实电影对应的创作模式，通常来说是拍摄者介入当地人的文化生活，与拍摄对象密切接触，主动促成事件发生并积极参与其中，拍摄者和拍摄对象共同参与拍摄的活动。这样主动介入的方式能激发一些非常态的或内隐的文化信息，探究表象之下的真相和文化内涵，研究拍摄者在与当地人的互动中才能更好地、深入地理解文化事象。

参与式民族志影片如果从拍摄主体身份进行考察可以分为两类：一类制作者为文化外来者，即制作者对非本民族文化进行参与式纪录。参与式民族志影片虽然注重主动介入的参与，但参与式民族志影片并不意味着不需要观察，毫无观察的参与是不存在的，参与往往以观察为基础，重点在于参与的主动性。《拉木鼓的故事》作者是云南本土汉族学者郝跃骏，拍摄对象为佤族文化事象。影片主要采取观察法，但制作者也主动参与了事件过程，比如拍摄期间针对某些事项，郝跃骏提出"干脆我跟你们上山一次，干脆我们去一趟"等请求时，村民经常用实际行动来回应，作者的主动参与刺激了事件的发生。另一类制作者为本民族文化持有者，即制作者对本民族文化进行参与式记录。如云南陆良籍汉族学者陈学礼就以自己的家乡文化为对象进行记录，记录时注重参与式手法的使用。他于 2010 年拍摄《故乡的小脚奶奶》时，面对家乡亲人，没有刻意隐藏自己，而是将现实生活中的人物关系及情景呈现于影片中，作者有时会有意识地引导小脚奶奶们主动表达自己的想法。2012年他拍摄《回乡偶记》，当正好拍摄他的母亲在小卖部卖盐的场景时，发现母亲算账有误，于是插话与母亲交谈避免母亲多收钱，他如实地记录了这一过程，体现出了作者在影片摄制中的参与性。云南丽江籍纳西族学者鲍江的《去县城做白内障手术》有一个场景，当影片主角之一——两个患先天性白内障孩子的外公，因鸡头卦而忧心忡忡的时候，出现了作者的画外音，作者与镜头里的老人展开了对话，老人接受了作者的说法和建议，扔掉了手里的鸡骨，并重复强调——卦象说的是别人家的事。作者认为之所以出现这个场景是因为他放弃了观察者应有的冷静，把自己也卷入事件中。[1] 他与老人的互动也正是参与的表现。

在当前的纪录影像具体实践中，参与式纪录片内涵有了新的扩展和丰富，社区村民影像的操作模式就是印证，社区村民影像的产生通常首先是由影像专家学者对影片拍摄者（村民）进行一定的拍摄技术培训，然后将部分或全部拍摄工作交由拍摄者来自主完成。在村民影像的实践中，部分村民影像拍摄者逐渐能熟练自如地使用摄影机，此时他们已没有了早期拍摄时的紧张和焦虑感，镜头成为拍摄者的眼睛，摄影机成为拍摄者手的延伸，摄影机与拍摄者融为一体，拍摄者能以正常状态参与到更多的社区事务活动中，而作为

---

[1] 参见郑少雄、李荣荣主编《北冥有鱼：人类学家的田野故事》，商务印书馆 2016 年版，第213 页。

拍摄对象的村民也逐渐对摄影机的存在习以为常，而且这样拍摄的影片有着更深的参与程度。在村民熟练使用摄影机之后，参与型的村民影片也呈增加趋势。在拍摄《我们佳碧村》之初，佳碧村的村民进行集体讨论，他们认为这个影片会被外面的人看到，虽然村庄中也有这样那样的问题，村民之间也存在着或多或少的矛盾，但这些并不能代表村庄的整体精神风貌，矛盾及问题等负面的情况需要自己来解决，没必要在影片中表现出来，影片可以呈现村民耕田、播种、收割等劳作场景、日常生活、节庆活动和文化习俗等，让更多的人了解他们的生活状态、思想和文化等。在拍摄时村民也有一些讨论，可以说这是村民参与程度较高的一部村民影像志。该影片在放映时也引起了观影者的反思，福特基金会的一个美国人在看了影片后也激发了珍惜当下所拥有的、在当前条件下过好自己生活的感慨。或许这就是影片跨文化交流产生的效果之一。《黑陶》也是一部村民影像作品，由藏族人孙诺七林与儿子恩主共同拍摄完成，记录了迪庆州汤堆村黑陶制作技艺，而孙诺七林自己就是国家级非物质文化遗产黑陶制作技艺的传承人，因此他兼具拍摄者和拍摄对象双重身份，影片呈现出参与型纪录片的特征。

4. 自我反射式民族志影片

自我反射作为纪录片的一种创作手法，最早可追溯于 1929 年苏联学者吉加·维尔托夫《带电影摄影机的人》的摄制尝试，他在该片中不仅呈现了当时莫斯科人的日常生活场景，还插入了部分影片制作的过程，其中包含摄影师、剪辑师交代拍摄、剪辑过程的片段，这样的处理方式已显示出了创作者的自省意识。然而，这种方式在 20 世纪七八十年代才逐渐得到创作者青睐并引起学者们的注意。1977 年，美国学者杰伊·鲁比指出了纪录片中的反身性。1983 年，美国学者比尔·尼科尔斯正式提出了自我反射式的创作手法，他指出制作者并非无所不知的全能者，而仅仅是一个见证人、参与者，影片表达的只能是他个人的观点，肯定不可能是影片的全部意义。这一观点显然是对传统求证式纪录片的一种挑战。1991 年，美国学者珍·艾伦在《纪录片中的自我反映手法》指出影片的立意，获取技术设备的必要程序，拍摄过程本身……认为"这些过程就使得影片具有了人为操纵的性质。用自我反映的方式把这些过程展示出来，就使观众意识到这些制作过程是对影片的中立立场和客观纪实能力的一种限制，使观众注意到为了传达某种含义而选择和重组事件的过程。因此，自我反映是对强调真实性的传统纪录片模式的一种逆反或反拨"①。自我反射模式不仅展示拍摄结果，还展示对拍摄现实的处理过程，这显示出对纪录影片表现现实常规方式的反叛和纪录片客观性的质疑。在自我反射式电影的摄制过程中，拍摄者与拍摄对象间的关系更加密切，他们之间有讨论、协商、妥协或冲突、对抗等，影片是双方多重力量博弈的产物。影片通过对真实摄制过程相关事件的呈现而让观众注意到影片的建构性，从而做出影片意义的判断与思考。

　　我国学界对自我反射式创作手法也有着一定的探索。2009 年，谭孝红在分析纪录片创作的自我反射手法时指出自我反射具有的浅层和深层意义②，自我反射式的浅层意义是在影片中展现影片立意、拍摄过程、剪辑等影片制作过程等，或可看到制作者的身影，对影片的参与、控制及与拍摄对象的互动，影片常用旁白和字幕提醒观众制作者的存在，把影片的建构性呈现于观众面前，这是对传统纪录片真实性、客观性的反叛。深层意义的自我反射式已超出单纯的对制作过程的反思，而是体现出制作者对所叙述事件的思考，促使观众进行深思，从而达到自我反思、自我反省的境界，影片的根本宗旨不是

---

① ［美］珍·艾伦：《纪录片中的自我反映手法》，章杉译，《世界电影》2000 年第 1 期。

② 参见谭孝红《纪录片创作中的自我反射式手法》，硕士学位论文，福建师范大学，2009 年。

追求实证，而是追求一种更宽广的选择与判断。反射式纪录片浅层和深层的意义已显示出影片的复杂性及内涵深度，影片强调思考过程的真实，提供了人们对真实认知和影片价值判断的新途径。

随着纪录片领域自我反射式理念的不断发展，我国民族志影片的摄制也借鉴引入了自我反射式纪录片的拍摄手法。事实上，我国 20 世纪 90 年代的新纪录电影中就有很多影片已展现出一定的反思精神。民族志影片的摄制也如此，如郝跃骏摄制的《山洞里的村庄》中保留了峰岩洞村村民有时在镜头前自然地向导演提问和发话、郝跃骏进行回应而并不刻意回避镜头，他认为："直接电影里如果有人回头看一下镜头或想和制片人交流一下，为了表明摄影机的不存在，这样的镜头就是废的，就要剪掉。这也是我觉得直接电影虚伪的地方。……在这部片子里，我使用了'反射'的手法……"[1] 郝跃骏想用这样的方式提醒观众摄影机的在场性，也显示出创作者对"直接电影"方法的质疑，以及对自己与拍摄对象之间相互关系的反思。马祯等人的《西盟佤族木鼓考察记》中呈现了拍摄团队与当地人协商拍摄内容的过程，向观众说明拍摄内容的缘由，因而顺理成章地在影片中追述木鼓历史文化，也呈现了木鼓舞台化的表演形式及现状，把木鼓文化的历史与现实进行了勾连。该片创作者指出"我们尝试用多声道的方式进行拍摄，即当地人、拍摄者以及项目主管方共同参与影片制作。在这一过程中，拍摄者吸纳了被拍摄者对自身文化的认识、对影片拍摄方式的见解，并作为影片的内容来呈现。影片成为拍摄者、拍摄对象以及项目主管方互动的结果。在这一过程中，民族志电影制作者不再是影片呈现内容的唯一决定者，而是由多个主体共同'发声'来决

---

[1]　郝跃骏：《界限已经越来越模糊——访郝跃骏谈人类学纪录片》，载朱靖江、梅冰编著《中国独立纪录片档案》，陕西师范大学出版社 2004 年版，第 427 页。

定……所以，这部民族志电影的拍摄，是力图对民族志电影制作者作为唯一
表述观点的主体进行反思的一种尝试"①，这无疑是一部自我反射式的影片。目
前的自我反射式影片更多的是浅层意义上的表现，深层意义上的自我反射式
影片有待进一步探索。

　　在此要说明的是以上关于民族志影片的创作方法分类只是依据影片突出
特点的一种考量。事实上，很少有影片只采用一种模式，很多影片同时采用
了多种模式的创作手法。如郝跃骏摄制的《拉木鼓的故事》同时采用了说明
式、观察式、参与式等民族志电影的创作手法，在促成仪式举行前，摄制者
积极协调主动参与，在仪式举行过程中，摄制者完全变成了旁观者，"隋嘎老
人数次提到摄影师，但摄影师为了恪守观察式电影的模式，从未对隋嘎老人
做出回应"②。蔡华摄制的《达巴》创作既采用参与式拍摄，也采取了自我反射
式的拍摄方法。影片遵循参与观察拍摄的原则，创作者蔡华本人与达巴交流
的场景也出现在影片中，就连达巴与儿子讨论技艺传承时也提到了蔡华。同
时该片其实也采用了自我反射式的拍摄手法，它主动地将拍摄者与拍摄对象
之间的合作及互动情景呈现出来，通过影片制作过程的呈现激发观众思考及
构建自己理解的影片意义。陈学礼摄制的《故乡的小脚奶奶》将镜头对准了
家乡的小脚奶奶，他一边拍摄一边与拍摄对象自然地交流，影片中留下了他
的声音，他记录奶奶们的家庭日常生活，跟随奶奶们去山上捡叶子、去集市
赶集，片中他与几位奶奶对话时没有刻意隐藏自己与她们的关系，记录下了
他的奶奶觉得自己的孙子扛摄像机辛苦非要给他一点钱的对话，影片自然地

---

① 马祯:《多声道民族志电影的创作尝试及其意义——以〈西盟佤族木鼓考察记〉的拍摄为
　　例》,《民族艺术研究》2016 年第 6 期。

② 陈学礼:《被隐藏的相遇: 民族志电影制作者和被拍摄者关系反思》, 社会科学文献出版社
　　2017 年版, 第 108 页。

呈现出他们现实中的关系，这是对影像拍摄过程中拍摄者与拍摄对象间关系反思的结果。当然，这部影片应用了观察式和参与式的拍摄手法，同时也体现出自身的反思性。

在乡村之眼的项目后期，还出现了李卫红等藏族村民自导自演的剧情片。这样的影片形式已经超越了原先的纪实性村民影像范畴，可以看到村民已经不满足于展示已有的现实生活场景，萌生导演非现实事件来主动地表达自我思想和情感的欲望。但从另一种角度来看，这样的影片本身就暗含人类学研究意味而显得更有意义。随着村民拍摄进一步发展，村民们使用摄影机越来越熟练，影像也逐渐成为他们书写的工具，诗意型、应用型及多种手法并用的影片也将会不断出现。鉴于这样的情形，或许在很多时候代表着主流文化的学界应该滋生一丝警醒，在指导或观赏村民影像的时候，不能过于限定主流标准的拍摄类型来进行审美和判断。

民族志影片经历了强调作者主观意图的说明式影片，强调客观纪实的观察式影片，强调互动的参与式影片和主张自醒自觉的反射式影片。虽说影片的创作模式和类型的出现有先后之分，但我们不能简单地认为：后出现的影片创作模式必定优于先前模式，越后出现的就越好。事实上，每一种创作模式都有其最佳适用场景和适用度，其侧重点各不相同，它们都在力图接近"真实"并探寻文化事象内在的本真意义，本无优劣之分，对应的影片类型都有独到之处和价值，不同的创作模式如今仍在纪录影像领域内发挥着作用。如此，影像民族志创作者可根据场景、内容、诉求及自我偏好等选择一种或多种模式组合的影像表达方式，最合适的才是最佳模式。

（二）考察影像与学科理论关系的学院派影像民族志分类

20 世纪 80 年代以后，影视机构、高校和相关研究机构更为积极地参与民族志影片的拍摄，对影视人类学学科理论的探究也逐步深入，逐渐产生了一大批影像民族志作品。因作品大多是专家学者摄制，且作品的产生更多的是基于影视人类学的理论探索与实践，具有追求学术价值的鲜明倾向，这些影片也被认为具有学院派风格的影像民族志作品。从历史承继性的视角观察，20世纪50—70年代完成的"中国少数民族社会历史科学纪录电影"开创了中国"学院派"影像民族志的先河。① 这批影片是前辈们探索和摸索的创作实践产物，囿于时代背景和意识形态的要求，以及创作者认知与素养及技术条件等限制，影片更多地呈现当时社会文化现实景象和民俗风貌表象，在学理层面，更为深入的探讨与呈现略显不足。云南影像民族志作品丰富且很多都是学院派的产物。关于学院派的影像民族志作品类型朱靖江已经做了较为详细的分析，因此在考察学院派的云南影像民族志作品时，我们采用朱靖江的划分方式，把学院派的影像民族志分为四种类型，即学理型、描述型、表现型、应用型。这样的划分关注的是影像对人类学学科理论的呈现与解释方式。学理型影像民族志强调利用影像来解释人类学的普遍理论。描述型影像民族志强调影像的"深描"能力以构建出极具表现力的人类学影片。表现型影像民族志侧重利用影像去表现传统人类学难以用文字描述的情感、知觉等抽象概念。应用型影像民族志注重影像的现实干预功能及应用价值。

1. 学理型影像民族志

学理型影像民族志，力图用影像的方式展现传统人类学所关注的文化空间、仪式性表演、节庆活动、风俗习惯、圣俗时空的转换等内容，是与文本民族志对应的影像民族志，学者们通常在感性的影像文本上添加学理性的学术分析，影片能为学者得出的普遍性结论作支撑，具有一定的解释说明意味，

---

① 参见朱靖江《田野灵光——人类学影像民族志的历时性考察与理论研究》，学苑出版社2014年版，第185页。

与说明式民族志影片较为类似，但更强调影像的学理性功能，这种影片学术意义的阐发与影像叙事至少居于同等重要的地位。尽管如此，一部合格的学理型影像民族志仍需关注视听语言的叙事法则与纪录片的创作伦理，在画面、同期声与语言论述之间建立联系，在"客位"与"主位"观点之间达致平衡，使之更符合影像文本创作的基本规范。[①]

　　学理型影像民族志是一种常见的影像民族志作品，在民族影像中的所占比例较高。自 20 世纪 90 年代中期起，中国社会科学院民族学与人类学研究所影视人类学研究室便走出传统的专题纪录片创作模式，他们积极探索以视听手段来表现人类学理论的影像民族志创作方法，先后摄制了《秋牧》《隆务河畔的鼓声》《仲巴昂仁》《年都乎的岁末》等影片。这些影片的摄制人员基于一种客位的立场以研究人员身份对影片内容进行学术性解读和阐释，这也逐渐成为人类学者们可以接受的影像民族志表达方式。近年来，人类学理论前沿研究和影像实践不断为学理型影像民族志创作提供更多的思路和方法指引。如庞涛的《祖先留下的规矩》是研究四川省凉山彝族自治州地区传统习惯法的影像作品，影片讲述了彝族知识分子德古运用本民族传统习惯法调解一起"死给"案件的过程，目的在于探讨和展现彝族古老的习惯法在现实日常生活中的运用以及对于解决纠纷、维系地方社会所起的作用，以及研究习惯法与现行法律的互动调适作用。庞涛等人的《械斗中的权威与社会控制观察》记录了两个村庄因林地纠纷而发生的械斗纠纷过程，由此而探讨乡村社会的权威与社会秩序，是一部探讨传统人类学研究视域中社会权威和社会控制的影片。鲍江的《去县城做白内障手术》从跋山涉水到县城入住及看病的

---

① 参见朱靖江《中国人类学影像民族志的文本类型及其学术价值》，《广西民族大学学报（哲学社会科学版）》2013 年第 1 期。

整个过程具有人类学意义的"文化冲击""文化调适"等故事情节。作者使用了大量的长镜头加少量的短镜头和特写镜头，表现了传统巫术与现代医术之间的张力。这两套话语系统之间的张力揭示了人类学的一个基本命题，即文化在"他者"所处的关系中定位。如果没有进城治病这样一个事件，人类学意义上的"他者观"将无法呈现。导演将巫术与医术的不同文化同时呈现在镜头中，实现了跨空间的文化比较，其思想性就是在这种"他者观"中得以呈现。①云南大学高志英、郑明莉和金学丽的《傈僳族刀杆节影像志》是一部记录傈僳族非物质文化遗产刀杆节的影片。刀杆节是傈僳族的传统节日，然而不同地区傈僳族的刀杆节也有所区别。为呈现刀杆节的整体概貌，创作者们在不同的时段到泸水市鲁掌镇和腾冲市滇滩镇拍摄了刀杆节的相关准备活动和仪式细节，包括节前准备事项、确定仪式的组织和参与人员、仪式相关工具、上刀山和下火海过程、节日场景等，并对刀杆节的举办缘由、仪式内涵、社会意义进行了影像的学术阐释。该片对傈僳族不同地区的同一传统节日进行了完整记录和思考，探讨了傈僳族文化的多样性和丰富性，显示出创作者的学理性分析和思辨。陈学礼的《撒尼男人的盛典》记录了石林彝族自治县月湖村撒尼男人们请"密枝神"的群体性祭祀活动，祭祀密枝神在于祈求密枝神保佑村寨平安、人丁兴旺、五谷丰登等。影片记录了毕摩用硬币卜卦选祭祀头目的过程，着重展现了按照密枝神意志卜卦选出的 9 个男人到树林祭祀密枝神的具体活动细节。此外，片中也呈现了男人们聚在一起玩扑克牌，女人们聚在一起绣花聊天，男孩们晚上被召集在一起扛着竹竿讨米等情景，"借此说明男性群体、女性群体以及小男孩群体在祭祀活动期间所必须遵

---

① 参见罗红光《当代中国影像民族志：问题导向、科学表述与伦理关怀》,《民族研究》2015 年第 4 期。

守的各种禁忌和习俗"①。影片侧重于对彝族撒尼支系一个传统仪式的学理解释。吴乔的《月亮姑娘》记录了傣族村寨"跳月亮姑娘"的仪式，这是当地傣族妇女的狂欢节日。在"跳月亮"当晚，村里的妇女梳妆打扮，身着民族盛装欢聚到寨门前的空地，首先举行的是请月亮仪式，即通过仪式邀请"月亮精灵"降临人间。然后是集体大狂欢。请月亮之后，"月亮精灵"（有男灵和女灵之分）便陆续来到人间并"附身"在场妇女们身上，被"附身"的妇女开始舞蹈，一个人两个人……随后所有人都加入了舞蹈队伍，然后变成集体性的狂舞。在集体狂舞持续一段时间后，"精灵"们慢慢安静下来，被"男灵""附身"的妇女和被"女灵""附身"的妇女们进行对歌，对歌活动持续到深夜。最后是送月亮仪式，管寨雅媆主持仪式将月亮姑娘送回天上。此时妇女们如梦初醒，她们对自己先前的行为茫然无知。影片中仪式流程清晰，所记录的场景弥漫着狂热与痴迷的气氛，激烈的肢体动作，挥舞的纸伞，尖厉的叫声、哭声，凌乱的衣裳，喃喃细语等，丰富的肢体动作，细腻的表情神态，生动的声响，反映和传递出"全息"的现场信息，由此而揭示了傣族人对此活动的热爱及内在的信仰体系，这是对传统仪式的完整记录。总体来看，在影视语言使用方面，学理型影像民族志在呈现文化事象时常常会通过字幕、旁白等对其含义进行解释与说明，以帮助观众更好地理解其文化意义，该类型影片的内容和欲表达的主要观点与传统人类学研究较为一致，试图探讨、揭示、解释某一文化现象，重视用影像对文化的学理性解释。

2. 描述型影像民族志

描述型影像民族志，着重于对文化深层内涵和意义的揭示和表达，这类

---

① 陈学礼：《被隐藏的相遇：民族志电影制作者和被拍摄者关系反思》，社会科学文献出版社2017年版，第121页。

影片是以影像的文化描述能力为基础而开展的。影视技术的进步和视听语言的发展使影像在某些方面也逐渐具备了超越文字的叙事能力，也使影像对文化的"深描"成为可能。因此，影像民族志不再仅仅满足于单纯记录某种文化行为的表象或是文化事象的具体信息，更能够通过镜头的叙事而阐明文化事象产生的原因，探究文化系统的规律，力图揭示文化内部的多层次及深层意义。描述型影像民族志的创作是建立在田野文化事象的观察与参与基础之上的，影片较少使用或是拒绝用旁白式解说词来阐释学理或表达观点，主要通过事件的进程、事物间的内在关联而循序渐进地展开叙事，尝试通过影片的内在逻辑和文化细节来描述并解释文化。影片内在逻辑的构建必然是基于客观世界真实事物和民族文化事象本身，不是通过虚构和想象的方式来创造民族文化，不是单纯地呈现摄像现场的场景，也不是简单地用影像罗列文化事象，而是对民族文化素材进行梳理、提炼、挖掘和概括处理并表现出来，从而展现真实而丰富的文化信息以体现出深厚的文化内涵和价值。这类影片旨在对文化进行深描，因此它可借助观察式、参与式等不同的创作手法来达到这一目的。反过来说，部分观察式影片、参与式影片、自我反射式影片具有描述型影片的部分特征，它们也可被认为描述型的影片。

在影像民族志的实践中，学者们对影像描述能力的理解和应用是一个渐进的过程。人类学者蔡华注重影像的文化描述能力并进行了尝试，他的《无父无夫》《达巴》《童婚》三部影片均是对民族文化内容进行深描的影像民族志作品。《无父无夫》描述了云南宁蒗县永宁地区的摩梭人母系社会，影片采取以访谈为主的拍摄方法，从当地人的"主位"观点出发，展现摩梭人社会以"走访"为核心的亲属制度，阐释其"无父无夫"的社会结构，具有明晰的逻辑性与真实的举证能力。《达巴》讲述一名生活在永宁地区的摩梭人达巴（巫师）的生活经历，详细记述达巴举行的三种祭祀活动：敬水神的仪式、过年祭祖的仪式和驱逐伤害孕妇的鬼的仪式，并以达巴的祭祀活动为线索，揭示摩梭人社会的民间信仰以及达巴在沟通圣俗世界之中的重要作用。《童婚》是有关云南红河哈尼族支系奕车人婚姻制度的影像民族志，在拍摄时间上纵跨三年之久，以一位奕车青年男子从准备离婚到再度结婚的过程为主线，细致地描述奕车人在青少年时代带有性色彩的社会生活、节庆狂欢与男女聚会等，从亲属制度的研究视角切入奕车人在两性关系方面的传统观念与行为模式。由于《童婚》的创作是建立在蔡华对奕车人社会的长期观察与密切关系之上，这一相对私密的主题得以较为自然、深入地表述出来，亦是对其文字民族志创作与人类学学理研究的必要补充。①

　　吴乔的《难产的社头》也凸显了其较强的文化描述能力，这部作品是关于云南红河沅江河谷地区傣族"称衣服选社头"仪式的影像民族志。创作者采用人类学传统的"参与观察"和"深度访谈"方法在傣族地区开展了长时间的田野调查，在这期间他与当地人同吃同住、一起劳作、走亲访友和参加仪式等，甚至学会了当地傣族的语言，通过充分的田野调研他已对傣族文化有了深入的了解，能提炼出傣族文化内在的关联性并用影像叙事加以表现。正是在他前期厚积的基础上，《难产的社头》才得以产生，该片以傣族村寨大槟榔园"称衣服选社头"为主线，记录了衣服称重仪式的详细过程，被"神选"为下一任社头时刀拉叶老人的反应、拒绝担任社头的各种说辞以及村民对此的看法等。面对无果而终的社头选举，村寨人提出了四种解决方案，引起了人们的激烈论争。最后尝试以召开全村大会来解决，大会上，在热烈的讨论之后采取了古希腊式的"声浪表决"方式做出了决议，被大家要求留任

---

① 参见朱靖江《中国人类学影像民族志的文本类型及其学术价值》，《广西民族大学学报（哲学社会科学版）》2013 年第 1 期。

的社头勉为其难地接受任命，就此结束了这次争执。这部影片强调文化的
"完整性"，影片有情节、主要人物，事件的发生发展有冲突、高潮和结束部
分，三段式的实拍、丰富的人物采访及大量的口述，较为完整地呈现出了仪
式面貌。影片通过仪式过程的呈现探讨了时代文化背景下社区传统功能的消
解，以及个体对社群组织依赖逐渐减弱的原子化生存趋势。作者本人指出：
在拍摄了一段时间之后，开始形成新的影片结构思路，仪式及其含义退居次
要位置。这部影片首要展现的主题变成了社会变迁和文化冲突，是一个传统
社区在今天的时代大背景下发生的剧烈变化，是围绕换社头仪式发生的各派
观点的交锋和各种力量的博弈。① 影片呈现了选社头仪式细节以及村寨不同人
群面对社头选举时的反应及应对方式等，通过影像将村中话语权争夺、经济
利益及人际亲疏关系等呈现出来，也体现出了老的社区组织和传统信仰在当
时已经岌岌可危，透过表面化的仪式，揭示了社会文化的变迁和文化的冲突，
达到了文化深描的效果。侯文涛《麻与苗族》虽是一部村民影像作品，但也
具有一定的深描性质。影片记录了创作者所在的烂泥洞村苗族妇女制作麻线，
以及如何利用麻制作生活用品的过程，影片探寻了麻在苗族生活和文化中的
重要意义，加深他者对麻的认知与理解。该影片在展映会上多次获得专家学
者的赞誉，也是为数不多的能在主流媒体上播放的一部村民影像。

3. 表现型影像民族志

表现型影像民族志是对人类学实证主义传统的一种反动，试图用影像的
感官刺激性直抵一种文化的深层底蕴。② 表现型影像民族志与比尔·尼科尔斯

---

① 参见吴乔《以花腰傣个案谈人类学纪录片意外事件拍摄的几点经验和教训》,《民间文化论坛》
2015 年第 5 期。

② 参见朱靖江《中国人类学影像民族志的文本类型及其学术价值》,《广西民族大学学报（哲学
社会科学版）》2013 年第 1 期。

对诗意模式纪录片的解释颇为相似，二者有许多共同之处，因此，表现型民族志影片在一定程度上可理解为充满诗意的民族志影片。这类影片源流最早可以追溯至让·鲁什提出的"电影通灵"（cine-trance）理论，即随着电影拍摄的进程，在摄影机、拍摄者与拍摄环境之间的界线变得不再清晰确凿，而是产生了一种彼此意会、无须言表的"影像唤起"（cine-provocations）的效果。表现型影像民族志不过度在意事件场景的内在关联，不过度强调因果逻辑及线性进程，弱化时空感，关注空间结构和叙事节奏，注重使用多手法及光影对影像意境进行营造，从而表达情绪、抒发感情，力图通过影片将感悟、感知、情绪、情感等传达给观众，激发、唤起观众的通感体验进而达到文化交流的目的。

关于诗意纪录片的创作，荷兰纪录电影大师伊文思早期的作品《桥》和《雨》就是典型的诗意型纪录片，这也为国内表现型民族志影片的创作提供了借鉴。而他晚年在中国拍摄了《风的故事》，影片以风为主线，不断追逐风有关的踪迹故事，其中还加入了大量神话故事与历史典故，"导演以一种全新的方式认识中国，审视这个国家民族的历史文化，纯粹的电影语言与新奇的画面让影片充满诗意与想象"[1]，这部影片先锋性质明显，或许归入任何类型的影片都不合适，但影片对诗意性的呈现仍能给予人启发。

影像对氛围的营造能唤起激发感觉和知觉的功能已被人们认知，在对影像功能的进一步探索中，学者们也从中国传统文化中汲取养分并用于影像的创新实践。中国学者庄孔韶与法国学者范华（Patrice Fava）合作讨论影视理论的推陈出新，"他们引申并看到了拍摄中主客位整体性贯通的意识、体悟、灵感、直觉等的油然而生的'性灵'状态——'真、性灵、趣'思想……在

---

[1]　任远：《伊文思纪录片中国形象研究》，硕士学位论文，苏州大学，2018年。

这里，拍摄者与拍摄对象之间并非主动与被动的分野，视觉成为一个感知、传递和跨文化理解的重要途径"①。可见，影像营造的场景信息具有传达只可意会不可言传的"文化直觉"的能力，对文化的理解不再仅仅只能依托逐一呈现的文化事项及其间的内在逻辑，而是可以借助营造的文化综合场景信息而调动多感官参与在一瞬间产生对文化的某种体味及心领神会。

中国的影视人类学学术理论构建和影像民族志的创作相对薄弱，表现型影像民族志作品并不多见。人类学学者胡台丽于 1986 年拍摄的《矮人祭之歌》就是一个例子，影片记录了台湾赛夏人举行的一种极为盛大而隆重的节日庆典活动，通常每十年才举行一次，全族人欢聚在一起唱歌、跳舞欢庆节日。创作者对音乐与画面的融合极为重视，使影片在传达文化精神的同时具有更强的情绪感染力。云南学者郭净等人的《卡瓦格博》是中国大陆学界对表现型民族志影片的一次有意义尝试，创作者在当地进行了多年的田野调查，熟悉藏族文化并对藏族群众的精神文化生活有着深刻的感知和理解，他"最终放弃了在其影像民族志中宣讲学术理论或者讲述当地人的生活故事，而是选择了一种诗意的影像文本，试图在拍摄者与观看者之间，达成一种心灵的共鸣"②。影片并没有贯穿始终的明确主线，"麦子""嘛呢""飞机""牧人"和"野花谷"五个影像段落之间并没有密切的关联。影片开始的画面是一辆卡车行驶在澜沧江边狭窄的道路上，卡车因颠簸而激烈晃动，此场景将当地的路况和自然环境展现出来。在"麦子"影像段落中人们收割麦子时的笑脸，活泼的藏族姑娘回家换上传统藏族服装翩翩起舞，劳作与舞蹈和欢笑交织在一起，构成了一幅充满生机的美丽画卷。"嘛呢"中进行日常宗教活动的老妇人

---

① 庄孔韶主编：《人类学概论》，中国人民大学出版社 2006 年版，第 391 页。

② 朱靖江：《中国人类学影像民族志的文本类型及其学术价值》，《广西民族大学学报（哲学社会科学版）》2013 年第 1 期。

们专注于念诵经文，虔诚跪拜，恬静而安详，亲切而活泼，展现出她们丰盈的精神世界。"飞机"借助口述史以个人经历展现个人与国家社会的发展的交织。"牧人"中叮咚作响的牛铃声伴随影像始终，孤独的牧人歌唱、放牛、挤奶，洒满阳光的木屋下有节律地搅拌着酸奶，一幅孤寂、美好与沉醉的劳作画面。"野花谷"中拯救青蛙，讲述传说与故事，少女活泼的身影和老年妇女安详的步态，带给人们一种人生感悟。影像中的麦田劳作、放牧、诵经及转山朝圣等都是卡瓦格博峰地区极具典型性的文化象征与视觉符号，是创作者对当地文化的认知和外界对当地文化的印象，影像文本并非要传达某种特定的文化观点，而意在为观者提供一种鲜明、中肯的"文化印象"，而非深入肌理的文化阐释。郭净在《影像与母语》一文中认为：摄像机的使用，调动了人们主要的感知器官。藏族把五官叫作'五妙欲'，写作时用的眼和手只接触文字，而拍摄所用的眼（色）、耳（声）、触觉却直接跟形象打交道，对事物和事件的认识会更加具体、深刻。①影像文本——特别是刻意强调影像与声音特性的表现型影像民族志时，视觉与听觉的感受力显得尤为重要，它往往不执着于理性的分析与理解，而是仰赖于感官的接纳以及文化意象的交流。譬如，在金黄色麦田中歌唱与收割的藏族妇女、晨雾里叮当回响的牛铃声、野花山谷中逐渐走远的朝圣者……这些意象或许很难被理论化与文字化，但它们却能够让观看者得到有关一种文化的感悟与共鸣——这种印象有时甚至比精心构筑的理论体系更为本质，"正所谓'明心见性'，直通文化的核心"②。另外一些具有先锋性质的实验性影片也可归入表现型中，如云南诗人于坚摄制的《碧色车站》正是这样的一部影片，作者对云南省蒙自市草坝镇的碧色

---

① 参见郭净《影像与母语》，《新西部》2017年第8期。

② 朱靖江：《中国人类学影像民族志的文本类型及其学术价值》，《广西民族大学学报（哲学社会科学版）》2013年第1期。

寨车站进行了记录，通过车站工作人员和普通村民的状态来呈现出一个铁路沿线小车站的面貌。碧色寨车站曾是滇越铁路上的重要站点，曾经的繁华如今已消散，变迁显而易见，然而导演具有敏锐的观察力，他把镜头对准村居、日常生活器具以及动物，将诗意融合在沉稳绵长的超长镜头之中，开始时有对狗、鸟、鸽子等动物的特写，有对巴黎钟、日常器物以及自然景物等的特写，也有对村民的脚和鞋子的特写等，体现出村寨中人与自然的和谐，可让人从中体味出安静、自足、从容、村寨生活的诗意。于坚和北京大学社会科学系朱晓阳教授合作的《故乡》呈现的是昆明市官渡区宏仁村在现代化进程中的遭遇及变迁。按照于坚的说法，这是一部表现主义风格的纪录片，具有明显的诗性框架。[①] 此外，在一些民族志影片中部分影像段落也会使用诗意化的表达方式，如陈学礼《马散四章》中有落日的余晖洒在欢乐玩闹孩子们身上的场景，柔和的光影、活泼嬉戏的孩子，使马散村显得静谧而又充满生机。表现型民族志影片特别注重影像意境的营造，弱化叙事性，强化影像综合场景信息的产生视觉冲击力，蕴含着诗意性的美学追求。

4. 应用型影像民族志

应用型影像民族志"它可以被视为应用人类学的一种工作方法，由人类学者 / 影片作者在社会工作项目当中付诸实施，借助于影像作品的直观性、传播性、通约性与感召性等特征，将影像民族志作为达致某种特定目标的媒介"[②]，有着较强的目的性和现实意义。应用型民族影像最早源于西方 20 世纪 60 年代产生的"土著影像""赋权影像"等活动，当时的人们就已借助影像来

① 参见朱晓阳《诗性与民族志影像的田野工作：从〈故乡〉〈滇池东岸〉到〈老村〉》，《民族艺术》2022 年第 4 期。

② 朱靖江：《中国人类学影像民族志的文本类型及其学术价值》，《广西民族大学学报（哲学社会科学版）》2013 年第 1 期。

干预现实生活，这些能在一定程度上影响现实的影片彰显了影像具有的应用性特征。应用型影像民族志是一种介入式的影像，不论是拍摄者还是拍摄对象都有着较强的主观参与意识，它具有作为社会现实事务干预的工具和非学术目的的突出特点，强调影片的现实价值和产生的社会效果。而从纪录影片的发展来看，其实某些新闻纪录片也具有一定的应用性，在此我们不做讨论。

我国真正意义上的应用型影像民族志标杆之作是《虎日》，这是人类学家庄孔韶与丽江市广播电视局于 2002 年合作完成的影片。影片如实记录了云南宁蒗彝族家支为勒促 20 名吸毒者戒毒而在"虎日"举行戒毒仪式的过程，该片注重仪式的结构和细节，祭献、讲演、诵经和盟誓活动及一系列的细节呈现了完整的仪式，展示出了德古、毕摩、吸毒者、本民族成员等在仪式过程中的角色定位，呈现出家支仪式和个体家庭之间以及各种角色人物之间的互动，通过戒毒事件展现出了族群认同和地方性知识具有的力量。这部"示范片"在大、小凉山彝族地区的戒毒事务中起到了积极作用。"2002 年 6 月至 7月，《虎日》在丽江地区电视台连续播放了一个星期，在公众中收到了意想不到的禁毒戒毒推动效果。尤其彝族同胞很激动，有的甚至落下了眼泪。他们与毒品决裂的意志更加坚定。"应用型影像民族志直接指向特定的社会事务，以干预、传播和产生社会影响为主要目的，其受众也以参与其事的当地社区成员为主。这类影片虽不以学理阐述或归纳为根本诉求，但也不能排除它具有的学术价值。庄孔韶认为："拍摄对象不仅以评判者这个身份参与到影片中来，更为重要的是作为一个积极的、主动的发起者、示范者和推动者的全面参与。从而，我们不仅强调的是参与者与对象之间的互动和分享，更为重要的是地方性知识经过人类学家进一步阐释和发掘后如何让更多的人受益。"①
这部影片应用了神山集会、习惯法等，致使作为家支成员的吸毒者获得了戒
毒的强大动力，盟誓仪式通过影像得以在更大范围内传播，在某些时候乡规
民约是在乡土社会里比现代法律还有效的社群成员共享的经验，影片产生了
强大的乡土聚集力量，激发起彝族同胞的文化认同，这就是影片现实价值的
体现。

　　独立纪录片女导演史立红的影像作品《怒江之声》也是一部具有应用型
特征的影像民族志，该片记录的是云南省怒江傈僳族自治州泸水市的小沙坝
村村民抗争政府在当地建设水电站的过程。21 世纪以来，为了在一定程度上
更好地解决能源和能耗等问题，国家加快了水利水电的开发与利用。2003 年
8 月，政府出台了怒江水电开发计划，随即便引发了要不要开发这条河流的
争论，建坝对环境和当地居民的影响成为争论的焦点内容。创作者史立红跟
随云南知名学者于晓刚，带着一部小型 DV 摄像机与小沙坝村民们一起前往
澜沧江边的漫湾水电站，由于种种原因，小沙坝的一些村民反对修建大坝，
并积极争取自身的权益。在多方的努力下，小沙坝村的一些村民最终得到了
环境补偿。从最终效果来看，影片确实对村民的现实生活产生了一定的影响。
影像具有"眼见为实"的力量而成为一种立场鲜明、触目惊心的"影像传
单"。尤为重要的是，在该片完成之后，云南三江（澜沧江、怒江、金沙江）
流域的很多农民自发地复制并放映影片，《怒江之声》成为团结失地民众、进
行民生维权的有力工具。北京大学朱晓阳和云南大学李伟华合作的《滇池东
岸》也具有一定的应用性特质，影片的拍摄是昆明市官渡区滇池东岸的宏仁

① 朱靖江：《中国人类学影像民族志的文本类型及其学术价值》，《广西民族大学学报（哲学社会科学版）》2013 年第 1 期。

村过程。2010 年，在昆明市大规模城中村改造工程中，新老宏仁村都被纳入拆迁范围，一些村民也因此走上了抗诉拆迁之路。在此背景下，创作者们受村民的请求，用影片来记录了这一过程。这也是影像对现实一定程度介入的体现。除此之外，广东中山大学女学者艾晓明基于对影像表达直观性与召唤力的确信，在其感兴趣的社会性别与公民权利研究中采取影像介入的方式，先后拍摄了《太石村》《中原纪事》《开往家乡的列车》等纪录片。这些影片也具有一定的应用性。她试图以自身在场的影像记录来反映社会现实问题，期待现实影像能在一定程度上影响社会进程，以谋求更大范围内公平正义实现的可能性。

　　应用型影像民族志与其他类型影像民族志最大的差异在于"它是以直接干预拍摄地的社会生活为宗旨，以当地族群或利益相关方为主要传播对象"[①]，它能够形象直观地呈现文化事象和相关内容，它在不同语言区域、无文字地区或文盲较高的区域能更为有效地传递项目相关信息和群体共同诉求。这种通过影像介入而在民族现实生活中产生实际效果的影像志也正是人类学影像工作者的社会责任体现，在文化遗产的保护、公益项目的实施等方面应用型影像民族志都可发挥积极作用。然而，我们也要注意到应用型影像民族志的针对性、地域性和时效性，一旦影片脱离其社会文化背景和时空范围，其应用性和效果可能会衰减或不起作用。另外，值得一提的是村民影像中的一部分也具有一定的应用价值。有的村民影像聚焦民族社区现实问题，拍摄者与被拍摄对象行为上的互动性较强，并且对问题有了更多主观的解读和现实预期，因而影片也具有一定的应用价值。如尔青和谢春波的《我们怎么办？——落水村的变化》是一部以访谈为主的影片，记录的是他们的家乡落水村。落水村是丽江市宁蒗县摩梭人世居的一个村落，自 20 世纪 80 年代起，

---

① 朱靖江编著:《民族志纪录片创作》，北京联合出版公司 2014 年版，第 175 页。

村子开始发展旅游业,原本相对封闭的村子逐渐走向开放,也由此带来了许多新问题。影片聚焦近 20 年旅游业发展给村子带来的经济条件、思想观念和生活方式的变化,展现出传统与现代的矛盾和冲突。这部影片的展映把村民们聚到一起,引发了村民们对旅游服务、婚姻家庭、道德礼貌等的热烈讨论和思索,对村落文化的建设与发展具有实际的意义。

　　科学性是公认的影像民族志主要特征。虽然不同类型和风格的影像民族志都不约而同地强调科学性,但学者胡台丽也指出:"'科学'的民族志是众多风格中的一种,可以遵行,但不必然要遵行。'科学'不能视为唯一的标准,民族志电影和书写民族志都无需为刻意设定的'科学'规格模式束缚住,放弃其他可能的发展。"① 上述不同角度的民族志影片类型分析在一定程度上展现了影片创作模式和理念的变化,也简要地分析了不同类型的民族志影片具有的特征,但这些特征并不是影像民族志发展的束缚,它仅是此阶段呈现出的有别于其他类型影片的一些鲜明特征。"任何一种艺术形态发展到一定程度,必然会伴随着一种新的创作范式对旧有的范式的突破……"② 影像民族志的发展也具有相似的规律,随着社会科技的进步、影视理论和摄制技术的不断发展,影像民族志的创作必将突破原有模式,未来在技术和创作范式的更迭中必然将会不断创造出新模式和类型。

---

① 胡台丽:《民族志电影之投影:兼述台湾人类学影像实验》,《台湾"中央研究院"民族学研究所集刊》1991 年第 71 期。

② 冷冶夫:《纪录片创作的后现代主义倾向》,《当代电视》2007 年第 5 期。

第三章
云南影像民族志的基本特点

　　云南影像民族志记录下了云南的社会风貌及自然景观和人文景观，保存着大量不同时期云南各民族的生活方式、民风习俗、仪式信仰等，留存了云南民族文化基因，承续着民族文化，是云南近百年社会文化历史样貌和社会变迁的一面镜子，映照出时代背景下的云南民族众生相和社会生活真实图景。云南影像民族志记录着时代文化事象，而其本身也就是时代的产物，其影像在实践主体、内容呈现、创作理念、摄制技术、叙事方式、文化表达及影像功能认知方面也打上了不可磨灭的时代特征烙印。

第一节　云南影像民族志的文化坐标

一、实践主体的多元性

　　云南民族影像相关理论研究和实践创作主体人群结构在实践中已表现出多样化特征。从地域来看，实践主体以云南本土学者为主，也有省外知名的专家学者，如庄孔韶、吴乔等人，还有外国学者等，如法国的范华、德国的芭芭拉·艾菲等人。从主体的社会角色属性来看，有隶属于政府的电影制片厂、专业影视机构、电视台等媒体机构的影视工作者，有来自高等院校或是研究机构的民族学家、人类学家、社会学家等，也有独立的影视纪录片制作人、独立制片人，有文化传媒机构相关从业人员，还有来自民间的草根民众等。有研究者曾以 93 部云南的纪录片作为样本进行了创作者、影片内容等方面的分析，调查分析的结果为：从创作者来源地来看，以云南本土的制片人为数最多，占比 56.8%。[①]另外，专家学者和影视工作者经常相互合作，充分利用自身互补优势摄制出更优质的影像民族志作品，如范志平和郝跃骏合作拍摄《甲次卓玛和她的母系大家庭》。郝跃骏在摄制《生的狂欢》时与惠松生、邓启耀、张克朗、杜玉亭等人合作。当然在民族影像的实践中，学者和影视工作者的身份并非一成不变，在工作的不同阶段二者之间有时会有身份的转换，有的从电视台转到高校或研究机构工作，有的则从高校进入影视行业，有时可能同时具有导演和学者的双重身份。可无论工作和身份如何变化，他们一直投身于影像民族志的相关工作，是云南民族影像的主要实践者。不同时期各类民族影像实践主体认真工作，努力为云南民族影像理论和实践积极贡献着自身的力量。

（一）多样化的实践主体组织机构

1. 学术机构

高校和研究院所作为学术机构在云南民族影像研究中发挥着重要作用，高校的民族学、历史学、新闻与传播学等学科专家以及研究机构的相关学者们便是云南民族影像的研究与创作的主力军，他们以学术影像文本书写着云南社会和云南民族文化。如云南省社会科学院从 20 世纪 80 年代以来就一直致力于云南少数民族文化的影像摄制，已拍摄了《生的狂欢》《哈尼族》等影片。云南省社会科学院的白玛山地文化研究中心在摄制影像民族志时还协同组织开展过"社区影像项目""乡村影像计划"等项目，促成了更大范围更多

[①] 参见李婧琪《新世纪云南少数民族题材纪录片传播研究》，硕士学位论文，大连理工大学，2019 年。

人员参与民族影像的摄制，扩大了云南民族影像的影响力。云南大学作为较早开展民族影像教学与研究的机构，先前有东亚影视人类学研究所的影视人类学相关项目培训与人才培养，后又成立了影视人类学实验室积极进行着民族影像的实践，如陈学礼的《撒尼男人的盛典》、和渊的《阿仆大的守候》、徐菡的《美丽的黑齿》和《彩白花》等。云南高校的影像相关专业等也在不同程度上涉及云南民族文化相关内容的影像摄制。

2. 影视机构

电影制片厂和电视台等影视机构是云南影像民族志的重要实践主体，包括影像工作者、导演、编导、纪录片工作者等人，他们以具有深切人文关怀的影视文本完成对云南民族文化的表达。云南民族电影制片厂（原昆明电影制片厂）自成立后在拍摄少数民族电影的同时也拍摄云南民族文化纪录片，特别是在 20 世纪八九十年代受当时民族风情片的影响，云南民族电影制片厂也加入民族风情片制作队列。"自 1983 至 1990 年，云南民族电影制片厂联合云南社会科学院等单位拍摄了生活在云南的 24 个民族的 30 部共计 75 本电影民族风情片"[①]，如《博南古道话白族》《纳西族和东巴文化》《阿昌风情》《独龙掠影》《布依人家》《水族采风》《彩云深处的布朗族》等一系列的云南少数民族文化纪录片。与此同时，一些民间机构和音像公司就把目光投向了民族纪录片拍摄，如广东东亚音像制作有限公司和福建东宇影视有限公司与科研院所合作拍摄了《拉祜族的宗教信仰》《走进独龙江——独龙族及其生存环境》《甫吉和他的情人们》等影片。"云南影视广告艺术公司还拍摄了《中国苗族》和《中国瑶族》等系列片，其中，《中国瑶族》曾获爱沙尼亚第十届国际影

---

① 赵鑫：《中国文化人类学纪录片创作理念的嬗变》，华中科技大学出版社 2022 年版，第 68 页。

视人类学电影节'最佳纪录片'奖。"① 云南电视台先后摄制了《彝族虎文化》《哈尼人一家》《远离草原的蒙古族》《布朗风情》等近百部（集）人类学信息含量丰富的片子②，以及云南电视台刘晓津的《田丰和他的传习馆》，昆明电视台周岳军的《阿鲁兄弟》、郝跃骏的《搬迁：最后的洞穴村落》和《三姐妹的故事》等民族影像作品。

3. 民间组织及个体

数字多媒体技术和网络技术的发展，促使大众传媒时代的到来，便携式数字 DV 机、计算机、智能手机等的广泛运用，使影像生产的"精英"与"草根"界限被彻底打破，普通民众也可以掌握影像媒介而成为影像的生产者，促进了影像生产的泛化。民间文化团体、公益组织、影像爱好者、文化工作者、村民等也逐渐参与到民族影像的创作实践中，为民族影像发展注入新的力量。如卡瓦格博文化社、云南乡村之眼乡土文化研究中心、年保玉则生态环境保护协会、雅安乡村摄影协会、草场地工作站等这些致力于"乡村影像"的团体已创作出了一批影像作品，如孙诺七林的《黑陶》、刘文增的《茨中圣诞夜》、吴公顶和红星的《茨中红酒》、扎西尼玛的《冰川》等。另外在影像生产平民化背景下，更多来自不同阶层、不同行业、不同年龄段的人正在进行着影像的实践，他们或许缺乏相关学科理论和专业影像拍摄技巧，但他们的拍摄记录下来身边真实的人物、事件及情感经历，虽然影像内容不全面、琐碎、零散，但也充溢着质朴之气质，这些影像与影像民族志也有着相似之处，也能从一定侧面表现出民族文化部分内容，或许也是传统民族影像的补充内容。也正因他们的不同身份，镜头得以关注到不同阶层、群体，

---

① 赵鑫：《中国文化人类学纪录片创作理念的嬗变》，华中科技大学出版社 2022 年版，第 78 页。
② 参见张江华、李德君、陈景源等《影视人类学概论》，社会科学文献出版社 2000 年版，第 211 页。

即使是同一事件，也展现出他们不同的立场和视角，增加了云南民族影像的
丰富性。

　　4. 境外机构拍摄或合作拍摄

　　云南独特的自然景观和人文景观也吸引着境外的影像机构和影像工作者。
自 19 世纪末期至今，不断有境外相关影视机构或影像工作者到云南开展影像
摄制或合作拍摄工作。特别是改革开放以来，纪录片合作拍摄的情况逐渐增
加。1978 年，香港长城影业公司导演张铮到云南拍摄过纪录片《云南民族风
情录》（也称《云南奇趣录》），记录了大观楼、滇池、龙门等云南美丽的风
景名胜，白族的三月街、彝族的火把节、傣族的泼水节等独特庆典活动，以
及傣族青年恋爱时的丢包活动、万朵茶花树等奇趣事物。[①]这部具有强烈风情
片特质的纪录片在香港引起了强烈的反响，之后还出版发行了同名书籍《云
南奇趣录》。自 1978 年起，中央电视台与日本影视机构合作拍摄了《丝绸之
路》《话说长江》等纪录片，纪录片蕴含着一定的人类学内涵。20 世纪 90 年
代初，刚成立不久的中国民族音像出版社与日本株式会社合作联合摄制了反
映中国 55 个少数民族民间音乐舞蹈的影片《中国少数民族民间传统音乐舞
蹈大系》也涉及了云南多个少数民族风俗习惯和音乐舞蹈等传统文化。1982
年，中央电视台和英国广播公司以及相关影视机构历时 4 年联合摄制了系列
纪录片《龙之心》（也称《美丽中国》），这是第一部表现中国野生动植物和
自然人文景观的大型电视纪录片。"此后，各种版本的《龙之心》曾经在 80
多个电视台、教育机构播放，而且被一些人类学博物馆收藏作为了解中国的
教科书"[②]，其中《彩云之南》一集主要以云南地域景观文化为表现内容。1986

---

① 参见单万里《中国纪录电影史》，中国电影出版社 2005 年版，第 438 页。

② 单万里：《中国纪录电影史》，中国电影出版社 2005 年版，第 386 页。

年香港地区摄制了《神州大地女儿国》，这是一部有关于云南摩梭人的纪录片，具有宝贵的人类学史料意义。英国广播公司和英国河流影片公司耗时 5 年制作了《云之南》（导演为英国人菲尔·阿格兰德），该片于 1994 年在英国广播公司平台播出后更是引起了业界的广泛关注，在国际上产生了广泛的影响。境外影像机构和影像工作者对云南民族文化的呈现与表达引发了人们对风情化、异质化云南的极大的兴趣和想象，随即，大量国内外的游客、学者、影视机构等纷至沓来，把云南民族文化相关内容"留存"于各类影像中。

（二）不同时期摄制主体多元化身份

影片拍摄活动的开展离不开拍摄主体，长期以来，在云南影像民族志实践中一直活跃着两类拍摄主体：一类是以人类学学者为主体的高校和研究机构的学者，民族文化是他们关注的焦点和重点研究内容，他们长久以来都是影像民族志摄制的中坚力量。另一类是影视机构的纪录片创作者，通常为导演、编导、制片人等，他们对民族文化的兴趣、关注程度与影像表达方式随时代变化而波动，但也在不同程度上进行着民族影像的摄制。20 世纪七八十年代以前的民族志影片摄制以专家学者为主。基于先前民族影像的实践拍摄和经验积累以及时代的进步，20 世纪八九十年代以后，影像民族志的创作在高校、学术研究机构和民间均有了长足的发展，在各种机构和项目的推动下，拍摄主体得以不断壮大。

20 世纪八九十年代的民族影像创作群体包括电视台导演、制片人、研究机构和高校学者、作家，甚至政府官员在内的知识分子等，他们组成了异质化的群体。在这个异质化群体中，影视编导作为掌握影像技术的专业人才，他们的影片创作理念和手法在很大程度上影响着其他人。事实上，作为专业的影像工作者，他们在寻找特定人物和故事进行影像叙事和提炼生活方面都独具优势，他们中很多人并没有受过人类学或民族学的训练，而是受社会人文思潮的熏陶和影响，有着对远去文化的怀念以及记录即将消逝文化事项的责任感，他们把对民族文化的关注与思考体现于影片中，从而使影片具有了人类学价值和意义。90年代，影像民族志创作者的身份意识是混杂的，他们是影视制作的艺术家，注重影片的艺术性表达。同时，他们在纪录影像实践中又逐渐具有了人类学家的眼光和视点，关注文化现象及文化变迁等，也关注影片的科学性。90年代后期，随着纪录片专业化频道和栏目逐渐增加，更多来自主流媒体、学术研究机构，甚至是民间组织的相关影视工作者和独立纪录片人投身于纪录片创作，他们中部分人对于民族志影像的记录与拍摄亦有兴趣。独立纪录片人通常来说不从属于任何组织，他们是具有高超的拍摄技能和深厚文化底蕴的独立导演，他们以自己的偏好和兴趣选择题材拍摄，其中一部分人就致力于人类学纪录片的拍摄。作为独立的纪录片人，他们没有商业化媒体行规的限制及逐利的商业利益追求，也没有官方严格的意识形态要求和政治诉求，他们关注人、文化和社会的发展，以自己的视角进行文化事项拍摄与书写，并从自己的文化背景去解读和阐释他者文化。2000年以后，民族影像创作的参与人群和行业越来越多，作品数量和质量也在不断提高。与此同时，各类学术交流及影展也为民族影像创作者们提供了交流的平台。如2013—2015年，中央民族大学、中国社会科学院民族学与人类学研究所、广西民族博物馆等机构举办了影视人类学相关学术论坛、展播影片、回顾经典民族志电影，还进行了影评和优秀作品评选等活动。据调查，活动相关影片导演来自视觉人类学、传媒学等专业，以及影视、新闻等行业，地方博物馆、非政府组织、民间团体的相关人员以及独立纪录片人也积极参与，从参与者的身份也可窥见影片创作主体的多元化。

二、记录对象的丰富多样

云南民族影像志内容聚焦云南社会历史现实和民族文化。影视人类学的发展促使云南民族影像视域逐渐拓宽，记录对象内容也随社会发展、文化思潮和学术理论的进展而随之发生着变化，拍摄对象及内容越发丰富，这种丰富性可从以下两个方面体现出来。

（一）记录对象涉及多个民族

从被拍摄对象民族属性来看，无论是在早期的民族志影片还是在当下的影像民族志作品中，少数民族一直是影像民族志关注和拍摄的主体人物，构成了民族志影片的绝对主角。如云南民纪片涉及了傣族、拉祜族（苦聪人）、佤族、纳西族（摩梭人）、傈僳族等民族及文化。就表现单一民族文化的影片而言，《虎日》是彝族文化影片，《六搬村》《最后的马帮》是拉祜族文化影片，《离开故土的祖母屋》《三节草》《无父无母》《甲次卓玛和她的母系大家庭》是摩梭人文化影片，《曼春满的故事》是傣族文化影片，《丽哉勐傣》是壮族文化影片，《拉木鼓的故事》是佤族文化影片，《生的狂欢》是哈尼族奕车人的节日和文化的影片，《巴卡老寨》则关注基诺族的文化事项，《卡瓦格博》是展现藏族文化的影片，《泐烘桑康》是布朗族节日仪式的展现。

云南这片土地上生活着 26 个民族，现有的纪录片涉及了所有民族。虽说大部分民族志影片以展现少数民族为主，但也有影片突破这一常规传统而展示汉族文化，如《山洞里的村庄》《搬迁：最后的洞穴村落》聚焦于文山州广南县南屏镇汉族村落"峰岩洞"，记录下了当地汉族社会的组织结构和人情关系等。《不再缠足》表现的是陆良县汉族村子响水坝村女性地位的变化情况。

（二）记录主题内容的丰富与拓展

内容是影像民族志的核心组成部分。在具体记录内容方面，早期的民族志影片以记录现实社会文化样态为主。20 世纪五六十年代，少数民族社会历史调查和民族识别工作的目的是确认各民族的社会经济形态和所处的发展阶段，"从而为丰富马克思主义社会发展史理论、为党和政府制定民族政策服务。基于这样的使命，必须进行全方位考察，聚焦所致，涉及自然环境、村寨景观……祭祀等生产力和生产关系涵盖的所有内容"[1]。民纪片作为少数民族社会历史调查和民族识别的成果之一，鲜明地以民族文化全貌为主体内容，通过集合多个田野点的文化事象以全面地展现民族社会组织结构、生计模式、经济制度、婚姻家庭、宗教信仰、语言文化及民风习俗等来反映民族历史文化、民族生存和发展的整体状况。这种力求涵盖所有内容"大而全"的文化纪录片在社会发展和社会思潮变化中逐渐转向。1978 年，党的十一届三中全会后，经历长久压抑的社会逐渐走向开放包容，个人也开始尝试建立自身的独立人格和品格。此时的纪录片导演已开始关注并强调个人处境了。而 90 年代产生的新纪录运动也促使纪录片将关注点转向个体的日常生活。整体而言，纪录片制作也从注重叙事镜头技术层面转向关注内容本体层面，力图剖析社会现实并探寻真相。特别是 90 年代中后期便携式 DV 的兴起和使用、纪录影像技术的发展、新纪录纪实观念的流行为民族影像的摄制提供着新的启发和思路。

为此，云南影像民族志作者们在实践中也逐渐拓宽了视野，拍摄的具体内容也突破了传统人类学对宗教仪式、节庆风俗、婚姻家庭、宗族及生计等

---

[1] 尹绍亭:《云南百年民族题材照片的人类学解读》,《云南师范大学学报（哲学社会科学版）》2015 年第 5 期。

的关注范围，而是把视域拓展到了经济发展、乡村城市建设、社区发展、生态环境等社会生活的方方面面，既关注弱势群体，同时对少数民族普通民众的日常生活行为及其背后蕴含的思想和文化内涵有了更多关注。

一是表现为记录对象人物群体更加丰富。民族志影片在表现民族文化时经常把镜头对准少数民族中民族文化的代表性人物，如哈尼族的摩匹、纳西族的达巴、彝族的毕摩等在民族文化中的重要角色，他们可谓少数民族的文化精英，影片借助这些特殊的文化个体传达本民族成员的文化行为和深层文化意识。而在民族影像的发展中，在关注少数民族精英文化人物的同时也对本民族的普通人有了更多的关注。如《最后的马帮》记录下了国营马帮赶马人的艰辛生活。《德拉姆》则记录了丙中洛不同民族普通人的生存状态，有开客栈的百岁怒族老太太、84岁的傈僳族天主教牧师、34岁的马帮赶马人正多、年轻的马锅头、抗婚的美丽藏族女教师、妻子跑掉的"村长"等人。《搬迁：最后的洞穴村落》中有村民、"村长"、村中的端公、乡镇干部等人面对搬迁的不同观点以及在搬迁中的不同表现。《学生村》记录的是住校小学生日常生活。《马散四章》中有喝啤酒、弹吉他的佤族青年等。在影像民族志作品中，我们可以看到老人、青年、孩童、男人、女人、打工者、官员、农民、医生、教师……逐渐描绘出了丰富多彩的普通人物群像。

二是表现为关注社会发展中的多元文化事象。现代化进程在促进社会经济快速发展的同时也使人们面临着文化不适、精神迷茫、生态环境恶化等诸多问题，这些影响着民族文化的发展并构成了民族文化变迁的一部分，自然也成为影像民族志所关注和反映的重要内容。《红土高原的企盼》反映出云南民众的贫困现状与脱贫的斗争。《追踪版纳象》围绕生态环境保护的主题，以大象为主要拍摄对象，通过记录大象与人之间生存空间的争夺表现出作者对生态环境的担忧之情。《学生村》记录了云龙县天登中心完全小学住校小学生们的校园日常生活，反映了基层的艰苦，触及了云南乡村教育的重大问题，影片不仅仅讲述云南贫困地区的教育现状，更重要的是传达出一种面对贫困的奋进心态和坚忍不拔的精神。《去县城做白内障手术》记录的是木里山民跋山涉水到县城入住、看病的艰辛过程，在一定程度上表现出作者对农村医疗的关注。《搬迁：最后的洞穴村落》展现的是易地扶贫搬迁政策给当地人带来的影响。《三姐妹的故事》关注我国城镇化、城乡一体化进程中农村普通家庭的变化，折射出社会的变迁。《离开故土的祖母屋》通过摩梭青年将自家的祖母屋卖给海外艺术家的故事，表达出了作者对全球化背景下摩梭文化传承与发展的忧思。

三、制作目的的独特差异

民族志影片的产生最初源自纪录电影。电影是时代催生出来的科技文化产物，是建构意义的影像载体，也具有"询唤"意识形态的功能。电影在每个发展阶段都有着这个阶段重要的历史运动痕迹和政治文化倾向，以及这个阶段意识形态和价值观念的隐性表达。民族志影片同样具有这样的特征，它是中国社会与文化变迁的一面镜子，在不同时期，民族志影片承载民族文化的目的和意识形态的诉求不尽相同，其影像对民族文化的表现与表达也存在着差异。

（一）抢救、保存文化资料，凝结共识的治理诉求

在影像产生初期，已有外国人士在我国疆土进行了民族影像的摄制，这是外来者对异国民族文化的猎奇和窥视。后来亦有我国本土学者和有识之士开展的边疆社会考察活动，影片是他们实地考察的影像化展示，留存下了当时社会和民族风貌，极具史料价值，这种"留存真实"体现着知识分子忧国忧民的情怀。新中国成立后，我国社会发生了翻天覆地的变化，面对社会面

貌的迅速改变和少数民族文化的保护状态，我国也提出了抢救少数民族文化的想法，相关机构部署了具体工作。在此背景下，我国的民族学者和影像工作者在"文化救险"理念号召下力图运用当时先进的电影技术，"客观"记录濒临（或已经）消失的社会制度和文化行为，为科学研究和文化传承提供较文字更为鲜活、直观的影像素材，再经由理论化的抽象过程，阐述社会发展的基本规律或特定的文化模式。于是在国家层面的主导之下于 20 世纪 50—70 年代摄制出了多部反映当时少数民族社会历史和文化的"民纪片"。民纪片的摄制本依托于当时的民族调查和民族识别工作而开展的，目的是保留当时民族社会历史信息以及民族风俗原貌。摄制民纪片时由于同期录音设备的缺乏和技术的限制，片子拍摄好之后需要进行音效的处理，包括添加背景音乐和解说词配音等，解说词的撰写通常由民族学者来完成。当时影片的解说词都是采用"画外音"的"上帝"之声（即观众能听到解说员的声音但看不到人）模式。如影片《佤族》中有这样的解说词："祖国在飞跃变化，佤族人民也在飞跃变化！在反动统治的年代，阿佤山被认定是一个野蛮神秘的地区，但在共产党的领导下，佤族人民已经团聚在祖国各民族的大家庭里，在汉族和其他先进民族的帮助之下，佤族人民正在经历着翻天覆地的伟大变革……"[1]《黎族》的解说词："我们相信，在党的总路线的光辉照耀下，黎族人民在生产上必将取得更大的成就……"[2]《苦聪人》的解说词："在党的民族政策的光辉照耀下，苦聪人获得了平等地位，有了自己的人民代表和政府委员，实现了当家做主的权利。"[3]《独龙族》的解说词："独龙族人民在党和毛主席的英明领导下，在短短的几年中，已经跨越了几个社会历史发展阶段，由

---

① 杨光海编：《中国民族社会历史科学纪录片文本汇编》，云南人民出版社 2015 年版，第 33 页。

② 杨光海编：《中国民族社会历史科学纪录片文本汇编》，云南人民出版社 2015 年版，第 39 页。

③ 杨光海编：《中国民族社会历史科学纪录片文本汇编》，云南人民出版社 2015 年版，第 108 页。

原始公社末期直接跨进了社会主义。"① 这些影片中体现着新生政权在中国共产党的领导下对民族地区进行改造和帮扶：分土地、救济困难群众、开办学校、建立卫生医疗机构、送药下乡、培养少数民族干部、成立合作社等，影片通过画面和解说词对新中国成立前后的少数民族生活做了鲜明的对比，贫穷落后的生活面貌迅速改变，彰显了新生社会制度和新生政府的合法性与优越性，凸显了中国共产党的正确领导和社会主义的先进性，也在短期内促成了少数民族对新生政权的认同和建设美好家园的热情与期盼，同时也强化了中华民族一体的国家观念。

（二）展现民族文化和群体风貌，增强文化认同和民族自豪感的主观表达诉求

1978 年，党的十一届三中全会召开后，我国逐步推进了经济体制和政治体制的改革，社会各领域呈现出谋求进步与发展的勃勃生机和活力，各行各业的人们热情洋溢地投入社会建设工作中。改革开放以后，整个社会生活重心已逐渐转移到发展经济和促进生产上来，普通民众政治热情消退转而更加关注自身生活与工作，同时人们也期盼着国家富强和民族复兴，爱国主义和民族意识构成了社会文化的主题。制度的改革也更激发了社会文化精英对国家和民族未来发展的忧患意识，他们将眼光转向民族历史与文化，希望回顾历史文化的辉煌成就而获得凝聚力、自信心和进取心，让人们重新认识民族传统和民族文化，努力探寻现代化发展之路。在这样的时代背景下，纪录片作为历史和文化成就直观、有效的展示工具而受到重视与运用。"当时很多知识分子都参与专题片，知识分子、电视台、民众、作家，社会的各个阶层有一个共识，这个共识就是中国要往前走，要向世界开放，在这个开放的基

---

① 杨光海编：《中国民族社会历史科学纪录片文本汇编》，云南人民出版社 2015 年版，第 142 页。

础上我们要重新理解中国的民族传统、民族文化……"①此时，纪录片常以宏大的规模和气势展开关于历史成就和民族文化的影像叙述，题材内容较多关注中国历史发展进程中出现的重大文化事象和取得的重要成就。如《丝绸之路》《话说长江》《话说运河》《唐蕃古道》《黄河》《泰山》《蜀道》等表现厚重人文历史和祖国壮丽山河的影片，影片饱含浓厚的爱国主义和理想主义信念情怀，着力于追寻中华文明之根。从宏观的层面来看，这些纪录片都带有创作者强烈的情感和主观性意识，影片创作的主观性诉求契合了当时民众的心理，它满足了特定历史时期人们内心潜在的心理需求与渴望，增强了人们对国家民族文化的认同感和自豪感。从微观的层面来看，民族文化的认同是对某一族群文化的认知与认可，可依托于具体民族影像来呈现。这一时期影像民族志的实践与创作也同样深受这种宏大题材纪录片的摄制手法和创作风格的影响，致力于展现民族文化概貌。《生的狂欢》导演郝跃骏在调研活动中注意到了奕车人文化的特别之处从而开展了拍摄工作，影片展现了哈尼族奕车人的传统文化，对生的热爱和欢喜，片中的镜头很多是集体活动的场景，对个体人物的关注不多，而是重在展现人物群像和群体文化特征。而且，在此时期，除了学者外，具有纪录片创作经验的电视台编辑和导演等也加入了影像民族志的拍摄，这一群体对拍摄题材和对象的选择具有先天的直觉和敏锐的视角，他们中的很多人正是在先前宏大题材的纪录片摄制与反思中逐渐加深对民族文化的多样性和独特性的认知的，由此而把摄像机镜头对准了民族文化，通过影像的手段来保留下民族文化的特征，提供民族文化易于识别和再现的影像化信息，增强民族及民族文化的可辨识度，为族群的文化认同提供

---

① 吕新雨：《新世纪以来中国纪录片发展的几个脉络》，载倪祥保、邵雯艳主编《纪录片内涵、方法与形态："21世纪中国纪录片发展高峰论坛"研究成果文集》，苏州大学出版社2012年版，第27页。

影像证据。

（三）发掘民族文化，关注个体的纪实美学的诉求

20 世纪 90 年代以后，已步入转型期的中国社会表现出了前所未有的复杂性和多样性，也为纪录片的发展提供了新的社会环境和机遇。影像民族志与纪录片的发展密切相关。随着社会经济的加速发展和改革开放的持续深入，中国纪录片创作也受到国外纪录片理念的启发和影响，因此，在体制内外交互作用下便产生了"新纪录运动"。新纪录运动突破了以往纪录片生产基本上只是在时政框架内的专题电视纪录片以及科教片制作的局面，"涌现出许多对后来中国纪录片创作影响深远、能直接与国外纪录片创作'对话'的社会人文类纪录片作品，也与当时以'第六代'电影为代表的纪实电影美学相互呼应"①。这一时期，纪实既是纪录片创作的一种风格，也是一种主流的创作手法，成为纪录片普遍的美学价值追求，我国纪录片制作也进入崭新的时期。

从社会时代背景来看，20 世纪 90 年代是社会经济快速发展的时代，也是文化迅速变迁的时代，这种变迁渗透到社会的每一个角落并深刻地体现于社会个体之上，体现在普通民众日常生活之中。而且，先前一直持续的宣教式纪录片和一味表现宏大历史与民族文化的纪录片已疏离了大众日常生活，在新的时代背景下显然不再能够完全满足普通个体的需求。随着社会思想的解放和国外纪录片理念的进入与实践，我国纪录影像的制作目的也发生了一些新的变化。就纪录影像制作目的而言，"对于这个时期关注少数民族题材的纪录片导演来说，'科学'及其所服务的政治主张已经不具有任何重要性，民

---

① 胡谱忠：《20 世纪 90 年代中国民族志纪录片的文化维度》，《北方民族大学学报（哲学社会科学版）》2012 年第 4 期。

族学和人类学的理论与知识仅仅是创作过程中的参考"①，影片主要是作为导演个人观点呈现、思想表达和艺术创作的手段。这种在纪录片领域内率先产生的纪实观念、纪实美学以及影像目的认知变化也对民族影像的实践和创作产生着影响。由此，民族影像工作者也将目光从民族文化整体转向少数民族普通个体人物，通过对少数民族个体社会生活轨迹的呈现来挖掘和表达现实生活中的少数民族文化，而且较为注重历时性，通常是基于较长时间跨度上的跟踪观察而对个体生命历程如实记录，以更好地展现出融于个体血脉和日常生活的文化印迹，同时也借个体经历揭示民族生存与发展中一些共性问题。在这方面云南民族志影片创作者们摄制出了《甫吉和他的情人们》《甲次卓玛和她的母系大家庭》《东巴造纸的最后传人》等一批跟踪拍摄个体人物的民族志影片，哈尼族奕车男子甫吉、摩梭姑娘甲次卓玛等有着喜怒哀乐的真实个体人物成为影片的主角，影片生动、细致地反映了哈尼族、纳西族等民族特有的民间习俗和文化现象，包含着丰富的文化信息，成为保存少数民族文化的珍贵影像文本，具有很高的历史价值和文化价值。纪实风格和纪实美学的追求使云南影像民族志作品聚焦少数民族个体人物的命运，能够真实地反映民族文化的多元形态和人的现实处境，表现出了创作者强烈的人文关怀意识，有些作品因聚焦中国社会变迁中的少数民族文化而在国际电影节上获奖。

（四）宣传、保护和传承文化，维护文化多样性的多元化价值诉求

世界范围内存在着许多不同样貌的文化，因不同的文化而造就了异彩纷呈的人类文明景观。文化多样性是文化繁荣和发展的必要条件，维持文化多样性是促进人类社会进步和持续发展的重要途径。民族文化则是国家文化多

---

① 梁君健、雷建军：《北方狩猎民族文化变迁的记录——制作方式与观念对影视人类学实践的影响》，《民族艺术研究》2013 年第 1 期。

样性的构成要素，只有保持每个国家的文化多样性才能构筑起世界文化多样性的图景。中国是个多民族国家，在注重传统主流文化时更要兼顾民族文化的保护、传承与发展，建立起促进文化良性发展的文化生态系统。当前，各民族文化间的交流和融合更加密切，如何保存文化的多样性值得深思。事实上，影像自诞生以来一直被用于文化的传承与保护，影像民族志的主体内容是通过影像来留存和展现丰富多彩的民族文化样貌，形象、直观的画面可以突破地域、时空、民族和语言等藩篱而达成对文化的认知、理解与交流，由此而促进文化传播与传承。在历史进程的不同阶段，云南影像民族志聚焦于现实生活中的民族文化事象，有的冷静客观记录当下文化事项，以留存当下文化生活原貌；有的以民族文化变迁为焦点，体现着对时代变迁的思考；有的关注少数民族弱势群体的生活状态，体现出强烈的人物关怀情结；有的通过影片反映人与自然的关系，审视并反思人类社会的发展；有的借助影像传达创作者观念和理念等。可以说，民族影像中凝聚了丰富的民族文化信息，以影像形式留住了文化多样性的部分基因。从影片的最终用途来看，有的作为学术研究和教学之用，有的用于社区自我教育，有的用于公共卫生、环境保护等社会事务方面，云南影像民族志也体现出了其多元化的价值诉求。当前，文化软实力在综合国力国际竞争和促进国家发展中的作用愈发凸显，文化软实力的建设离不开对优秀传统文化的继承和弘扬。民族文化传承与发展于国家文化建设和民族发展显得至关重要，国家发起了复兴优秀传统文化和民族文化、坚定文化自信的倡议和号召。民族影像也应有其担当精神，要在民族文化宣传、传承与传播中继续发挥作用，为维护文化多样性和多元化的价值追求做出贡献。

四、作品类别的丰富性

云南影像民族志记录着民族文化众多内容，是云南民族文化的重要载体之一，源远流长的云南民族文化历史和丰富多彩的民族文化样貌都通过影片得以记录、反映、表达和呈现。自云南影像民族志产生至今，已形成了种类丰富的影像作品。

（一）民族文化专题性影片

影像民族志以民族文化事象为主要表现内容，民族文化形式多样内涵丰富，涉及村落及建筑、民族艺术、风俗习惯、仪式信仰等多方面内容。鉴于民族文化的丰富性和复杂性，影像对文化的书写可以是全貌性的呈现，也可以是对局部或侧面文化现象的描述。众所周知，民纪片由于拍摄的特殊目的和要求，其注重对民族文化的整体性描述，试图展现民族文化整体概况。如《西双版纳傣族农奴社会》反映的是西双版纳傣族地区的农奴制度。而有的影像民族志则重于展现民族文化的某一事项，如《月亮姑娘》《难产的社头》注重对文化仪式的探索，《生的狂欢》展现的是节日庆典活动。总体上看，所有的云南影像民族志作品都必然以云南民族文化为主要内容，只是侧重点有所不同。

（二）重返拍摄的影片

影像民族志注重对当下的记录，然而当下随即将成为过去。过去和现在的变化只有置于时间轴的纵向对比中才能更鲜明地体现出其差别，这也是影像民族志具有的历时性视觉考察对比优势所在。我们都知道民纪片具有珍贵的历史文献价值，但民纪片由于历史的原因当时在成片后并未在拍摄地播放，当地人也没有看到过自己在影像中的形象，这也成了民纪片摄制者的一个遗憾，也在一定程度上影响着民纪片价值的发挥。21 世纪初，在民族影像发展及学科反思思潮的推动下，云南民族影像工作者谭乐水、张海、陈学礼、欧阳斌等人重走老一辈影像民族志工作者走过的路，深入少数民族地区对部分民纪片中的"旧地"进行了特殊的重访拍摄，他们特意带去了当年拍摄的民纪片并进行播放，鲜明的对比引发了当地人对民族团结政策和如今幸福生活的感慨。他们对历经 50 年社会变迁"旧地"当前的社会经济状况和民族风貌进行深入调查，制作出了一批重访拍摄的民族志影片，如《曼春满的故事》（傣族）对应《西双版纳农奴社会》、《格姆山下》（摩梭人）对应《永宁纳西族的阿注婚姻》、《马散四章》（佤族）对应《佤族》、《六搬村》（拉祜族）对应《苦聪人》等。创作者们借助影像文本的叙述，对民纪片拍摄地过去和现在的情形做了形象直观的影像对比，这也是对民纪片的拍摄传统做出的回应和思考，这种特殊的形式也凸显了民族志影片的价值和意义。2005 年 10 月，日本的"山形纪录片电影节"还专门策划了一个"山形云之南影像论坛"作为当年的五个特别单元之一，论坛上展演了这批影片。当然，民族志影片可以通过对时空和历史的浓缩来彰显文化的变化与发展，当前的影片也将成为后人研究的对比文本。

（三）村落文化影像

现代社会中，影像的功能和价值越来越受重视，用影像"写文化"也逐渐成为民族文化研究中一种非常重要的非文字叙事方式。在云南社会及民族文化的影像化实践方面，除了民族学和影视人类学相关机构的常规实践外，近年来规模较大的是"中国白族百村群像"和"中国白族村落影像文化志"项目，这是两次民族村落视觉影像书写的探索，云南作为白族主要分布地自然成了村落文化影像实践的重点区域。"中国白族百村群像"通过合影的影像书写形式使处于不同空间环境但具有共同历史背景、族群关系和文化传统的人们聚集在一起进行了一次视觉上的认同。影像以结构性方式记录了民族生活现状，以大合影方式呈现鲜活翔实的家庭史、宗族史和村落史等。这个项目是一次民族学、民俗学、人类学及考古学等融合的跨学科、跨区域的综合性调查，云南相关学者积极参与其中。"中国白族村落影像文化志"的调查和书写过程关注历史与现实中跨区域经贸交往的关系、村落与生态关系、多民族杂居地的族群关系、人文传统和文化心理问题、特色民风民俗的呈现、民间手工艺的村落传统、传承和创新的关系，以及文字和影像的互证关系。以村落为出发点的跨学科的民族文化影像书写增强了白族文化的立体面相，拓展并丰富了常规的民族文化影像内容。

（四）节日影像志和史诗影像志

在优秀传统文化复兴大潮和推进非物质文化遗产传承与保护的背景之下，"传统节日"和"民族史诗"作为承载民族文化精神的遗产而受到重视。自2010年起，由文化部（今文化和旅游部）民族民间文艺发展中心先后牵头实施了"中国节日影像志"和"中国史诗影像志"项目，这是继20世纪50年代"少数民族社会历史科学纪录电影"影像实践之后我国再次组织的重要影像记录活动，是新世纪国家级影像文献工程之一。这两个项目在拍摄规范、摄制要求及体例等方面与民族影像的摄制方式和理念非常契合，因此，这两个项目也成了影视人类学创作实践中的新领域，云南民族影像工作者们积极参与并摄制出了一批作品。①

云南"中国节日影像志"的拍摄实践：2010年度有云南大学张跃《怒族仙女节》、云南大学高志英《傈僳族刀杆节》。2013年度有云南民族大学丁桂芳《哈尼族十月年》、云南民族大学王明东《花腰彝"德培好"》、云南省非物质文化遗产保护中心苏保华《阿露节》。2014年度有云南大学徐菡《傣族泼

---

① 云南"中国节日影像志""中国史诗影像志"拍摄项目根据文化和旅游部民族民间文艺发展中心发布的立项名单整理。

水节》、云南大学张海《桑康节》、云南大学朱映占《特懋克》、云南大学高志英《卡雀哇节》、大理大学鲍波《绕三灵》。2015 年度有云南大学谭晓霞《荞菜节》、云南大学张锦鹏《扩塔节》、云南民族大学李建明《敬霞节》、云南师范大学陆双梅《云南省广南县者兔乡壮族三月三》、云南民族大学苏涛《云南大围梗村开斋节》。2016 年度有昆明浩睿文化传播有限公司郝跃骏《曼厅寨的傣历新年》、云南大学毕芳《德昂族浇花节》、云南大学金少萍《傣族"关门节"》、云南师范大学陈柳《纳西族摩梭人春节》、云南大学李伟华《景颇族春节》、云南大学高志英《傈僳族"阔时节"》、昆明浩睿文化传播有限公司郝梦和骈树《西藏拉孜琼嘎村望果节》、楚雄彝族文化研究院何定安（曲木约质)《彝族十月年》。2017 年度有云南省社会科学院和渊《云南剑川白族火把节》、云南大学张海超《云南大理龙龛村中元节》、云南省社会科学院和红灿《云南纳西族"恒究衬朵或妮"节》、昆明理工大学巴胜超《云南景颇族目瑙纵歌》。2018 年度有云南省社会科学院章忠云《云南红坡村"格朵节"》。2019 年度有云南乡村之眼乡土文化研究中心郭净、红河县村之眼村民影像小组《哈尼族"昂突玛"》。2020 年度有云南乡村之眼乡土文化研究中心陈学礼、四川省宝兴县嘉绒藏族村民影像小组《嘉绒藏族上九节（四川宝兴）》。

　　云南"中国史诗影像志"的拍摄实践：2012 年度有云南大学张跃《遮帕麻和遮咪麻》、云南省社会科学院宁蒗民族文化研究所王勇《纳西族（摩梭人）史诗》。2014 年度有云南民族大学王建华《哈尼阿培聪坡坡》，云南大学寸炫和云南民族大学刘劲荣拉祜族史诗《牡帕密帕》。2015 年度有云南艺术学院傅永寿哈尼族史诗《雅尼雅嘎赞嘎》、楚雄彝族研究院肖惠华彝族创世史诗《查姆》、中国传媒大学王宁彤《云南文山苗族花山节》。2016 度年有云南农业大学王晓艳德昂族史诗《达古达楞格莱标》、云南省社会科学院刘镜净哈尼族史诗《阿波仰者》、云南大学李世武的彝族创世史诗《梅葛》。2017 年度有云南省民族学会普米族研究委员会胡文明普米族"查哩"、云南省社会科学院刘兵白族史诗《开天辟地》，云南乡村之眼乡土文化研究中心吕宾、白裤瑶村民影像小组白裤瑶引路歌、云南大学张海景颇族史诗《目瑙斋瓦》。2018 年度有云南省丽江市东巴文化研究院李德静纳西族史诗《创世纪》、云南艺术学院傅永寿哈尼族《十二奴局》、云南民族大学刀承华傣族史诗《海罕》、文山壮族苗族自治州民间文艺家协会王明富壮族创世史诗《濮侬论者渡》、云南大学高健佤族《司岗里》。2019 年度有普洱学院罗承松拉祜族《创世纪》、云南财经大学吴震瑞和杨建华《独龙族的创世纪》、云南民族大学路芳的彝族史诗《阿细的先基》。2020 年度有云南省社会科学院徐何珊基诺族史诗《阿嫫尧白》，以及云南乡村之眼乡土文化研究中心易思成、傈僳族乡村之眼团队傈僳族史诗《武萨古》等。

（五）非物质文化遗产纪录影像

非物质文化遗产是民族文化的重要组成部分。特别是中国非物质文化遗产名录体系的建立和认定使非物质文化遗产得到了前所未有的重视，在全国范围内掀起了非物质文化遗产保护与传承的热潮，在探索非遗数字化保护的过程中，纪录影像作为一种重要工具应用于非遗保护中。追溯影像产生历史，其实在影像进入中国之初就已经开启了对非遗事项的记录，在人类学影片、专题纪录片中也经常可见到非遗的相关内容。随着非遗保护与传承工作的推进，非遗纪录片备受重视并逐渐成为一种颇有影响力的影片类型。《我在故宫修文物》《手艺》《传承》《大国工匠》《舌尖上的中国》等纪录片的热播更是激发了全社会对非遗的重视与关注。

云南具有丰富的非物质文化遗产资源，云南影像民族志工作者们在实践中早已或多或少地涉及了非遗的内容。《西盟佤族木鼓考察记》展现的是佤族木鼓舞，该片是云南大学民族政治研究院与普洱市人民政府非物质文化遗产保护中心合作项目的成果之一。《刘永周和他的皮影》记录下了腾冲皮影的雕刻技艺、皮影戏表演以及生存的困境。孙诺七林的《黑陶》则记录了迪庆州汤堆村藏族百姓的黑陶制作技艺。国家艺术基金"影像民族志人才培养"项目学员杨晓平、谭晓霞、陈重武等人注意到了非物质文化遗产中传统技艺在现代社会中的发展问题，他们也聚焦汤堆村的黑陶技艺，对省级非遗传承人当珍批初及儿子传承制陶技艺中发生的事件进行记录，摄制了《遇见尼西土陶》，也引起人们对民间传统技艺的关注。这些非遗影像更侧重于人类学的视角。除此之外，《手艺云南》《擦大钹》《寻找傣锦人》等都是反映云南非物质文化遗产的专题纪录片。另外，中国节日影像志和史诗影像志的作品中很多同时也是非物质文化遗产纪录影像作品。

第二节　云南影像民族志的本体特征

一、题材内容选择的民族性

民族性是因民族共同文化传统而形成的群体性格或类型特征，为本民族的多数成员所共有，民族性也是一个民族区别于其他民族的标识。任何民族文化一经形成，必然体现于各种文化样式和族群的行为之中，如风俗、仪式、禁忌、饮食、行为习惯等方面。民族文化体现着鲜明的民族性，不同的民族文化也造就了不同的群体性格，这也是民族性的内涵之一。云南的多民族性特征在一定程度上决定了影像工作者们对拍摄主题和内容的选择与定位，甚至蕴含着某种不易觉察的偏好，拍摄题材内容选择的民族性体现于以下两个方面。

（一）民族文化的本真状态

民族文化是本民族在发展过程中形成的独特智慧结晶，包括了本民族的语言、仪式、信仰、艺术、建筑和饮食等，这些也正是民族文化的外在依托和重要体现。民族文化的传承与发展是对民族独特智慧的继承与创新。王纪春认为"少数民族纪录片是对一个民族及其所呈现出的原生态的生存状态的记录，创作者利用创意性的编辑，用世界的语言讲述少数民族的故事"[①]。云南民族志影片聚焦于云南的少数民族，以影像呈现着民族文化的原生态性，拍摄题材涉及少数民族聚居地的自然风貌和人文景观，含自然景色、气候时节变化以及少数民族居所样式、饮食习俗、衣着服饰、生计劳作、风俗仪式等。影片在选题内容上侧重于表现民族习俗、文化仪式、婚姻家庭、观念信仰等，多视角开展民族文化探索与研究，以呈现民族文化的多面相。

《六搬村》以白幺妹一家筹搬迁款的过程为主线，着重关注苦聪人从山林游耕到定居务农的生计转换与思想改变过程，细致展现了他们农作、挖药、赶集、借贷、儿童上学、传统文化传承等生产、生活图景。《甲次卓玛和她的母系大家庭》展现了丽江永宁摩梭人的走婚制度和家庭观念。《虎日》通过戒毒事件展现出彝族家支和仪式文化对彝族人思想和行为的规约影响。《曼春满的故事》展现出了傣族的竹楼、佛寺等建筑风格，并把盛大的赶摆活动和赕佛等宗教信仰呈现于大众面前，表现傣族的宗教信仰情况。《怒江，一条丢失的峡谷》拍摄了位于云南省西北部的怒江峡谷沿岸的二十几个村落，牵涉沿岸而居的傈僳族、怒族、独龙族、彝族、白族、藏族和景颇族等少数民族的

---

① 王纪春：《关于少数民族纪录片创作的思考》，《教育教学论坛》2012 年第 36 期。

日常生活和宗教仪式等。如今，特别是旅游产业开发的背景下，怒江峡谷沿岸民众的生活已发生了巨大变化，影片中的很多文化现象已不复存在，但影像却留下了昔日多民族生存的真实面貌。《谷魂》是由西双版纳哈尼族人妹兰和 NGO 工作者吕宾于 2009 年共同完成的一部村民影像，记录了西双版纳勐宋村哈尼族传统的"嘎汤帕"节日活动及举行的相关仪式，由此而表现哈尼族的文化传统。《婚礼》也是一部村民影像作品，由迪庆州藏族人此里卓玛（小）于 2012 年完成，记录了德钦县云岭乡玖农顶村村民传统的婚礼仪式及婚俗等，表现了藏族传统文化。《半农半牧》由迪庆州藏族人斯南尼玛于 2014年完成，记录了德钦县佛山乡江坡村村民的日常生产劳作，反映当地藏民的生存状态和生计方式。

（二）文化调适的民族性体现

云南是个多民族省份，长久以来由于历史和地理位置的原因形成了多民族杂居的局面。杂居村落遍布全省各地，汉族与少数民族杂居，少数民族间相互杂居的情况均较为常见。每个地区的少数民族都有着与外界交流与交往的需求，在杂居的过程中少数民族文化呈现出一定的包容性，同时也存在着文化同化和异化的现象。

文化是人类适应环境的"体外器官"，地域的差异需要不同的适应模式，不同的民族也会有不同的适应方式，不同的适应性在某种程度上也正是文化多样性的体现。面对社会的变革，各民族的应对之道也体现出自身的民族性，从而表现为不同的行为。从影像民族志作品中我们亦可以观察到这种民族差异性。《远去的格母女神山》（格母女神山即格姆女神山，后同）是关于摩梭文化的影片，展示了在外来文化影响下摩梭人传统婚姻观念发生的变化，在同一家庭中生活的亲兄弟有的选择结婚，有的选择走婚，从而反映出摩梭人的现代化转变和对传统的坚守。《虎日》中的彝族在面对家支成员吸毒问题时，采取举行传统仪式，借助彝族传统文化力量进行干预并给以吸毒者帮助的方法，尝试用传统文化力量去解决问题，这种行为体现出彝族人对本民族文化的坚持与坚守，也蕴含着民族文化自信。由此也可看出虽然现代化的步伐在继续，但彝族传统文化仍在现实社会中发挥着重要作用。《马散四章》对马散大寨进行影像的历时性对比，在面对疾病时，佤族人传统驱魔祛病的作鬼仪式和打针输液都被采用，展现出了佤族人在传统信仰和现代科学间的困惑与挣扎。传统文化的影响依然可见，现代科学同样也具有吸引力，这些事象把佤族文化变迁样貌和文化调适状况深刻地展现出来。《游走的呗玛》是雷亮中于2012年完成的影片，记录的是云南省玉溪市峨山彝族自治县岔河乡彝族的日常活动和仪式，透过当地彝族"呗玛"（毕摩）这一传统民族文化专家的自我传承和当代文化实践（当代彝族呗玛的社会地位、认同、性别及当地彝族呗玛老练地游走于汉文化与彝文化，传统和现代之间）来展现"不彝不汉"或"又彝又汉"的文化风格[1]，这种风格的形成其实也是彝族文化调适的表现和结果。

在现代化之路上，各民族既要保持民族性，又要积极适应现代生活，其文化的调适不可避免。为此，云南影像民族志应从题材内容的选取方面给予重视，可通过影片作品来呈现民族文化的变迁，记录民族传统文化在现代社会中的变化，展现少数民族面对变迁的抗争、迷茫与失落，反映少数民族文化的蜕变和升华，反思社会变革对少数民族的影响，因为不同的行为和思维模式也正是民族性的体现。

---

[1]　参见鲍江《影视人类学季春》，载朱靖江主编《视觉人类学论坛》（第1辑），知识产权出版社2015年版，第67页。

二、叙事视角的多元性

叙事最早源于戏剧实践。叙事在文学领域内的研究已经形成了完备的知识体系，如今叙事的应用领域在不断扩大。人们对叙事的定义有着不同的描述，"但总体来说所谓'叙事'（narrative），是指发生在一段时间、在逻辑上互相联系的两个或两个以上的事件，通过一种依次叙述的方法，组合成一个首尾一致的主题"①。具体来看，叙事既包括事实本身（故事内容），又包括事实讲述的方式与过程（故事组织及讲述），简而言之也就是讲什么、怎么讲、如何讲等内容。所以"叙事"这一术语包含着丰富的内容，可能是主题、内容呈现、视角、手法、结构等。影像创作同样需要叙事，影像表意功能的实现需要叙事技巧和手法来支撑。在影视的发展历程中，叙事已成为电影建构的重要方法。"影像叙事必须把无序的世界想象为被一条有因果联系或者有潜在因果联系的叙事线索串联，并且按照这样的需要挑选和重构镜头素材。实际上叙事结构是一种高度简化的（也是更加具有跨文化视觉传播普适性的）整体性的想象。"②影像民族志以现实事件和文化事象为主要表现内容，影像表述方式也受电影叙事传统的影响，影片在描述事件意义的同时还需引起观众的兴趣，影片事件意义的描述和观众兴趣的激发都离不开叙事结构，"所有民族志影片都必要地包含着叙事；其次，有效和流畅的叙事必然地包含着对真实记录过程的干预介入"③，可以说，叙事是民族志影片意义生产的重要机制之一。影像民族志的叙事是制作者将拍摄到的现实片段素材通过一定方式组成

---

① 雷建军、钟大年：《纪录片：影像意义系统》，清华大学出版社 2015 年版，第 253 页。

② 熊迅：《呈现"他者"的脉络——民族志影像的意义建构与传播潜力》，《民族艺术研究》2016年第 6 期。

③ ［英］保罗·亨利：《叙事：民族志纪录片深藏的秘密？》，庄庄、徐菡编译，《思想战线》2013年第 2 期。

有意义影像文本的过程，缺乏必要叙事结构的影片可被视为对现实场景素材的简单堆砌，这样的影片最终可能毫无意义可言。人类学影片是纪录片的一种类型，纪实始终是它要遵循和坚持的原则，真实的叙事是它的追求，但影像民族志的叙事也并不局限于某种固定的手法，故事化的叙事方式也并非剧情片的专属，纪实性要求也并不妨碍它的多元化叙事视角。众所周知，弗拉哈迪在拍摄《北方的纳努克》这部被公认的第一部民族志电影之时就成功地将剧情片的叙事方法应用其中，而且建立起了纪录片制作经典模式。在影像的实践中，影像民族志作者们已认同叙事对影片的重要性，叙事能力是人类学影片制作者应具备的基本能力。民族影像中叙事手法的应用既要深化影片的意义表达，也要使影片更具观赏性。在时代的变迁中，云南民族影像的叙事方式也随之变化。

（一）以人物群像为主体的宏观叙事转向以个体人物为主体的微观叙事

拍摄对象是影像民族志内容的重要组成部分。在 20 世纪 50—70 年代的少数民族社会历史科学纪录片中，创作者们通常以各民族的整体特征记录为重点，书写的是国家和民族的历史以及民族文化的记忆等，忽略了对个体思想和个人生活空间的记录。如在《景颇族》《苦聪人》等民纪片中没有明确的主体人物和故事线，影片大多呈现不同时节民族群体开展的相关文化活动和人们的行为，影片常以自然时间顺序来推动叙事，"人"的个体特征置于次要位置，呈现的是一群"面相模糊"的群体性"人"，个人的特质隐没于族群整体特征之中。

在社会发展中，民族志影片创作也随时代思潮而逐渐变化。20 世纪八九十年代，在惯性的影响下，电影、纪录片等文艺作品仍倾向表现宏大主题，民族志影片同样也受宏大叙事传统的影响，依然试图去表现一个民族的整体文化，如在影片《生的狂欢》中展现了不同季节哈尼族奕车人生活劳作的场景以及不同节庆活动的习俗，片子着重于对民族风貌的呈现和族群文化的诠释。

20世纪90年代中国发生了新纪录片运动，纪实浪潮使中国的纪录片开始注重个体化叙事手法的运用，以个体人物为主体的叙事成为纪录片创作的共识。在纪实美学风格的影响下，影片以真实而鲜活的具体人物为主体进行叙事可以很好地推动影片的进程，增强了影片的可视性。因此，20世纪90年代后期的纪录片和民族影像创作叙事已从关注"人物群像"的宏观叙事转向关注"个体人物"的微观叙事。这时期的纪录影片在反映社会变革和文化变迁的同时关注普通小人物的现实境遇和内心世界。民族志影片的摄制也出现了这样的倾向，个体化的叙事手法逐渐受到重视并得以应用，通常创作者会选择具有鲜明特点的一个或多个拍摄对象作为影片表现主体，透过选定人物的言行、境遇、生活状态及精神世界来反映特定时期某一社会群体和文化现象。如《甫吉和他的情人们》的主角甫吉就是导演在实地调研中选定的人物，影片对这个充满个性的鲜活人物进行了追踪记录，透过他的生活经历去反映奕车人的婚姻观念。《三节草》则聚集于一位被"抢"入丽江摩梭人聚居地区成为当地土司喇宝成夫人的四川籍老人肖淑明，她可以说是摩梭的最后一个王妃。影片呈现了这个七旬老人的传奇一生和当时的生活状态，她动荡波折的生活历程也映射出时代背景下人物命运的变化。这部影片表现出了有血有肉、有思想和灵魂的鲜活个体人物形象，体现出对个体生命的尊重。同时，云南民族志影片创作者将镜头对准普通平凡的小人物，进行近距离、长时间的接触和跟踪拍摄，细致记录和深入他们内心世界，试图反映这些普通个体在生活环境和生活方式改变后的境遇和心态。如《阿鲁兄弟》呈现的一户普通哈尼族人家三兄弟的不同遭遇，通过个体的经历映射出时代背景之下的社会变革以及外来文化冲击对普通人生活的影响。

（二）叙述视点由客位视角向主位视角的转变

影像民族志的意义生成离不开叙述视点，叙述视点也就是拍摄者将自己置于何种位置，以什么样的角度来观察、理解拍摄对象的行为和文化，以及如何表述呈现拍摄对象的文化等。这就涉及拍摄者所秉持的文化立场，也就是其在文化研究和影像表达中的主客位视角问题。

主位和客位研究是基于文化研究者（观察者 / 拍摄者）的视角而言的。主位视角是指以文化持有者的视角来阐述民族文化，客位视角则是以研究者自身的角度来解释文化事象。主位研究是指研究者不凭自己的主观认识去评判他者文化，而是尽可能地从当地人的视角去理解当地文化。客位研究是研究者以外来者文化视角观察审视当地文化，以所谓的科学标准对当地民族的行为因果进行解释。一般情况下，民族志影片的拍摄者通常同时也是民族文化的研究者，民族志影片在对民族文化进行影像解释时自然也不能忽视主客位问题。

在民族影像产生的早期阶段，影像技术只掌握在少数文化精英手中，也由于摄像相关技术的限制，作为拍摄对象的少数民族人物在影片中不能自主发声，影片主要依靠声情并茂的旁白和解说词表情达意，这种解说通常没有明确的人称概念，而是用一种想象的、绝对的口吻叙述，以全知的上帝视角来解释拍摄对象的文化，解说者置身于影像之外进行讲述，控制着影片的进程。这种"画面＋解说词"的模式也被称为"上帝之声"模式。在这种模式下，解说词的话语霸权完全替代"文化持有者"发声，拍摄者以高高在上的姿态对拍摄对象的文化进行着貌似权威的诠释和主观表达，成为拍摄对象的文化代言人，而被拍摄对象却不能亲自表达自己的观点，他们处于被言说、被表达的失语状态。民纪片采用了这种声情并茂全知视角的"上帝之声"模式，这样的方式往往忽视了被拍摄对象的自主性和主体性。另外，由于种种原因，民纪片采用了"复原拍摄"的方法，"虽然这种拍摄方法在设备落后、胶片短缺的条件下得以较为顺畅地完成了创作任务，但少数民族成员在导演的指挥下成为丧失了文化主体性的'玩偶'，民族志电影不再为被拍摄的少数民族服务，而是少数民族服务于电影的预设框架与影片导演所主导的叙事流程"①。这也反映出（拍摄者）对拍摄对象文化主体性的漠视，以及拍摄者和被拍摄者之间的关系不对等、不平等的状态。简言之，不论是"上帝之声"模式的解说词，还是复原拍摄的手法，拍摄对象都处于被动的位置，影像所呈现的民族文化大多是拍摄者基于自己的文化立场和自身视点的主观表达。这种拍摄者以外来文化者立场而进行的主观影像表达就是一种"客位"的文化表达方式。

在民族影像的发展中，拍摄研究主位客位视角的转变既受纪录理念的影响，同时也得益于影像技术的进步以及拍摄者和拍摄对象关系的转变。首先，不得不提及的就是同期录音技术，虽说同期录音技术于 20 世纪 50 年代后期已在西方国家使用，但此技术在国内的使用是滞后的，直到七八十年代才逐渐普遍。民族影像制作中同期录音技术既能还原现场真实的环境音，还能精准再现拍摄现场人物的语言和声音，讲述者能较为真实完整地陈述本人观点而无须被他人转述，其言说的语调、语气、神态、表情等细微变化也能瞬时再现，这些细微之处也蕴含着丰富的文化信息。可以说，同期录音技术的出现为文化持有者的主动、真实表达和拍摄者的主位表达提供了技术支持。因此，同期声逐渐成为拍摄者展现文化持有者"主位"观点的重要手段。其次，

---

① 朱靖江：《复原重建与影像真实——对"中国少数民族社会历史科学纪录电影"的再思考》，《西北民族研究》2013 年第 2 期。

拍摄者和拍摄对象之间关系的变化也滋生了影像表达的新需求，促进拍摄者对文化主位表达思考。在20世纪90年代的新纪录运动中，基于长期拍摄实践和对现实的审视之后，独立纪录片人吴文光、欧宁等人开始反思并试图改变与拍摄对象的沟通方式，转变体现于两个方面：一是对纪录片制作人角色的认知，纪录片制作人从旗帜鲜明的思考者与生产者变成了提供渠道的辅助者，他们与NGO合作，寻求国际基金支持，从旁观转向参与，从独立转向介入。二是对纪录片功能的认识，纪录片不再满足对问题的展示与批判式的旁观，而是思考如何解决问题。新纪录运动推动了新纪录理念的产生与实践，也在一定程度上促使影像创作者们对自己与拍摄对象间关系的反思。在影像民族志拍摄过程中，拍摄者和被拍摄对象间的关系也由俯视而逐渐转为平视，二者间的平等关系逐渐被构筑，相互间的沟通交流更为顺畅且深入，这为拍摄者从被拍摄对象角度来理解文化提供了更多可能性，即也能促进拍摄者以文化持有者内部视角对文化进行"主位"的影像表达。

20世纪90年代以后，同期录音技术更加成熟，"画面＋解说词"的"上帝之声"模式逐渐弱化或淡出舞台，影片中出现拍摄对象的声音、生活空间的自然声响以及对话访谈交流之声等已是常态，观察型、参与型纪录片逐渐成为中国少数民族题材纪录片和人类学影片的主色调。在此时期，由于拍摄视角的转变，拍摄者和被拍摄对象间更趋于相互尊重的平等关系，被拍摄对象的主动参与性不断增强，他们无须他人代言而可以直接表达自己的看法和观点，拍摄者也不再是全知的"他者"文化解读员和表达者。被拍摄对象能主动进行文化的表达，而且拍摄者也深入理解文化并从"他者"角度来阐释文化，这样制作的影片就具有"主位"视角。

《格姆山下》是一部关于丽江永宁地区摩梭人婚恋观念变迁的纪录片，创作者们在前期充分田野调研和观察的基础上选定了几个不同的具有代表性的拍摄对象群体，即"一户与壮族通婚的摩梭家庭、两个在外打工的摩梭青年、一户普通的摩梭家庭、一个在四川学习藏传佛教的小喇嘛、一位 80 多岁生活经历极其丰富的摩梭老太太"①，创作者对这些人进行访谈，通过他们个人的故事和对婚姻的观念看法把握摩梭人婚姻家庭关系中的"变"与"不变"的内容，这种由摩梭人直接讲述的主位的表达方式能直观地呈现摩梭人对婚姻的真实看法，也能更正外人对他们的诸多误读。

影像民族志具有主位视角的影片很多。然而，不可回避的是，在影像民族志的摄制中，虽然拍摄对象可以自主发声，拍摄者和被拍摄者关系也已逐渐趋向平等，但实际上手握摄影机的拍摄者仍掌握着民族文化表达的大权，在此情况下，拍摄者虽然可能持有主位研究的文化立场，但如何用影像来呈现这样的立场，如何尽可能地对民族文化进行更为客观的表述呢？这就引起了人们对民族文化影像实践和研究"主位"和"客位"更深入的思考。

主位、客位这两种不同的视角有着明显的差异，然而，我们也要注意到主位和客位只是相对的概念，主位与客位并非水火不容的对立关系。在民族影像的实践中也不乏主位、客位结合得很好的例子。在《甲次卓玛与她的母系大家庭》中，拍摄者深入了解摩梭人文化并有意识地对拍摄对象进行引导，甲次卓玛作为当地文化持有者向观众讲述了自己的经历、所思所想，影片中有个人生动的自述，同时也有画外解说词的解释与引领，灵活地构成了影片主位、客位的话语体系。我们看到的是一部在客位话语引导下以主位自叙为主的、将主客位话语有机地、逻辑地结合的好作品。②

主位视角在解释文化方面确实有一定优势，但对主位立场也存在着不同

---

① 张海：《从聚焦到失焦——〈格姆山下〉的影视人类学解读》，《民族艺术研究》2011 年第 3 期。

② 参见森茂芳《诗意的坦诚 心灵的记录——评纪录片〈甲次卓玛与她的母系大家庭〉》，《当代电视》2005 年第 9 期。

的理解。外来的学者、纪录片工作者等人无论以何种初衷和视角进入民族村落，都有自身文化背景和学术研究边界，未必能完全像村落成员一样深入地理解本地文化的全部内涵。不可否认，他们在研究和拍摄中确实是尽量以主位的立场来解读文化的。然而，真正的主位立场是文化持有人以影像方式直接开展的民族文化表达，学者摄制本民族人类学片时正是如此。另外，文化持有人积极主动地参与本民族文化的记录影像摄制其实也使影片具有了主位立场，这种依托于本民族自身的文化心理进行表述的影像能传达最直观的文化系统内部信息，这也是体现文化持有人主体性的"主位式表达"。《西盟佤族木鼓考察记》拍摄时，当地佤族人岩江是文化站工作人员，他熟悉木鼓文化和佤族风俗习惯并对此有较深的理解，作为拍摄对象之一，他对如何更好地展示木鼓文化有自己明确的见解，他的建议也使团队拍摄计划中的地点有所调整，他的"声音"决定了影片拍摄的部分内容，影片中还有其他拍摄对象关于木鼓房的讲述，他们借助摄影机来表达特定的诉求，这些体现出了影片拍摄对象的主体性。此外，村民影像志的摄制过程虽然存在一些外部力量的参与和支持，但大部分影片是村民基于自身文化立场借助摄影机进行自主文化表达的影像作品，他们大多采取了主位表达方式，如《离开故土的祖母屋》摄制者为当地摩梭人尔青，他以文化持有者的视角进行拍摄，通过呈现很多难以为外人所觉察的细节影像，将摩梭人对祖母屋的认知和隐秘信仰清晰地展现出来，完成了对本民族文化的主位解读，可谓一部文化立场较为鲜明的"主位"影像民族志。

主位表达能更为全面客观地传达出文化信息。影像民族志的拍摄者通常本就是民族文化的研究者，拍摄者（研究者）从客位走向主位视点的转变除了技术的支撑和理念的转变之外更需持久的坚持及长时间的积累。其实，很多研究者在拍摄前就深入田野，他们长时间聚焦于拍摄对象知识体系和文化，深入了解他们的语言、行为，以及相关的文化观念和意义等，尽量像当地人那样去思考，这种主位的研究视角能创作出好的影像作品。如云南纪录片人杨干才和王毅拍摄《蜕变》花了 4 年的时间。云南影视工作者范志平历经 10 余年的观察拍摄，最终才完成了《甲次卓玛和她的母系大家庭》。这种长时间的参与观察和拍摄，能培养拍摄者的"文化内部视角"，更为客观地记录并解释文化。

（三）故事化叙事方式的使用

在民族志影片制作中，依据事件进程或某一逻辑而展开的线性叙事较为常见。仪式、庆典等这种自然流程事件具有明显的开头、发展、结尾，事件本身固有的结构合乎经典叙事模式，记录这些内容的影片即使不采取额外的叙事策略也能具有较好的可视性。婚丧、祭祀等仪式，节日庆典以及工艺制作等本就是民族文化的显性内容，也因其影像表达较好的可视性而易受拍摄者的青睐。民族志影片最早源自纪录电影，电影中故事化的叙事手法由来已久，而且故事化的叙事手法随着剧情片的发展越发完善，电影的叙事主线也变得更加复杂，常见的电影叙事有简单的单线顺序叙事，也有稍微复杂的多线叙事，或是更为复杂的嵌套或回环叙事等。长期以来，影像民族志因对"真实"的过度强调和局限性理解，自觉或不自觉地把故事化的叙事方式排除在外，或是持否定态度加以排斥。而随着影视人类学理论的不断丰富和成熟，人们逐渐认识到故事化叙事只是影像叙事的一种手段和方法，故事化叙事手法并非与编造、虚构等完全等同或是基本对应，其表现的内容也并不只能是虚假的想象。事实上，用好故事化叙事手法也能在表现"真实"的情况下更好地构建影片文化意义，更能引起观众的兴趣。基于认知的拓展，剧情片常用的故事化叙事手法和叙事线等也逐渐被用于民族志影片创作中。《雾谷》中提到要在当地拍摄片子，其实这是摄制组提前设计好的说辞，这也是一种讲故事的手法，但摄制组与阿龙和李松之间发生的故事却是真实的。本片导演周岳军曾说："在《雾谷》里我就是根据表现的需要而采用了'导'和'演'的方式的，主要想更好地表达我的感觉、想法……是为了让大家能看清楚真实的生活面貌。"① 当然要强调的是影像民族志中故事化的叙事手法并不是要编造或虚构事实，而是在基于真实事件和文化事象的基础上采用故事化的叙事方式来架构影片，使影片叙述流畅且富有吸引力，从而让影片更具科学性和观赏性。

影像民族志中故事化叙事手法的应用为创作者们提供了另一种思路。人对故事有着天生的喜好之情，而且具有使事件故事化的倾向，如此看来现实生活中的故事无处不在。当影像民族志工作者在田野中"观察"对象世界时，若是有意无意地延续这种事件故事化的叙事传统，他们观察到的大多是充满矛盾冲突的戏剧化世界。然而要强调的是影片创作者对田野"戏剧化世界"的呈现并不可以肆意妄为，而应本着严肃严谨的学科态度，以田野事实为基础而呈现某种文化状态，其影像叙述背后隐含着学科的知识体系。影像民族志工作者的田野调查有时就是要试图去发现田野中的戏剧与潜在的戏剧，利用这些天然的戏剧性元素来构成影像的张力。如《难产的社头》以新社头选举为主线，在选举中却发生了出乎意料的情况，第一次选举结束后"神选"之人拒绝担任社头，村民们不得不另挑吉日进行了第二次选举，但第二次"神选"之人仍然拒任，当村民企图迫使其就范时发生了几近失控的混乱场面，接着村民们先后提出了不同解决方案，事件进展错综复杂，最终则是以全村大会"声浪表决"的方式做出了抉择。这部影片表面上似乎是讲述了

① 刘洁：《〈雾谷〉：只为推开一扇窗——纪录片编导周岳军访谈》，《南方电视学刊》2005 年第 2 期。

选社头这一事件，然而它"不是一个事件（event），而是一个故事（drama）。类似于维克多·特纳提出的'社会戏剧'。它有着完整的发生、发展、高潮、结局，乃至余波（epilogue）的结构，有着逻辑上连贯而紧密的情节，它包含了冲突和张力、矛盾的彰显，以及矛盾的解决"①，显然，该片与故事片惯用的结构较为一致，故事化的叙事手法，一波三折、跌宕起伏的真实选举过程使影片颇具吸引力。在进行故事化叙事时，有些影像民族志工作者有时还会设定一个或多个主线来呈现拍摄对象的生活状态，让事件围绕主线开展或者进行对比。如讲述最后一位土司夫人的影片《三节草》，其内容本身就很有故事性，影片开头关于肖淑明离奇经历的讲述已经设置了悬念，影片结构依靠两条主线完成叙事，一条是肖淑明通过自己的努力让喇拉珠去了成都工作，她的观念和能干之处得以体现。另一条是她的传奇人生，以她自己讲述为主，外孙女对她的情感和态度进行辅助衬托。影片中她对亲身经历的讲述补充了历史画面资料的缺失，也在某种程度上提供了相对完整的历史实证。《甫吉和他的情人们》也采用了故事化叙事手法，影片以甫吉的情感生活为主线，讲述他与情人们之间的故事，单看片名已极具故事性，切合了人们对故事的期望。

在民族影像的实践中，故事化的叙事手法也逐渐为人们所接受，而且还有了进一步的拓展，即采用故事片的形式进行民族文化的影像表达。青年导演杨蕊的《翻山》以云南省临沧市的沧源佤族自治县为拍摄点，探讨当地几个佤族青年散漫生活中却呈紧张状态的原因，从中你能看到各种各样的故事，如爱情故事，这就是一部用故事片的形式拍出来的纪录片。2005 年，在"第

---

① 吴乔:《花腰傣三部曲与影视人类学的时间厚度》，载朱靖江主编《视觉人类学论坛》(第 3 辑)，九州出版社 2017 年版，第 140—141 页。

四届影视人类学国际学术研讨会"期间，云南社会科学院民族政治研究所放映了电影《花街节少女》，这部影片以新平傣族生活为题材，虽然采用了故事片的架构形式，但云南省社会科学院的有关专家却表示这部故事片是在人类学思想指导下拍摄完成的，这无疑是一次大胆的尝试。若"暂且将电影中的爱情故事搁置一边，《花街节少女》这部影片还是力图将一个真实的花腰彝族的风俗习惯——花街节展现在观众的面前"①。这部影片不是采取故事化的影像叙事方式，而是直接采用了故事片的制作手法，但它也较为真实地呈现了民族风俗习惯。

故事化是影像民族志叙事的一种方法，故事化是基于文化事实的描述而非对事实的任意歪曲或刻意编造，故事化是一种影像叙事风格。整体看来，民族志影片中故事化叙事手法的采用并没有减弱影片对真实文化内容的意义表达，而在一定程度上增强了影片的文化深描能力。

（四）叙事结构从封闭走向开放

影片的叙事结构也影响着影片意义的表达与呈现。民族志影片的意义何在？影片蕴含的创作者观点一定是正确的吗？影片中的观点一定能被观者认知并接受吗？影片意义是唯一的吗？这些问题引发了人们对民族志影片现实意义的思考。

从早期的民族志影片来看，大多数影片对事件的描述都遵循开始—发展—高潮—结束的程式，结束意味着结果的出现、结论的产生，这个结论通常是创作者想要传达给观众的观点，是影片摄制的终极使命。这样的影片采取的是封闭性叙事结构，影片的框架结构相对固定，在预设的框架下，影片

---

① 丁建、杨洪林：《民族志影片的人类学实践》，《湖北民族学院学报（哲学社会科学版）》2006年第3期。

具体内容虽然不同，但结论却近乎相同，影片的意义具有相对唯一性。影片意义的生成由创作者主导，面对一系列的解释性画面或说明性话语，观众似乎也只能被灌输创作者的观点。让观众普遍接受某种特定的观点也正是创作者们的真实意图所在。民纪片是封闭叙事结构的典型代表，民纪片虽然展现了不同民族的文化事项，但影片的结构和结尾内容具有相似性。若考虑时代和社会背景，民纪片的摄制符合当时主题先行的影片制作模式，民纪片采用这样封闭的叙事结构能凸显政治性，其较强的宣教色彩也能发挥宣传与教化的功能。

　　基于影视人类学学科理论的发展和民族影像实践案例的增多，影像工作者逐渐深入认识到了民族志影片的建构性，也对民族志影片的意义有了更多的思考。民族志影片意义是作者的一种主观性、创造性行为，并非对指涉相关文化事项的简单释义，影片意义的获取只有通过观影解读环节才能实现。然而，在观看影片时，不同观者也只能基于个体知识架构及自身境遇理解影片内容并获取意义，鉴于此，观者对影片意义的理解具有了多种可能性。影像民族志创作者们在实践中不断反思，视野也更加开阔，逐渐摒弃影片意义唯一性、权威性的阐述方式，不再执着于强烈的个人主观意图的呈现和特定观点的表达，影片叙事结构也从封闭走向开放，试图使影片具有激发起观众的思考能力并促使观众构建影片的意义。《山洞里的村庄》讲述了峰岩洞村民为什么凑钱拉电、怎样筹借拉电费用、拉电的过程中发生了些什么事情，电怎样拉进村庄，影片以一种开放的结构进行讲述，不同文化背景的观众、不同经历的人观看后会有不一样的思考。吴乔的《灭灵》讲述了嘎洒镇傣族村寨水牛寨子近一年（2015—2016）的时间里连续发生的多个死亡事件，这些"凶死"事件导致集体恐慌，村民们认为寨子被厄运缠上了，为避免灾祸再次发生需要举办一次"清寨子"仪式。影片对"清寨子"相关活动进行了详细记录，有流程仪式、现任社头的辞职、社头选举的意外、管寨女巫的职位之争以及老女巫退位等情节，虽然故事线多，但影片追求"所谓'整体场景'的呈现。是让观众穿过纷繁复杂、各自独立又互相联系的一大堆线索和片段，不必去记忆各种文化的解释，不必去厘清每条故事线，甚至不必理会悬念和解答，而只是感受社会剧烈而深刻的变化中的一种人的精神状态，一种生活方式（life style）"①，这种不刻意强调影片意义的方式恰恰给予人更多的启发和思考。陈学礼的《不再缠足》和《故乡的小脚奶奶》都是对自己家乡小脚奶奶的记录，却有着不同的叙事方式。《不再缠足》人类学要素鲜明，观点明确，接近于民族志中推理写作的方式，影片意义相对固定。《故乡的小脚奶奶》则着重呈现村中老年女性的日常生活、经济活动、审美观念及内心世界，"表达的观点不够完整，也相对模糊，接近于小说写作的方式，为观众提供思考问题的切入点和空间，而不是告诉观众直接的结论和答案"②。杨蕊的《翻山》是一部具有人类学色彩的开放性实验电影，影片文本意义有着不确定性，在不同环节中还有着某种可见的被建构和被转移的路径。雷建军和杨慧认为《翻山》存在三个文本，即原始文本、作者文本、读者文本。影片的原始文本在题材方面带有文化研究的意味：生活在西南边境山区的佤族人，他们的日常生活每天都要翻山，虽然路已修到佤族村落，村子已通电，但并不意味着他们真的进入了现代化生活，他们对灯光钝感，因好奇而试图锯开电视等，他们对现代生活的抵触和接纳如同翻山，这似乎是表现一个少数民族被缓慢现代化的过程。作者文本则是放弃宏大叙事而对个人生存状态的思

① 吴乔：《花腰傣三部曲与影视人类学的时间厚度》，载朱靖江主编《视觉人类学论坛》（第3辑），九州出版社2017年版，第145页。
② 陈学礼：《被隐藏的相遇：民族志电影制作者和被拍摄者关系反思》，社会科学文献出版社2017年版，第125页。

考。导演本人对原始文本进行了深度加工，不再选取少数民族题材拍摄的传统角度，而是对个人生存状态与社会文明关系进行了思考。读者文本则是都市文化被边缘文化冲击的震撼。这部影片只在一些大城市放映过，但并没有引起城市观影群体对少数民族文化居高临下的怜悯话语或者指点架势，反而更多的观众是通过边缘文化来反省他们身处的中心文化。[①] 有的反思人与自然的关系，有的反思传统与现代的冲突，有的反思商业文明对少数民族的影响等，对影片意义的理解取决于观众，观众对这部影片的反馈确实出现了"一千个人眼中有一千个哈姆雷特"，充分体现了影片意义的开放性和多样性，而且这是一个开放的系统，每一次观看，都会有不同的感受。当然，要强调的是，开放性特征之于影像民族志，并不意味着其缺乏学术解释力，而是对社会文化复杂性的一种体认。[②]

三、影片摄制的实验性

纪录影片的意义构建、科学性与艺术性体现等与拍摄剪辑制作技术密切相关，涉及拍摄的方式，影像叙事，影视语言运用，解说词和音效处理，影片结构、节奏、色调等方面，最终呈现的影片及影片意义是多种要素组合的结果。考察云南影像民族志的产生发展历程可发现其影像摄制具有实验的性质，当然这种实验性也依托于拍摄技术的发展和影像摄制相关理论的指导，也与特定历史时期的思想观念相关联，并且体现出时代特征。

（一）复制性记录——记录民族文化现状

在边疆进行社会考察时，民族影像工作者们积极进行着自主探索，这是

---

① 参见雷建军、杨慧《电影不同环节与文本意义的生产转移——对实验电影〈翻山〉的人类学解读》，《西南边疆民族研究》2014 年第 1 期。

② 参见朱靖江编著《民族志纪录片创作》，北京联合出版公司 2014 年版，第 15 页。

学界有意识地运用影像技术的开端。当时他们拍摄所用的摄影机体积大且较为笨重，由于资金设备人员等条件有限，通常只有一台机器拍摄，拍摄时机位相对固定，视角较为单一，镜头变换不多。拍摄者从某一角度记录特定时空场景下发生的连续性事件，整个拍摄过程仿佛未曾受到人为的干扰，摄影机之眼记录下的影像即被认为等同于真实世界。只是摄影机的视域和连续拍摄能力有限，拍摄者更多时候只能对考察中的当下人物事件进行简单的、片段式的记录。而且影像剪辑难度较大，后期也很难去编辑影像内容，所以影像内容被认为是真实的、客观的，影像就如同镜子一般能映照现实，影像内容就是现实事件的镜像。由于影像叙事手法的欠缺和摄制相关技术的限制，这个时期的纪录影像大多以片段化的形式存在且作为调查文字的支撑性、说明性影像证据，以保留民族文化的"真相"。这是摄影机在边疆考察中的尝试性使用，具有强烈的探索性质，相关学者们充分认知并应用了摄影机对现实世界的物质还原性，从特定的角度"复制"了特定时空的现实场景和事件片段，这是对民族文化的复制性记录。复制性记录并不意味着容易或摄制方法的呆板与僵化，其中更蕴含着摄制者科学求真的态度。杨光海在拍摄民纪片时依然有旧方式的影子，如采取抓拍方式获取素材。在剽牛的场景拍摄中，他不顾个人安危近距离拍摄才抓拍到了惊心动魄的剽牛瞬间，呈现剽牛真实场面。在拍摄《独龙族》时，拍摄提纲里有提到分设 8 个小火塘的大家庭，但在实际拍摄中，创作者怎么也找不到拥有 8 个小火塘的大家庭，只找到了一个拥有 4 个小火塘的家庭，创作者便纪实性地拍摄了一个拥有 4 个小火塘之家[1]，再现了当时独龙族家庭的真实状况。

---

[1] 参见赵鑫《中国文化人类学纪录片创作理念的嬗变》，华中科技大学出版社 2022 年版，第 122 页。

（二）复原摆拍——重现逝去的民族文化

在民纪片摄制时期，鉴于对苏联电影模式的借鉴，影像工作者们拍摄时有了一定的参考范式，如先开展调查、撰写大纲，再写分镜头脚本，然后进行拍摄等，就是纪录影像常见的创作流程。苏联的电影制作模式对新闻纪录片的摄制确实具有较强的指导性，用于民族文化影片的摄制是否完全可行呢？中国学者们在面对史无前例的民族识别、少数民族社会历史大调查和相关民族影像拍摄工作时，面临的现实情况异常复杂，研究人员和摄制人员所受到的专业训练有限，拍摄中遇到的很多新问题并无经验可供借鉴。为此，他们只能依靠自己的智慧和力量尝试解决问题。比如当时的影片要表现出少数民族社会在新中国成立之前和之后的变化，以凸显新社会制度的优越性及其在社会历史进程中的巨大作用。事实上，在新中国成立初期就进行了社会主义改造。拍摄时，已经改造了近十年的少数民族地区样貌发生了极大的变化，很多以前的生活方式和风俗仪式已经消亡了。面对此情景，如何通过影像表现人们往昔的生存状态呢？参加调查和拍摄的人员想出了搬演、复原摆拍的方法试图重现、重构逝去的历史和生活。搬演是本族民众基于自身的生活经验，在当前的真实环境中复原摆拍自己昔日的生活、曾发生过的事件并将其搬上银（屏）幕。"在当时学界和业界组成的创作团队的观念中，这种民族文化再现和复原的方式，并非作假或者摆拍，而是出自尽可能完整记录历史细节、提供科学研究资料的正当需求"①。以《苦聪人》的拍摄为例，当时的苦聪人大部分已经从山上搬下来住在政府安置的定居村寨中，仍然生活在山上的苦聪人极其害怕外界事物，他们刻意躲藏，拍摄组多次进山也难觅他们

---

① 梁君健、雷建军：《北方狩猎民族文化变迁的记录——制作方式与观念对影视人类学实践的影响》，《民族艺术研究》2013 年第 1 期。

的踪影，更别说拍摄他们的生活。面对这样的情形，搬演拍摄也是一种解决问题之道。为了完成影片拍摄工作，政府出面把已经定居的苦聪人重新召集起来到山上拍摄，另外还请了当地的文工队的演员参与拍摄，甚至拍摄工作组人员也参与到了表演中，同心协力地扮演并重现苦聪人过去的生活和历史。《西双版纳傣族农奴社会》拍摄时也采用了复原摆拍的方法。新中国的民族政策走出了一条符合自己国情的解决民族问题和实现各民族共同发展、共同繁荣的正确道路，少数民族原来的一些土司成长为中国共产党的干部，这些干部有民族管理和民间生活的经验，较为熟悉本民族文化。如协助本片拍摄的刀述仁、刀永明曾经就是当地土司，他们在组织、协调、管理等方面都极具优势，参加拍摄的刀光强、刀应强等人曾是宣慰府议事庭的"大头人"，刀忠义、刀学新、刀建德参演人员都曾承担过宣慰府的相关工作，他们在影片中呈现的不过只是自己从前的实际生活，影片中的群众也都是傣族村寨中的普通百姓，他们大多以日常生活装束本色出演。影片中的物件也都真实存在，比如宣慰的衣服、扇子、章等，以及百姓日常生活中使用的器皿、劳作工具等，有的物件当时仍被人们使用。影片中有关佛事活动的拍摄在景洪、橄榄坝、勐海、勐仑等地的多个村寨中进行，本就是村民们开展佛事活动的真实样貌。影片内容涉及了傣族社会的农奴制、农民和领主的关系、宗教活动及群众生活等，虽然很多场景都是复原拍摄的，但这并非臆造而是基于已逝的真实事物，场景、器物、人物及事件等都是真实存在过的。正是采取了复原摆拍的方式，才较为全面地反映了当时西双版纳傣族社会的真实状况。在拍《永宁纳西族的阿注婚姻》时当地还没有通电，房屋的照明主要靠火塘，火塘的火光并不怎么光亮，为了解决房屋拍摄光线的问题，拍摄者们利用村中一个闲置的房子，拆去房子的一面墙，屋顶也拆了一部分，让自然光线直接照进来，拍摄时把这一家人的生活用具搬到里面去，拍完再搬回来，拍摄整体效果不错。这种复原摆拍方式，被拍摄对象在外来者的鼓动和摄影机的刺激下，演绎着他们熟悉的日常生活和非日常的祭祀活动等，甚至兴高采烈或犹犹豫豫地穿越时空，搬演逝去不久的生活。拍摄时虽有一些人为干预的成分，但绝大部分都忠实地反映了民族文化事象本来面貌，影片经过岁月的洗礼更显得弥足珍贵。

复原摆拍方法的使用也反映了影像工作者们的时代创新性。当时物资紧张，胶片是进口的，国家对成片比率也有着明确的要求，通常需控制在2：1或3：1以内。从拍摄器材方面来看，这个时期的影片拍摄大多使用苏联产的"埃姆"摄影机，每拍一个镜头就得上一次发条，技术上也无法进行持续跟拍，而且同期录音设备也暂未引进，鉴于当时情况，复原摆拍就是影像工作者在有限条件下的创新性尝试。

回顾历史可以发现，被尊称为"纪录电影之父"的弗拉哈迪在拍摄《北方的纳努克》时就采取了复原摆拍的"搬演"手法，如拍摄时搭建了远大于因纽特人平时居住的雪屋，为拍摄需要让因纽特人抛弃猎枪而改用传统渔叉捕猎海豹，片中纳努克的妻子也不是他现实生活中真正的妻子等。影片虽然采用了复原摆拍的方法，但并不影响它成为纪录片开山之作。我国的民族影像工作者们在拍摄民纪片时，未曾观摩过《北方的纳努克》，更不知晓其拍摄手法和内幕，然而在实践中他们竟然与弗拉哈迪使用了相似的拍摄手法，正如此才让当时及逝去的民族文化能重现并留存至今，其价值自不必多说，这也彰显着他们对影像规律探索的主动性和自觉性。

（三）不同手法运用——强化影像对民族文化的表现

影像画面是影像民族志表现力构成的核心要素之一，影像观念、具体技术及拍摄手法的应用影响着影片的表现力。在制作《永宁纳西族的阿注婚姻》影片时，导演杨光海就把纳西族东巴文书写的"天"字用动画表现出来，底下出现对应汉文翻译"天"字，东巴文字形、读音和汉文翻译都在一个画面里出现。人死后怎样捆，如何装麻布口袋，以及表现家庭的发展等也是用动画来表现的^①，在介绍永宁纳西族院落结构和正房布局、人死后坐姿和棺材，以及分析一个母系父系并存的双系家庭的成员关系时都使用了动画片段^②，此前这种在科教片中经常使用动画解释的方法在民族志影片中还没有出现过，这部影片则借用了这一方法，使用了动画影像较为形象、直观、清楚明了地把文化细节表现出来，增强了画面的表现力。本片导演杨光海曾说："我觉得只要是表现手法，不管是什么片子，只要把它说清楚了，什么手段都可以应用。"^③ 这也强调了多手法对于阐释文化的重要性。郝跃骏在制作《甫吉和他的情人们》时采用了不同以往的纪录片讲述方式，他曾自述道："后期编辑、撰稿，在写的过程当中，我开创了一种全新的讲故事的（方法）。画外音是我们，一个第三者，他者，以一个他者的视野，讲述了'我'是怎么进到奕车人寨子里去的。有第一人称的讲述，又有客观的描述。"^④ 作者以不同角度的讲述来相互映衬共同推动影片的发展，把甫吉的情感经历讲得很清楚，呈现了奕车人的婚姻家庭等观念，这是影片视点的创新性尝试。《三节草》的导演梁碧波以口述史的方式构建影片逻辑结构，在拍摄时开展口述史访问，同时对肖淑明进行跟踪式记录，影片中个人口述历史与现实生活和事件相互穿插，口述史的合理使用将历史与现实进行连接，更好地展现出不同文化的碰撞与

---

① 参见鲍江《电影人类学在中国的开创——杨光海导演〈丽江纳西族的文化艺术〉〈永宁纳西族的阿注婚姻〉访谈录》，《民间文化论坛》2016 年第 4 期。

② 参见赵鑫《中国文化人类学纪录片创作理念的嬗变》，华中科技大学出版社 2022 年版，第 155—156 页。

③ 鲍江：《你我田野：倾听电影人类学在中国的开创》，民族出版社 2017 年版，第 49 页。

④ 郭净、徐菡、徐何珊编著：《云南纪录影像口述史》（第一卷），云南人民出版社 2013 年版，第 121 页。

交流。云南民族影像工作者对新技术或是新纪录理念的应用，其目的在于增强影片对民族文化的表现力。

（四）观察和参与式记录——客观呈现民族文化

观察式纪录片和参与式纪录片于 20 世纪五六十年代在国外兴起并发展。观察式记录主要是借助技术手段，摄制者以冷静旁观的态度对现实事件进行完整复制。其实在这一纪录理念未被中国影像工作者广泛认知时，中国纪录片人也进行了相关探索。云南影像工作者郝跃骏在影像实践中做出了尝试，他摄制《山洞里的村庄》时并未采取传统的先调查、再拍摄的方式，而是直接进入田野，边观察边拍摄，一天从早到晚长时间地开机拍摄，而且还将当天拍摄素材给老百姓看。影片在放映时引起了强烈的反响，媒体对他进行了采访，当时就有人提问"为什么 MacDougall 说《山洞里的村庄》是'对超越观察电影'的再次超越，你是咋个想的？"他傻眼了，他当时并不知何谓"观察电影"，反正就是觉得应该这样拍①，他在实践中已无意识地使用了观察式电影的拍摄手法。另外他在拍摄《甫吉和他的情人们》时以旁观者的角度对主人公甫吉进行了跟踪拍摄，他的影像深入家庭内部，采用纪实的手法拍摄，这与西方传统民族学电影拍摄方法不同，他自身也没有受过严格的西方纪录片拍摄方法训练，只是基于拍摄的积累及自身的影像感悟认为应该这样拍摄。法国电影理论家巴赞认为："摄影的美学潜在特征在于揭示真实……摄影机镜头摆脱了我们对客体的习惯看法和偏见，清除了我的感觉蒙在客体上的精神锈斑，唯有这种冷眼旁观的镜头能够还世界以纯真的原貌。"②在这里，摄影机的工具属性得到了强调，冷眼旁观的摄影机被视为客观观察的工具，借助它

---

① 参见郭净、徐菡、徐何珊编著《云南纪录影像口述史》（第一卷），云南人民出版社 2013 年版，第 120 页。

② ［法］安德烈·巴赞：《电影是什么？》，崔君衍译，文化艺术出版社 2008 年版，第 12 页。

能觉察到平时易被忽略的真实文化样貌。郝跃骏当时虽然未识观察式电影理念，但他却不自觉地进行了观察式影像拍摄实践，以旁观的视角记录下了当时当地真实的民族文化事象。

参与式记录是摄制者主动介入促成事件的发生与发展并记录下来的过程。后来，法国影视人类学家让·鲁什在参与式记录的基础上还提出了"分享人类学"的概念，其本质是欲打破学者对当地居民单向观察和研究的局限，在调查和民族志电影的制作中，创造双方共同参与的氛围，以达到分享知识的目的。事实上，中国民族影像工作者们在民纪片拍摄时期就有了类似的尝试。根据刀述仁的讲述，在拍摄《西双版纳傣族农奴社会》时，很多的县乡干部、基层群众也参与其中，每一场拍摄都是大家参与讨论、参加表演，影片蕴含着集体的智慧。前文提到，刀述仁本人曾经是傣族地区的头人，新中国成立后他成长为中国共产党的干部，他以后来的身份扮演着曾经的自己，演出自己曾经的真实生活，他也参加到影片制作的讨论中，并负责一些组织协调的工作，这样组织拍摄形式其实也暗含一些分享人类学的理念。云南民族影像工作者郝跃骏虽然进行过观察式拍摄，但冷眼旁观也并非他拍摄的绝对准则，他在后来的拍摄中也经常参与到事件进程中，如拍摄《拉木鼓的故事》时，他采取主动参与的方式，积极促成拉木鼓事件的发生，通过对事件和不同人群的影像描述而客观地呈现佤族文化。2000年后发展起来的村民影像纪录片也在一定程度上体现出了观察式、参与式影片风格以及分享的内涵。巴胜超等人在摄制节日影像志《云南景颇族目瑙纵歌》时尊重文化持有人的"主位表达"，同时进一步拓展了分享人类学的理念。在作品完成后，首先他们拍摄了被拍摄对象观看作品的反馈，然后让景颇族年轻人观看"作品"和"被拍摄对象观看作品的反馈"并拍摄年轻人的反馈，最后把"作品""被拍摄对象观看作品的反馈""景颇族年轻人观看的反馈"放映给非景颇族群观众看并拍摄了他们的反馈。这四个影像作品共同构成了"影像圈"①，它使节日影像志作品更加完善，而且也试图在封闭的影像空间中去做一种比较开放的影像解读。观察、参与及分享等手法都体现出了不同时代民族影像工作者们对真实客观表现民族文化所做出的努力和探索。

（五）多样化手法——全面表现民族文化

在后现代旨求多元的背景下，学科研究视角引起了人们的讨论。人类学的"内部"和"外部"视角对学科思维方式、写作立场和话语表达都产生了深刻的影响，导致新的文化研究热点产生。这些文化研究热点的变化趋势同样反映在民族志影片的创作中。为实现影像对民族文化的内外部视角以及文化多元价值的表达，影像民族志自然也需要多样化的创作手法。随着拍摄经验的积累以及对影视语理解和把握的加深，创作者们不断地尝试使用丰富的镜头语言强化影像叙事，通过远景、近景、中景等不同景别，仰视、俯视、平视等不同视角，多镜头、多机位地使用以及摄影机推拉摇移的运动方式，同步音频采录或专业的声音采集……以多种方式获取现实片段的影像，在剪辑中应用多种叙事手法、技巧等将其编辑成有意义的影片。如长镜头的使用能保持事物在时空内的进程顺序，使影片具有较强的真实感；特写镜头则是近距离地对事物局部加以突出，真切表现事物的细节；空镜头只呈现场景或环境，可渲染影片氛围。蒙太奇手法将不同的镜头组接在一起以产生超越单个镜头所表达的意义……影像民族志创作者可在拍摄时设定视角，适时进行机位和景别的安排与调度，采取多种方法和技术手段进行拍摄，如真实电影方法、直接电影方法、参与观察法等在拍摄中综合运用，跟拍、抢拍、同期

---

① 巴胜超、罗雨:《影像圈: 节日影像志创作与传播的另一种可能》,《节日研究》2020 年第 2 期。

录音、长镜头、航拍、动画制作、情景再现等技术提供支撑，解说词、旁白、拍摄对象原声讲述、访谈对话、自然音效、音乐及背景音等根据影片内容架构合理地使用。不同的创作理念、多种技术的应用、综合性的视听语言等加强了影片对文化事象的现实表现力。如今，民族影像创作者们的视野更加开阔，重视多技术和多手法及视听要素的融合使用，以更为全面、立体、深刻地去表现丰富多样的民族文化及民族文化的多元价值。

总体来看，国内影视人类学理论的构建仍在摸索中前行，云南民族影像工作者们也在不断探索，他们在实践中进行反思与经验总结并提升理论水平，新技术、新手法、新理念的综合应用让民族影像的表现力持续增强，影像民族志正在朝向多元化方向发展。

四、影像的时代性

云南民族影像的主题紧扣时代热点，记录当下社会文化现象。云南影像工作者们在不同时期都创作出了一批代表性作品，这些影片在国际上的各类纪录片节也得到了赞誉。观察影片时不难发现片中影像有着鲜明的时代特征，影片的时代性主要体现在以下两个方面。

（一）影片制作观念和手段的时代性

影像民族志是影视人类学的学科产品，影视人类学这一外来学科于 20 世纪 80 年代后正式传入我国，我国学者在理解吸收的基础上不断进行着本土化的理论与实践，90 年代，影视人类学的学科建制趋于成熟，成立了相关学术机构开展研究。在此之前，具有人类学价值的影片通常被置于电影学的学科范围内以纪录片的名义进行着讨论，民族志影片作为纪录片的一种类型，不同时代的制作手法的差异同样在云南影像民族志作品中有所体现。

首先，考察解说词的使用。解说词是纪录片惯用的文化事象解释说明性工具。解说词也曾长期在民族志影片中发挥着重要作用。在现代视听技术尚未普遍运用之前，纪录片聚焦于丰功伟绩、历史成就等宏大主题，影片大多依靠"画面＋解说词"来解释影像内容。早期的民纪片由于录音技术的限制，影片声音几乎只能依靠解说词和背景音乐。20世纪80年代同期录音尚未普遍应用，解说词仍在纪录影片中占据重要地位。20世纪八九十年代正是文化专题片和民族风情片盛行之时，华丽的解说词和煽情的解说也已经成为一种风格。在这一时期，影视工作者们在创作《话说运河》《话说长江》《丝绸之路》《黄河》等纪录片时采用跟拍和同期录音的手法，合理恰当地应用解说词，解说词没有削弱反而增强了影片的感染力。解说词是传递思想和情感、传递知识信息和抒情表意极为重要的手段，具有细腻、生动、主观的特点，是影片创作的重要内容之一。创作者基于对文化的深刻理解和把握，提炼出文化要素信息并以精妙的文字和生动的修辞手法进行书面语言的表述，然后请专业人员配音。观看影片时，精美的画面配上播音员适宜的声情并茂的诵读，具有文学性和诗意色彩的解说语言极具感染力和表现力，述说着祖国河山的壮美和民族文化历史底蕴的深厚以及取得成就的卓越。影片能够细腻生动地表达创作者的思想和情感，增强影片感染力。这个时期主观表达和细腻情感已作为一种创作理念深深扎根于一代纪录片人的心中，这样的创作思路也对民族志影片产生着影响。云南省社会科学院与云南电视台联合摄制的《澜沧江》介绍了居住在澜沧江边的傣族、佤族、纳西族、彝族、苗族等十多个民族的基本情况以及他们所创造的独特文化，是一部富含人类学信息的纪录片。影片的解说词充满诗情画意，具有强烈的文学色彩，带有鲜明的时代印记。在影像民族志中也可见到这样的风格，如《生的狂欢——哈尼族奕车人节日一瞥》解说词是导演郝跃骏邀请当时在云南省委宣传部文艺处工作、具有较强文学功底的邓启耀撰写，邓启耀为这部影片写的解说词极具文学气息又饱含哲学意味，从节选的部分解说词可窥见一斑，如"我们从哪里来？我们是谁？我们往哪里去？……遥远的往事已在记忆中淡化，深沉的民族情感和原始的集体意识，却在幻想中升华，那古老的民族之梦……"等，他还给影片取了一个煽情的标题《生的狂欢——哈尼族奕车人节日一瞥》。解说词写好后再请云南省话剧团的专业人员进行配音，影片最终的解说带有鲜明的情感特征。这样制作的方式明显地承袭了当时纪录片的创作风格。这种"画面＋解说词"的创作模式过分倚重解说词对民族文化事象的说明或解释，忽视了影像自身的表现能力，因此使纪录影片对民族文化的反映表现出较强的主观性。然而，解说词的使用也随时代进程而有所拓展。90年代后，影像与解说结合的概述式手法使纪录片的内容比较丰富、充实，观众也容易通过解说的简练表述把握文化信息与内涵。[1] 解说词也是文化表达的方式之一，其对于影像民族志的价值不应被忽视，只是影像民族志对解说词的使用应摒弃煽情色彩而尽量保持客观立场，既讲究用词的科学性和精准性，更追求使用的适应性和合理性，以客观、精准地阐释民族文化。

其次，考察摄制过程及具体手法。纪实性是纪录片的本质特征，纪实是一种特殊的纪录形态。这种形态强调记录行为空间的原始面貌，强调记录形声一体化的行为活动。[2] 20世纪90年代是纪实观念盛行的时期，在纪实观念的推动下，云南纪录片和影像民族志工作者们也改变了先前纪录片常用的主题先行的创作模式，积极探索观察式、参与式以及其他新创作模式并付诸行动。他们主动深入民族地区寻找、发现拍摄素材，从族群现实生活中攫取真实的民族文化现象，对当时存在的文化形态和社会发展状况做了影像记录，

---

[1]　参见苗元华《中国新时期纪录片创作与民族文化传承研究（1978—2015）》，博士学位论文，山东师范大学，2016年。

[2]　参见钟大年《纪录片创作论纲》，北京广播学院出版社1997年版。

把当时少数民族文化的形态和样貌留存于影片中。这个时期的长镜头和同期声已得到了普遍应用，更增强了影片时空一体化的真实呈现。云南影像民族志创作者以强烈的文化责任感和敏锐的洞察力进行少数民族文化的捕捉和记录，他们采用纪实手法记录下来社会转型时期少数民族传统文化形态和生活方式，以及其他日渐式微甚至消逝的文化的现象，如谭碧波的《三节草》、郝跃骏的《山洞里的村庄》等影片对此文化现象有所反映。创作者们不畏艰辛，长期坚持拍摄或是持久跟拍，记录下了民族文化部分形态和样貌，体现出珍视和保护民族文化的意识。21世纪是纪录观念和创作手法更加丰富的阶段，持续更新的技术和纪录理念变化使民族影像研究的视域逐渐扩大，民族影像工作者关注社会文化相关事项并进行记录。他们在摄制时采用新理念，尝试使用航拍、虚拟现实VR、广角镜头、微距等一系列新技术，从而让影片具有时代性特征。

（二）影片记录主题的时代性

民族志影片是纪实性影片，纪实是对现实世界真实事物当下状态的客观反映，当下状态是社会发展特定时期的外在表象，透过影片的内容可见时代的共性主题。在民纪片时期表现为抢救记录民族文化，彰显社会主义先进性，增强各民族的国家主人翁精神。鉴于拍摄手法，民纪片导演已经预设好了影片主题和框架，扮演、摆拍、解说词等都服务于主题，虽然拍摄的民纪片涉及多个民族，但预设主题的限制使民纪片几乎有着千篇一律的结构，通过影片开头便能预知结尾。20世纪八九十年代，在改革开放和经济体制改革的持续推进中，市场经济和现代化的进程使社会各领域发生着翻天覆地的变化，传统与现代的矛盾冲突已明显影响到了人的生存状态，一些传统民族文化在此背景下更是急剧走向衰落，甚至逐渐消亡，人们在社会生活的各方面都能感受到激烈的变化。因此，这个时期的民纪片的主题倾向于聚焦文化变迁，其中既有对即将消失文化的焦虑和忧思，又有对传承中文化的不断形变的忧虑和欢喜。《最后的马帮》呈现出赶马人艰辛的生存状态，在独龙江公路通车后，这支最后的国营马帮终究还是难逃被迫解散的命运。影片透露出对濒临消失文化现象的担忧。事实上，某种文化现象的消失并不意味着民族精神的消逝，民族精神往往隐含在普通寻常的生活行为中，只要有合适的机缘触发就会激活这种内隐的文化心理，必然能够引发人们的思考和感悟。《拉木鼓的故事》虽然是重新扮演的仪式场景，却激起了佤族人认为已经消失的或自己未曾认识到的鬼神观念和深层文化意识。进入 21 世纪以后，世界经济进入快速发展时期，文化作为国家的软实力参与到国际竞争中，"民族的就是世界的"，同时文化也成为地方社会经济发展的重要推手，文化的价值得到了前所未有的重视。国际社会保护文化多样性理念和非物质文化遗产认定，国内文化产业的推进、非物质文化遗产传承与保护工作的开展，这些都使文化复兴逐渐发展为时代的主旋律。在新时代背景下，文化的形式和样态亦趋复杂，而对民族文化的挖掘、记录、保护与传承却得到了社会成员的广泛关注，因而影像民族志的记录主题也变得更加多样，汉族和少数民族文化都有所涉及，从主流社会到边缘群体、政治文化中心到偏僻边远山区、国家大事到市井琐事、英雄伟人到微小个体等都见于影片中，呈现出灿烂多姿、丰富多彩的民族文化面貌。影像民族志正为留存当下民族文化样貌和维护民族文化的多样性而努力贡献自己的力量。

五、消费时代的想象性

追溯影像产生的历史便知人们对影像的消费由来已久。影像自产生之初就与各种探险考察活动密切相连，探险家到世界各地游历看到了异文化和异景观，面对"奇观"，他们或猎奇或惊叹，这种震撼无以言表，难以诉说，更难以共享。但当他们可以借助影像工具来记录这一切时，"奇观"便能通过影像跨越时间和空间的限制再现而被分享。因此，他们制作了异域情调的风光片和风情片并进行展播，让人们看到"他者"和"异文化"，这就是最早的影像文化消费。

不可否认的是，观影的需求也刺激了影像技术、影视理论的发展。在社会发展中影像摄制技术不断提高，影像叙事能力增强，影像表现力逐渐提升，而影像摄制却趋向简单便捷，因此，影像工具逐渐也被更多的人掌握并使用，影像作品也持续增多。社会的进步与发展促成了消费社会的来临，如今我们已身处大众消费时代。众所周知，影像具有形象直观、传播快速、重复再现、连续或可随机播放的特点，而且还能重塑人们的记忆和经验，影像的特性使其成为现代传媒的重要组成部分，影像已被大众传媒用于消费社会体系的构建中。在消费社会里，人们有着对符号的崇拜和追捧，也有着对文化消费的热情，而影像也正凭借技术优势影响着人们的生活工作方式和休闲消费方式，影像与文化消费的结合形成了一种新的消费方式，即影像文化消费，这也是消费社会的一大特点。

影像民族志本就是一种文化影像产品，蕴含丰富民族文化信息的影像民族志在消费社会里自然也被打上了商品的烙印，成为一种影像文化消费品。纪实性的影像民族志旨在客观全面深刻地反映民族文化，是建构"他者"对民族性认知的一个重要手段和来源。云南地处祖国西南一隅，昔日独特的自然景观和人文景观以及奇异风俗等如今是否存留？这些激发起人们想一探究竟、想感知、想了解的兴趣。从 20 世纪早期至现在，虽然云南在历史进程中慢慢变化着模样，但云南绮丽壮美的自然风光、不同的地质地貌、独特神秘的民族风俗一直对外界有着极大的吸引力。另外，人们也想通过云南民族志影片了解想象中的云南的真实样貌，去感知少数民族的纯真质朴，以及他们在市场经济大潮和改革中的困惑、挣扎与变化。由此看来，不论是出于单纯的兴趣还是猎奇心理，不论是想建构知识还是确认文化事象，不论是用于教学科研还是纯粹娱乐，云南民族志影片都能为民众提供另类的视角和高可信度信息，云南影像民族志就这样逐渐走入大众消费的视野。然而，人们在消费影像民族志时不可避免地带有自身文化的想象性，同时有着对异质文化的想象和期待。

自影像产生以来，影像工作者们创作出了大量影视作品、少数民族题材电影和纪录片等，其中多部影像作品都关注并呈现着云南地域自然景观、云南少数民族的生活方式、历史文化、风俗习惯、歌舞音乐和宗教信仰等。通过这些以云南及云南民族文化为主题不同类型影片的持续构建，人们已在心中构建出一个民族风情绚丽多姿的边缘化、异质化的云南和云南民族形象。同时，不同媒介上各类影像的持续构建也使人们形成了对云南地域风情、云南少数民族典型特征的模板式印象，人们有时甚至会期待渴望这些模板式特征在影片中再现，这也成为部分影像消费者期待的内容之一。于是，影像消费者对云南影像民族志也有着一些特征化内容的心理预期。

文化内附于人心，外显于人行。个人价值观、信仰及思想观念等通过人的具体言语行为而表现出来。民族文化的差别可从观看族群外化的风俗习惯去感知并理解。一个国家有着对他国民族性的认知，原始、野蛮而落后，这是西方对中国的想象性认知。国内其他省份的人也有着对云南的认知，崇山峻岭、原始森林、蓝天白云、动植物多样、交通闭塞、原始落后、淳朴善良且能歌善舞的少数民族、色彩斑斓的民族服装、独特的民居及风俗仪式是人们对云南的印象。衣不蔽体、刀耕火种、在森林搭棚而居是人们对解放前独龙族的认知。繁茂的原始森林、村边漫步的大象、美丽的孔雀、婀娜的傣家姑娘、竹楼、寺庙等元素符合人们对西双版纳和当地傣族的想象。云南少数民族较多，各民族在发展中都形成了独特的生活习俗，甚至有些习俗与我们所知的基本生活常理和科学原则相悖。所有事物都有其产生的历史背景和原因，人们可以通过书本学习、影片观看或亲身经历等逐渐形成对云南的认知。然而，电影、电视剧、新闻纪录片等影视作品以及各种大众媒体的展播、宣传和报道，已加速建构了外部世界对云南和云南民族的想象，人们有时也会不自觉地为这种想象性预期所牵引。

　　虽然社会民众有着消费少数民族文化和影像民族志的需求，但影像民族志创作者坚守学术道德和规范，要以民族文化特质为出发点，对某一民族特质进行细致揣摩和总结提升，把民族文化特征和精神内涵传递给观众，启发观众并引起共鸣，而不能过度强化人们对云南及民族文化特色的模板式特征，把云南民族文化构建为脱离现实世界乌托邦式的民族风情园，将民族文化现象歪曲化为外界猎奇景观，一味迎合观众口味而使影像民族志成为娱乐的附属品。肤浅地呈现"异文化"景观而忽略隐藏在背后的文化内涵显然偏离了影视人类学影片的创作初衷。要注重文化的深描，探寻和思考云南民族文化的真实境遇和现实社会问题，带着对人类命运的终极关怀和责任感去创作影像作品。只有更多更好的影像民族志作品才能让大众对云南和云南民族文化的认知不再停留于抽象和想象之中，消除外界对云南少数民族的误解。

第三节　云南影像民族志的文化意蕴

　　文字历来是表达文化重要且常用的方式。于民族文化的研究而言，在影像产生之后的很长一段时期内文字依然是书写文化的重要手段。早期的人类学影片大多是基于文字书写的人类学框架知识而制作的，影像手段的应用也只是文字的辅助和补充说明。由于同期录音的缺位，早期民族志电影作者无力表现社会的深层结构和文化背景。同期录音技术在人类学田野中应用之后，"影像民族志才被赋予了与文字民族志旗鼓相当的学术潜力"[①]。随着影像和声音技术的不断发展和影视相关学科理论的成熟，影视语言的深描能力逐渐被发掘并运用，影像探寻和表现社会结构、深层意识、文化脉络以及文化心理的能力增强。民族影像的创作者们在思维层面也已经慢慢地突破文字思维的限制，影像从文本文字研究辅助工具转变为文化书写的主体，对民族文化的表现也逐渐从表层走向深层，由表及里地一步步深入。影像不论是文化研究的辅助工具还是文化表达主体，不论是对文化做浅层描述还是深度阐述，不同时期影像民族志作品都从不同层面对云南民族文化进行着书写与表达，以不同的视点保留了云南民族文化的风姿。

一、影像作为民族文化的表达方式

民族文化是民族智慧的结晶，是各民族在历史发展过程中创造并传承下来的精神和物质的积淀，包含抽象性思想观念和具体性物质行为等，体现着本民族的文化特征。

（一）民族文化的影像记录和民族志书写

纪录影像的功能性价值自影像技术运用于人类学田野调查之初就不断地被探索与认知。影像民族志作为一种媒介，具有形象、直观、真实以及易传播的特性，它在承载、表现和表达民族文化自身特色方面也具有独特优势。朱靖江认为民族志影片既可以保存民族文化，还可以从影像角度进行民族志

---

① 朱靖江编著：《民族志纪录片创作》，北京联合出版公司 2014 年版，第 55 页。

的书写。如今，影像民族志具有记录、保存和传承民族文化的功能已成为学界共识，可以说影像民族志也是一种民族文化影像书写的有效且科学的方式。

自影像技术进入云南后不久，纪录影像就作为一种工具被应用到了学科相关研究和田野考察中。20 世纪三四十年代，凌纯声、陶云逵、杨成志等人到云南考察时就留下了大量的图像资料和纪录影像，影像记录下了具有鲜明时代和地域特征的民风习俗、建筑样式、饮食衣着等民族文化外显特征，民族社会风貌和民族文化被保留到了纪录影像中，纪录影像参与了对云南和云南民族文化的书写。20 世纪 50 年代至 70 年代，纪录影像作为民族文化呈现和书写的重要工具被应用于少数民族社会历史调查和民族识别中，在国家主导下摄制了一批民纪片，其中表现云南文化的《佤族》《西双版纳傣族农奴社会》《景颇族》等都是大致能与文本民族志对应的影像文本，是典型的用影像书写的民族志。《摩梭人》《丽江纳西族的文化艺术》也对云南民族文化有所侧重地进行了反映。这些影片把云南民族和民族文化的具体样貌、细节等呈现出来，影像中真实、鲜活的人物和事象凸显了民族文化的特性。此次大规模民纪片拍摄活动对影像的发展而言是非常重要的，姑且不论对影视人类学发展的推动作用，至少影像对民族文化的书写方式获得了主流社会的认可，由此也促进了影像对民族文化的进一步书写。之后，在影视人类学学科理论探索和实践中，云南民族影像工作者们摄制了《生的狂欢》《最后的马帮》《蜕变》《山洞里的村庄》《丽哉勐僚》等影像民族志，这些影片是通过摄像机的镜头对现实生活中人物、场景、仪式、事件等的真实记录，经加工剪辑最终而形成影片，实现对真实、自然人物和事件的高度还原，再现当地民族曾经的生存状态、生活习俗、宗教信仰、岁时节庆以及行为规范等，通过影像书写着民族文化和历史。于民族志的书写而言，随着影像技术的不断发展和影像表现力的增强，影像已深度介入民族文化的书写并逐渐获得了主体地位，改变了长久以来民族志书写中文字文本一家独大的局面，独立影像文本的价值得到了学界认可，如同文字一样，影像也能很好地完成民族志的书写。当然，文本民族志和影像民族志书写方式虽有差异，但它们之间并非排斥或相互取代的关系，而是以自己擅长的方式书写着民族文化，相互补充或印证民族文化相关事项，从自身视角出发一起为民族文化"画像"。

（二）民族文化精神的影像表现

民族文化精神是民族文化的重要组成部分，它是民族文化的核心和本质。民族文化精神具有抽象性特质，虽然呈隐性状态，却可以体现为群体多种外显的表象，如风俗、礼仪、哲学等。对于民族文化精神的研究大多从学理性角度出发，常见的学理性研究往往对民族文化及精神进行简洁凝练的概括性描述或归纳总结，使之具有抽象化的特征。然而对于大多数人而言，对抽象事物的理解并非易事，若仅从理论层面也很难把握民族文化精神，如果通过具体的实物、事件、场景和人物则有助于人们真正认识、感知和理解民族文化精神。相比较而言，语言文字虽然也能进行民族文化精神的描述，但语言信息的间接性、抽象性和有限性难以营造出可供人们体验和感受的文化空间。可喜的是纪录影片能提供一种对民族文化精神感知的新途径。"纪录片就是一种能够将抽象的民族文化精神进行直观、形象展现的影视类型，通过持续动态的影像呈现真实的场景和事物，使人们透过生动具体的场面空间、行为活动等方面去认识蕴含其中的文化精神。"① 影像民族志并非只对民族文化事象做记录，它作为纪录片的一种类型也具有表现民族文化精神的能力。民族文化

---

① 苗元华：《中国新时期纪录片创作与民族文化传承研究（1978—2015）》，博士学位论文，山东师范大学，2016 年。

精神虽可以被人们抽象概括，但在现实社会中的民族文化精神并非独立存在，而是由具体的事物和行为所承载，渗透并体现于人的日常生活场景、事件和行为活动中。影像民族志创作者通过长时间的田野调研，认真观察或积极参与民族文化事象，用镜头捕捉到表现和承载民族文化精神的客观事物、事件及相关活动，再经叙事化和结构化处理便能将民族文化精神以生动、具体化的影像呈现出来。如在《拉木鼓的故事》中，影片拍摄对文化事象的重演重现激活了潜藏于佤族人内心深处的鬼神崇拜、灵魂观念、传统信仰以及深层的文化心理。《月亮姑娘》用影像还原出了"跳月亮"仪式的疯狂场景和痴迷氛围，由此直观形象地传达出了傣族的内在信仰。

民族志影片在承载民族文化精神时，连续动态的影像能够提供真实、丰富、立体的文化信息，加上同期声、解说词，以及背景音的配合和补充，能更为完整地呈现综合性民族文化信息。此外，民族志影片这种纪录影像的优势还在于对宏大场景空间和微小细节特征的同时记录与呈现，如捕捉人际交往的神态、面部表情和肢体语言、人物间关系等这些体现着文化特征的非语言符号并使之影像化，这样可较为全面地展示民族文化精神外显于人、物的面貌和特色。可见，影像民族志能成为民族文化精神内核和要素传递的重要载体。

（三）民族文化的集体记忆

民族文化对一个民族的生存和发展至关重要，只有文化的有效传承才能够延续民族文化血脉，进而推动民族文化发展。"集体记忆"最早由法国社会学家莫里斯·哈布瓦赫在《论集体记忆》一文中提出，他认为集体记忆是一个特定社群成员共享往事的过程和结果，"过去是一种社会建构，这种社会建构，如果不是全部，那么也是主要由现在的关注所形塑的"①。集体记忆是族群成员拥有的共通、共同性记忆，集体记忆的社会建构既涉及过去，也包含着现在，特别是现在社会的注意力和观念对其具有塑造作用。生活于某一特定区域内的群体，因地缘、社会、历史、文化等原因往往有着共同的经历和共同的命运，由此形成了历史的和民族的集体记忆，这种记忆体现着人们的集体意识，它是群体认同的前提和情感凝结的纽带，是民族不可磨灭的生命历程。如民族语言、传统服饰、饮食偏好、建筑样式、住房及空间布局等既是民族成员共享的符号系统，也是族群集体记忆的内容。集体记忆是无形的，而集体记忆的内容却是有形的，民族志影片能借助有形的影像将集体记忆进行系统化、符号化呈现。在当前社会中，影片能以有形之影帮助人们回忆相关经历及有关场景和事物等，从而激发、塑造并建构着人们对过去的记忆和感受，也勾连着族群过去与现在的社会记忆。20 世纪，中国经历了从农业社会到工业社会，从工业社会到信息社会的变化，很多生活方式和文化现象也随之消失，一些族群特征有的已不复存在，但从留存下来的民族志影像中仍可以看到已逝的、具体鲜活的民族文化事象，如曾经苦聪人的衣不蔽体，独龙人的翻山越岭，佤族人的拉木鼓祀，庄重的祭祀、节庆日载歌载舞的集体狂欢活动，土掌房、蘑菇房等也曾是人们的生活居所……这样的记忆数不胜数，如今很多也只能在影像中找寻到其踪迹了。"民族志影像的价值就在于通过文化阐述和传播使族群记忆和文化资产得以另一种方式形象化留存，并在传播过程中进一步完成文本和表述对象内涵意义的升华。"② 如《拉木鼓的故

① ［法］莫里斯·哈布瓦赫：《论集体记忆》，毕然、郭金华译，上海人民出版社 2002 年版，第 45 页。

② 格勒、张明：《民族志影像与藏族文化保护》，《西南民族大学学报（人文社会科学版）》2014 年第 4 期。

事》采用了扮演复原拍摄的方式，在此过程中，当地佤族人演着演着就当真了，他们仿佛置身于传统拉木鼓仪式现场并产生了害怕、惊恐、担忧、敬畏等情绪，已被禁止的文化仪式和深藏于他们灵魂深处的记忆被激发出来，还有村民指出此次仪式与原仪式细节上的出入等，这也反映出佤族人内心的文化认同，这就是佤族人历史进程中的集体记忆，它是通过影像再现并留存下来的证据。影像是民族文化集体记忆的载体还体现在观影过程中，当影像民族志作品回到拍摄当地放映时，人们可从屏幕上看到自己或熟人的形象、家乡风貌以及周边发生的事件（熟悉的场景、熟悉的事物、知晓的事件和亲历的活动）等，影像有效地将日常生活和历史与个体体验相连并激发回忆与想象。观影相当于通过"在场"的方式让当地人一起分享了共同的经历和记忆，一起重温本族的历史和文化，由此也强化了集体的共同记忆。观影是集体记忆构建的一种方式。面对社会的转型发展，民族志影片用影像延续了民族文化基因，将正在消失或消逝的文化事象保存在影像里，为转型时期的乡土中国和中华民族留下珍贵影像，当这些影片再次回到他们身边时，参与了他们对历史记忆的重现建构。而记录当下事象的民族志影片本身即为一种文化媒介，"当影像的个案样本从共时到历时积累到一定的程度，'个体记忆'将自然汇聚成'集体记忆'"①，即现在的影像构建起了将来的民族文化集体记忆资源。影像为人们提供了一种对现实的记忆，能使不在场他者建构起对历史的某种认知与记忆。当人们观看影片时，已有影片文化经验的观者可能会被唤起记忆，未接触过此类文化的观者也可能被塑造文化记忆。这些记忆既关乎着人们对自己及本民族文化的认知，也关乎着人们的社会整体文化和其他民

---

① 王海飞：《文化变迁场域中的人类学影像表达》，《西南民族大学学报（人文社会科学版）》2016 年第 4 期。

族文化的认知。影像民族志无疑是民族文化基因保存的重要手段，蕴含其中的集体记忆可能会被间接地唤醒，这有利于民族文化的承续与发展。

影像民族志是民族文化记录的重要方式之一，它能将有形和无形的民族文化资源转变为可长久保存的影像物质形态。影像民族志可详细、完整地记录有形无形的文化事象及其社会语境，对民族文化进行全方位、立体化的直观阐述，是民族文化和集体记忆的载体。民族志影片作为记录、保存、抢救人类文化的工具对民族文化的传承与传播都具有重要意义，影片在记录历史和文化的同时也肩负着解释社会文化现象、促进文化传播与交流、增进各民族相互了解等使命，这也是民族志影片的价值所在。

二、变迁的民族文化借助影像传承发展

在社会历史发展过程中，文化变迁是一种普遍的社会现象。从宏观上看主要表现为一定时期的社会制度、结构和组织等出现不同程度的改变。从微观上看表现为具体文化现象在一段时期内所发生的变化。不论是宏观还是微观的文化变迁都不可避免地涉及人的思想和行为。文化变迁一直是人类学的重要研究范畴，那么纪录影像与民族文化变迁的研究顺理成章地成为影视人类学研究的主要内容之一。

（一）影像民族志对文化变迁的表现

近百年来，中国社会基于农耕文明而形成的传统文化和生活方式也在社会形态的改变中不断发生着变化，激烈的变革和文化变迁使中国整体面貌和乡土社会特征迅速改变。面对各种变迁现象，纪录影像更具有眼见为实的力量和优势。优秀的纪录影片既能记录下文化现象或是文化形态的变迁等内容，也能将特定时期特定地域的文化特色、精神风貌和人的生存状态呈现出来。在面对特征、形式不同的文化变迁现象时，影像工作者们不断调整着影像的

表达方式，以更好地展现民族文化外部特征和精神内涵的变化，并着力于把人类基本的共通的特征呈现出来。如孙曾田的《神鹿啊，我们的神鹿》作为一部表现民族文化变迁的典型影片，展现了东北大兴安岭鄂温克族人的真实生存状态，蕴含着创作者对人类文化变迁的审视与思考。创作者对主人公柳芭进行了长期的跟踪拍摄。柳芭是东北大兴安岭的鄂温克族人，她去城市求学之后选择留在北京成为出版社的一名美术编辑，几年之后她不堪忍受孤独而重返家乡。回乡后，柳芭因不适应山林气候而生病了，搬迁时她在山路上走得跌跌撞撞，显示出了她对传统生活的不适应。她独自走在山野中看到摄制组时边走边往怀里藏酒瓶子的长镜头这一细节揭示了她的矛盾心理。影片最后一幕是柳芭和驯鹿一起走向远方的一个纵深感很强的长镜头，看似舒缓的镜头却令人感到忧伤。影片让我们感受到柳芭陷入文化冲突和碰撞中的痛苦，返乡之路也无法实现精神的回归，她只能偷偷地借酒消愁。柳芭行走在边缘地带，在传统文化与现代文化之间无所适从。柳芭虽然只是弱势文化群体中的个案，但她的困惑和处境却是社会转型中芸芸众生所要面临的，这就是作者对人类文化变迁与发展的敏锐观察和深刻思考。

　　云南民族影像对文化变迁也尤为关注。云南是边远山区，交通不便，社会发展缓慢，少数民族文化和传统生活方式在这里被较好地得以保留，但当现代文明进入这种社会时，民族信仰与心灵均发生了极大的变化与挣扎，而这种文化落差以及由此而产生的心理落差等可借助影像进行形象化的表达。纪录影像可以直面云南少数民族现实生活中的生存与发展、矛盾与困惑、喜悦与阵痛、焦虑与迷茫等，呈现时代发展中云南民族文化的方方面面，通过影像来见证并记录文化变迁，同时去探寻变迁背后的深层原因及人类社会发展之道。云南民族影像在发展中已经产生了一批表现云南民族文化变迁的影片，如《山洞里的村庄》《搬迁：最后的洞穴村落》聚焦"峰岩洞"村民及生活，影片通过一个完整持续性的事件把传统汉族社会组织中的家族关系，以人情为纽带的互助关系及团结互助的组织结构，以及传统知识和经验从长辈向后辈传递的过程等呈现出来。该片涉及中国乡村社会的传统文化、乡村社会与政治、农民的思维和行为方式等内容，是记录中国乡村社会变迁的系列性人类学纪录片。《最后的马帮》跟拍了云南一支为高黎贡山独龙族运送粮食和生活物资的"国营马帮"状况，随着独龙江公路的通车，最后的一支国营马帮于2000年3月结束了历史使命而退役，马帮已经不复存在，但独特的马帮社会组织形式以及赶马人在高黎贡山驿道上的艰难生活和生存历程却保留在影片中，影片记录下了已消失文化现象，文化现象的消失也正是文化变迁的表现形式之一。

在社会进程中，改革开放、现代化建设、经济浪潮、全球化等也影响到了地处偏远山乡的村民，云南少数民族群众越来越多地走出世居地到外面的世界去追寻自己的梦想，困惑与迷茫也随之而来。《甲次卓玛与她的母系大家庭》这部展现云南金沙江上游摩梭人聚居区洛水村甲次卓玛家十年来变化的影片可让人明显地感受到文化变迁的痕迹和力量。从外部表象来看，1995年的落水村还未通电，人们日常大多身着本民族服饰，甲次卓玛家主要经济来源是姐姐的农业生产劳动，村中其他人家大多也是依靠农业维生。20世纪90年代中后期的打工热潮给当地带来冲击，甲次卓玛也离开村寨到昆明打工，做起了导游工作。随着社会发展、山乡巨变，至2005年时，曾经偏僻沉寂的落水村已开发成为小有名气的旅游景区，村中人家大多已不再从事农业劳动而转向旅游业开展相关工作，甲次卓玛家也因旅游而致富，盖起宽大的楼房，开了一家三星级的酒店，大哥由家长变为董事长，大姐辞去镇上公职而成为酒店的总经理，甲次卓玛则成为"西部假期旅游公司"业务总监，兼自家酒店的外联经理。内部的文化变迁可以从甲次卓玛个人的经历中体现，她正处于"坚守本民族传统母系家庭走婚制",还是"选择现代婚姻"的矛盾中。作为摩梭人,民族的传统力量依然影响着她,带给她巨大的压力,"这些压力并非是条文式的族规、家规,而是文化心理民族习俗的,且是由美丽动人的山村,清纯得醉人的湖水,神圣得让人心颤的格姆女神峰凝成的一种铭心的爱与习惯"①。她的痛苦、犹豫和彷徨正是一个民族在历史十字路口上的境遇,是一种不容忽视的现象。影片通过对少数民族农村社会发展现状的分析,探寻传统文化和思想在现代社会发展过程中的演变。《难产的社头》详细记录了云南傣族寨子选社头的全过程,其中有许多称米、称衣服的镜头,按照传统惯例通过衣服称重仪式而选出的社头是"神选"之人,当选社头是荣耀之事,"称衣服和大米裁决取舍这一习俗表现了当地文化在公正性和权威性认同中所扮演的重要角色。选举规则给观众呈现了一个完整的文化事实"②。通过影片我们可以知道历史上当选的社头是做人正派、不自私,能为村民谋利益的人,社头是荣耀和权威的象征。然而后来人们对社头角色认知和态度发生了很大的变化,人们由争先恐后当社头转变为不愿当社头。可见如今社头的荣耀和权威象征已大不如前,虽是客观的"神意"裁决,但当选人似乎已不愿遵从"神意"任职。社头的工作需花费大量的时间和精力,收益则微乎其微,人们似乎更愿意关注自家的经济利益,这是社区集体主义思想逐渐走向松散的表现。作者基于对傣族文化系统而深入的把握,以"选社头"这样一个情节完整的故事为线索架构影片,尝试从一个少数民族社区的日常生活折射出迅猛的现代化和市场经济化给传统村寨带来的深刻影响。《远去的格母女神山》是

---

① 森茂芳:《诗意的坦诚 心灵的记录——评纪录片〈甲次卓玛与她的母系大家庭〉》,《当代电视》2005 年第 9 期。

② 罗红光:《当代中国影像民族志:问题导向、科学表述与伦理关怀》,《民族研究》2015 年第 4 期。

雷亮中与庞涛合作的影片，影片聚焦摩梭人婚姻形态的变迁，记录了云南泸
沽湖落水村一家三兄弟的婚姻形态：同一家庭的三位男性成员婚姻形态各异，
有对现代结婚制度的认可，也有对传统婚姻的遵循。影片借鲜明的对比研究
现代婚姻及传统婚姻对摩梭人的影响及意义。以走婚这种婚姻形式为代表的
传统模式文化在悄然变化，人们面对旅游经济带来的传统消逝显得很无奈。[①]
《马散四章》虽是对民纪片《佤族》重新拍摄的片子，但内容方面已无法与原
影片呼应，这种无法呼应的情况恰恰表现出了民族文化的现代变迁的激烈状
况。大马散村 1957 年拍摄时有 214 户人家，1958 年只剩下 20 户人家。经过
半个世纪的历史变迁，2008 年时虽有 158 户人家，但在村寨及人员的流动变
化中，一些原有文化已经随之消逝消亡，一些大型祭祀活动也不再上演，曾
作为当地政治文化中心的大马散村往日热闹繁华的景象已不复存在。如今，
猎头习俗成为过去，病人也接受现代医疗的救治，啤酒成为人们日常生活中
的一部分……文化变迁现象显著。《曼春满的故事》关注西双版纳傣族社会变
迁，拍摄持续了 20 多个年头，记录下了整整一代人的变迁。不少傣族人已由
传统的稻作劳动者变成了公司职工、老板、商人和小贩等，反映出傣族传统
村落与现代社会发展的调适。2016 年，国家艺术基金"影像民族志人才培养
项目"的学员也曾到西双版纳的巴卡老寨进行拍摄，最终制作出了影片《再
见，雨林》，透过影片我们可以看到雨林已不再是基诺族世代赖以生存之地，
曾经狩猎、采集的生活方式已经变为种植橡胶和茶叶，孩童手中的弹弓逐渐
被流行玩具取代，竹林也不再是他们最爱的玩耍地点，面对种种情景，片中
主角心情复杂，这也是文化变迁的体现。《离开故土的祖母屋》是一部村民影

---

① 参见鲍江《影视人类学季春》，载朱靖江主编《视觉人类学论坛》（第 1 辑），知识产权出版社
2015 年版，第 69 页。

像的纪录片，由泸沽湖摩梭人尔青于 2009 年完成，记录了宁蒗县落水村摩梭青年卖掉自家的祖母房及卖房前后所发生的各种事情，展现出现代化冲击下的传统文化变迁与调试，这也是当下很多少数民族面临的困境，引人深思。《不再缠足》"以社会性别视角和理论为切入点，通过老年、中年、青年三代妇女的比较，阐释女性社会地位的变化和女性文化的历史变迁"[①]《关索戏调查报告》记录的是云南省澄江县小屯村关索戏在现代传媒和社会变迁影响下的发展变化和状态。

文化变迁时刻都在发生，缓慢或柔和、快速或激烈、深刻或平淡，不管人们意愿如何，它总是按照自身逻辑运行，永无止境又势在必行。面对逝去的文化我们或许无感，或许伤怀，或许惋惜，或许遗憾……然而有幸的是影像民族志能为我们留下一份念想，让我们可在昔日影像中回忆过往并体味文化的变迁。

（二）影像民族志对文化的传承与保护

民族文化是民族生存和发展的根基，是先辈们传承下来的丰厚遗产，它具有历史性、遗传性，更具有现实性和变异性，因此民族文化传承与保护是一个复杂事象。在影像没有产生之前，文化以口头传承和书面传承为主，传播范围和效果相对有限。影像的产生和相关技术的发展拓展了文化传承与传播方式，影像民族志在民族文化的保护、传承与传播中发挥着重要作用。

首先，影像民族志记录文化事象激发民族文化保护意识，促进民族文化的传承。民族文化传承与发展是以学习和认知已有民族文化为基础，影像为民族文化的学习提供了新的途径。与其他类型的影片相比，影像民族志是纪

---

① 陈学礼:《被隐藏的相遇: 民族志电影制作者和被拍摄者关系反思》，社会科学文献出版社 2017 年版，第 124 页。

实性影片，其内容体系客观真实且科学严谨，具象化的影像表达可突破语言和文字的藩篱使影片内容易于理解。读图是人类与生俱来的视觉能力，即便是不识文字或不知语言的人，也可通过读图的方式获得对文化的理解。在当前大众传播背景下，影像的传播更为便捷且高效。影像民族志以科学的方式对民族文化进行直观展示，本民族成员观看时可学习、重温、验证、强化民族文化相关知识，唤起自身的文化经验，提高深层民族文化意识，形成共同的民族文化心理，从而自觉地传承民族文化。而对于其他观看者而言，观影过程也是对民族文化的一种体验或融入，观众可从中了解民族文化事象，感受民族文化意涵，甚至习得民族文化相关知识。影像民族志还可对优秀民族文化加以重视和强调，使优秀的民族文化传统、民族文化精神、价值观等潜移默化地影响他人，同时也能增强人们重视民族文化的意识，促进和提升人们关注民族文化的热情和积极性。通过观看影片，人们也可从中获得感悟和启发，如果在现实生活中加以实践，则自身可能就成为民族文化的传承者，甚至还有可能影响周围的人也加入民族文化保护与传承中来。2009 年云南遭遇大旱之时，云南大学的学生便以水为主题在石林彝族自治县大糯黑村开展了调查拍摄工作，最终完成了纪录片《水》。影片在当地播出后便引起了村民们的激烈讨论和反思，促使他们意识到正是丢弃了每年清洗村寨公用水井的传统才导致井水质量的下降，有了这样的认识，村民们便自发组织起来清洗了水井。《落水村的变化》在当地放映后引起了村民们关于在经济发展中如何保护本民族文化传统的热烈讨论。通过这些例子，我们也可看出影像对传统文化保护与传承的促进作用。

其次，影像民族志提供了促进民族文化认同的影像依据。文化认同是指人们对自己所属的文化拥有归属感和认同感，表现为对所属文化中具有意义和价值事物的认可和接受。每一个民族都会以语言、风俗习惯、仪式、服饰等来明确自身的文化特色，以区别于其他文化类型，并会在民族内部形成凝聚力和向心力。"使用相同的文化符号、遵循共同的文化理念、秉承共有的思维模式和行为规范，是文化认同的依据。"[①] 人自出生必定生活于某种文化环境之中，在成长过程中个体总会有意或无意地受到本民族文化的影响，进而逐渐熟悉本民族文化符号并形成对本民族文化的认知和态度。人在观看事物时总是以自身经验、文化修养和审美习惯等作为理解事物的基础。影像民族志可提供跨越时间、地域且重复再现的文化符号，人们在观看民族志电影时，影片中那些民族文化现象或符号最易被本族人感知并捕捉，表现本民族文化事象、文化生活空间、情感意识、思想观念和价值追求的作品易于激发情感，引起共鸣。影像在一定程度上延伸了人的视觉、听觉与触觉，提供了人们感知集体记忆的一种途径。通过影像，人们可以看到过去的景象，后辈可以看到先辈生活现实和族群概况，对本民族文化的阐述可建立共同的文化心理，影像能够强化民族文化和民族心理的认同，增强民族自信心和自豪感。当前，全球化的深入发展和新技术的变革正在不断打破族群先前稳定的社会关系和文化网络，使之逐渐隐退甚至消失，同时也将人置于更多变动和不确定中。在日趋多元且复杂的社会中，若缺乏族群文化的认同感和归属感，人们很容易陷入漂泊游移或是无所归依的状态，引发身份焦虑、精神迷茫、价值观扭曲等一系列的问题。而影像民族志却能使人们更加清楚自己的文化身份和来源，认识到自己与族群之间存在的内在深层联系，在族群文化共同体中进行身份确认，以摆脱无根、孤独的精神状态，满足内心潜在的文化认同感和归属感。

最后，影像民族志提供文化重构和发展的依据。百年以来，我国社会已

[①]　崔新建：《文化认同及其根源》，《北京师范大学学报（社会科学版）》2004 年第 4 期。

经历了巨大的变革，对于一个快速变化的社会而言，文化的变迁亦是必然。
文化是人与自然和社会交互的产物，每种民族文化的产生与发展都与人的实
践活动密切相关。文化是人的产物，人创造了文化，而同时文化也在塑造人。
人类在发展，文化也有延续自身生命力的需求。在社会剧烈变革的背景下，
人们通常会通过策略性的建构来谋求原有文化系统的生存空间，而文化系统
也通过自我调整以适应社会变迁。然而，文化变迁受多种因素影响，其推动
力量也多样。"文化变迁场域在面对影像文本时接收到影像文本所传递的信息，
激发起文化持有者群体或排斥、或趋迎的反应，影像文本成为拉动文化变迁
的外部力量的一部分，或直接内化成为民族文化内部积极推动文化变迁的内
生力量。"① 当影像介入民族文化中时，族群的形象、生存状态、特征，以及历
史的深度感在影像中得到呈现，观众对影像中的族群文化不论是持肯定态度
还是否定态度，都是他们文化反思的结果。反思结果将指引后续行为，他们
可能会回归传统并坚持强化民族文化特征，可能会抛弃传统而创新文化形式，
也可能会吸收借鉴其他文化有益养分而适当地改良传统文化以适应新形势等，
而无论是哪种情况，都是以自身民族文化为基点出发的行为。影像民族志提
供了一个民族文化观测样本，也就是文化当前的一种基点状态。另外，影像
能呈现出民族文化历时性与共时性状态，为民族文化的纵横向对比提供足够
且有力的证据，通过对比可以清晰地认识文化的演进过程和逻辑，准确把握
文化的历史源流与未来之势，也可以反映文化发展中的困惑、矛盾和冲突，
引发思考并进行调适。简言之，民族文化影像化的表述方式即影像民族志，
能为地方民族文化传统的重建、重构和发展提供影像化的依据，为民族文化

---

① 王海飞:《文化变迁场域中的人类学影像表达》,《西南民族大学学报（人文社会科学版）》
2016 年第 4 期。

的保护与传承提供影像化的物质基础，也为快速变迁社会中民族文化的调适及发展留下根基。而且，随着社会的发展，未来人们可能会以更新的视角和理念对现在保存下来的影像内容进行科学、合理转换与调整，以寻求民族文化的创造性转化和创新性发展，弘扬民族文化并使之与当下社会文化接轨，获得新的民族文化生存智慧。由此可见，影像民族志在民族文化保护、传承、重构和传播等方面具有很大的潜能和优势，能为民族文化的可持续发展提供影像依据。

综上所述，影像民族志在增强文化保护意识、推动民族文化传承与传播方面都具有独特的优势。在全球化背景之下，传统文化面临着新的挑战，文化变迁的脚步从不停歇，影像民族志应在新时代的文化价值坐标下寻找结合点，探寻新的文化变迁表达方式。同时，影像民族志也肩负着推动民族文化发展的责任，在滚滚前行的历史洪流中，民族志影片对民族文化能做的记录、抢救、保存、保护、传承也许微乎其微，不论它的作用多么微小，记录人类文明和一切文化现象的民族志影片仍值得我们继续探索。社会的发展变化实在太快，文化现象的消逝也让人猝不及防，多年以后，或许我们只能在相关的人类学纪录片中才能看到一些曾经的社会生产生活场景，回忆逝去的一些文化现象。

第四章
云南影像民族志实践的未来构想

　　云南民族影像产生至今已取得了丰硕的成果，留存下了云南民族不同历史阶段文化信息和社会样貌，为影视人类学的学科理论与实践提供了良好支撑。当前人类已经步入信息化时代，影视制作相关理念不断发展，影像的表现力趋于成熟且越发增强，互联网、多媒体、自媒体、虚拟现实技术等逐渐改变着人的思维方式和行为模式，作为人类文化记录者和见证人的影像民族志在新的时代背景下面临着机遇和挑战。为此，云南民族影像创作者们应认清实践和研究优势，不断开拓创新，积极推进云南民族影像的实践及探索，充分发挥影像民族志对人类文化和人类文明的保存与保护、传播与传承的作用。

第一节　云南影像民族志实践的优势

一、独特的自然景观和丰富的民族文化资源

　　云南地处祖国西南，全省国土总面积 39.41 万平方千米，东部毗邻广西壮族自治区和贵州省，北部是四川省，西北部是西藏自治区，西部与缅甸接壤，南部与老挝、越南毗邻，国境线长 4060 公里。云南地处低纬度高原地区，地势西北高东南低且境内多山多林，使云南存在着不同的温度带和气候类型，多样化的气候类型造就了多样化的动植物资源，有着从热带、亚热带

至温带，甚至是寒带的植物品种以及很多的特色物种。特殊的地理位置、气候、动植物资源等造就了云南独特的自然景观。

云南自古就是多民族地区，也是全国少数民族最多的省份。目前，云南这片土地上除汉族外还生活着 25 个少数民族，其中 15 个是云南特有少数民族。云南民族多，有的民族还分支系，且不同支系的文化也有一定差异。"一山不同族，十里不同音"①，这可谓云南民族文化的显著特征。在历史进程中，世代繁衍生息在这片红土高原上的各族人民创造出了悠久的历史和灿烂的文化，有着独特的审美、不同的风俗信仰、别致的建筑和精湛的手工技艺等，民族文化积淀深厚。云南 25 个民族中有 9 个民族为"直过民族"，新中国成立后他们从原始社会末期直接过渡到现代社会，提供了民族文化发展状态的一个鲜活样本。另外，云南边境线较长，与越南、老挝、缅甸接壤，与东南亚国家山同脉、水同源，16 个少数民族在边境线上跨境而居，尽管各个国家对这些民族的称谓不同，但他们具有共同的历史渊源和习俗，可谓同宗同源、语言相通、文字相近、信仰相似，也有相互往来的传统。跨境而居的人民的文化同源，很多彼此间还有着亲缘关系，相互间的交流交往持续不断，形成了独特的异质文化景观，也为我国与周边国家的合作提供了共同的文化基础。多民族及支系、直过民族等造就了异常丰富的民族文化景观。

就云南自身发展来看，进入 21 世纪以来，在我国高度重视文化发展并推进文化强国建设的背景之下，云南省也提出由文化大省向文化强省迈进的目标，云南民族文化资源得到了进一步的开发和利用。如今，"一带一路"建设促进了云南与合作伙伴的文化交流与合作发展。为努力把云南建设成为我国面向南亚东南亚辐射中心，民族文化资源作为云南实现目标的重要推手之一

---

① 赵艳芳：《云南少数民族文化发展的思考》，《云南社会科学》2008 年第 S1 期。

理应受到更多的重视。在信息时代，如何利用影像来传承、传播民族文化已是时代命题，也是云南影像工作者不可推卸的责任和时代担当精神的体现。

就当下云南民族文化发展而言，云南一些地区的少数民族文化正在与外来文化的交往互动中日趋消亡。文化的多元性、丰富性和完整性，以及沿袭千年人与自然和谐相处的生态系统亦陷入危机中。在时代浪潮中虽然我们也许难以阻挡文化消亡的步伐，但至少用影像保留后人可观的"当下"民族文化样貌却是我们能做的。同时，在社会化进程中市场经济、旅游文化、现代化建设、新农村建设等的推进也使许多民族地区原有的文化传统和生活形态逐渐改变，令人欣慰的是，与此同时部分文化亦在进行着适应性调整或重构，出现了很多新的文化现象和文化形态，这些正在不断变化的"现在进行时"文化需要人们去观察记录并深入研究。在当前语境下，云南文化内部的矛盾与冲突、变迁与发展以及交流与融合必然是极为丰富多样的，为人类学纪录片拍摄提供了难以计数的题材和思考方向，蕴含着无限多样的潜在价值。同时云南是最为典型的少数民族聚集地之一，复杂的民族构成和独特的文化圈使云南成为一座文化资源极其丰富的宝库，传统的、现代的、曾经存在的、正在发生的、即将消逝的、即将出现的等各种文化宝藏正有待影像的深度介入和开发，诠释民族智慧的结晶和文明。

可见，在国家发展大格局和云南省自身的发展定位中，无论过去、现在还是将来，云南独特的地理位置、丰富的自然资源景观、多民族聚居的文化资源仍是云南的特点和优势，这也是云南文化强省建设及云南应对生存发展挑战的重要依托之一，用好这些资源并使之影像化能积极构建云南的历史文化记忆并提升云南文化的软实力。云南作为一个特殊的多元文化汇聚地，多样态的地理资源、原生态的民族文化、绚丽多姿的民俗风情等提供了取之不尽、用之不竭的拍摄素材，云南永远是影像创作和表达的一方沃土、人类学田野工作的宝地。

二、民族文化研究的传统和丰厚的积累

影像民族志不论形式、风格如何，其展现的核心内容就是民族文化，民族文化就是影像民族志内容的基石。云南民族文化资源丰富，近代就有相关工作者开展云南民族文化研究及民族文化影像表达的工作，如日本学者鸟居龙藏是最早在云南进行人类学田野调查的学者，法国的方苏雅、美国的约瑟夫·洛克是较早在云南使用影像技术的人。"20 世纪初叶，因所谓'边疆'问题的凸显，以及鸟居龙藏、葛维汉等外国学者的影响，以实地调查为基础的民族研究开始发端。杨成志在云南、林惠祥在台湾、凌纯声在东北的调查开风气之先。"[1] 杨成志在云南调研之时曾留居昆明 9 个月，与昆明学界进行了广泛的接触和交流，他还应邀报告自己滇川调查的经历、体会和收获，介绍民族学的调查方法，提出开展云南民族调查研究的必要性，"引起社会各界对民族民间文化的重视，而且还拟出多项调查的项目，让更多的人参与民族文化的调查和研究"[2]。20 世纪 40 年代，受战争的影响，社会调查的主要地点也转为西南地区，同时中国学者也开始了民族学、社会学等外来学科的本土化实践。著名的人类学家吴文藻和费孝通等人就曾来到云南，以云南大学为基地开展调查和研究，并在昆明呈贡建立了以"魁阁"为中心的研究团队，他们在调查和研究中培养出的一批人才成为学科薪火相传的火种。云南高校也十分重视边疆民族问题的研究，既开设了民族学相关专业以培养学生，又组建

---

① 郭净、徐菡、徐何珊编著：《云南纪录影像口述史》（第一卷），云南人民出版社 2013 年版，第46 页。

② 蔡家麒：《滇川民族学调查第一人——记杨成志先生滇川调查之行》，《云南民族大学学报（哲学社会科学版）》2003 年第 4 期。

了团队开展研究。当时在云南学界形成了两个传统，一个是由吴文藻、费孝通等建立起来的社会学／民族学传统，注重田野调查；另一个是由方国瑜建立起来的西南文化研究传统，注重文献整理和阐释。[①] 不同传统的文化研究丰富着云南民族文化研究的内容。云南省社会科学院也聚焦云南民族文化积极开展民族学和社会学的相关研究工作及影像拍摄，长久以来云南学界已经形成了注重民族文化研究的传统和氛围，各学科和各类研究都在不断探寻新的思路和方法，影像也逐渐被用于民族文化调查和研究中，影像的介入拓宽了研究的路径和视野，民族文化研究的深厚传统为民族影像创作打下坚实的基础，影像与民族文化研究不断实践并融合创新促进了云南民族影像的发展。

从民族志影像实践创作来看，从初期边疆考察中对辅助性质影像工具的使用，到 20 世纪 50 —70 年代少数民族社会历史科学纪录片的摄制，八九十年代影视人类学建立前后的探索性拍摄，再到学科理论指导下的拍摄，以及村民影像的摄制，影像工作者们已创作出了一大批云南影像民族志作品，影片概况已在前面章节介绍过，不再赘述，这些作品也彰显着云南影像民族志工作者的自觉意识和担当精神。云南是民族文化资源大省，多样态的民族文化急剧消逝的状况令人担忧，具有敏锐的洞察力、自觉的文化意识和责任感的云南影像民族志工作者认识到抓紧时间记录的紧迫性和必要性，他们深耕于云南少数民族村寨田野，用影像之笔书写着云南社会和民族文化历史，创作出具有较高历史价值和文化价值的云南影像民族志作品。云南省社会科学院和云南大学长期坚持摄制影像民族志，因此它们典藏了较多的云南影像民族志作品。各个时期的民族志影像作品留存下了极其珍贵的云南地域及少数

---

① 参见郭净、徐菡、徐何珊编著《云南纪录影像口述史》（第一卷），云南人民出版社 2013 年版，第 47 页。

民族文化时代身影和风姿，也为后人的研究和观摩学习提供了影像范本和历史资料，更凝聚着宝贵的人类学影像制作经验，对影视人类学学科理论的建立、成熟、发展起着不可或缺的支撑作用。

持续的影像实践和理论探索增加了云南民族影像人才储备，云南省社会科学院、云南大学、云南民族大学、云南艺术学院以及云南其他高校在多年的民族志影像创作、教学、科研、学术交流及影展活动中已逐渐形成了不同民族、不同学科背景组成的多个研究团队，培养出了一批优秀的青年民族影像工作者，如陈学礼、徐菡、张海等人。另外，高校、研究机构和文化机构的相关人员也积极进行着民族志影像的探索与实践，各种村民社区影像项目的实施也促成了村民影像人才的成长，如尔青、此里卓玛等人。与此同时，影像民族志也逐渐得到了政府相关部门、地方文化机构的关注，它们为民族志影像的产生提供了一定的政策支持和条件保障。另外，卡瓦格博文化社、云南乡村之眼乡土文化研究中心等民间团体以及社会个体的积极参与也为民族志影像的发展注入新的活力。

从上述的梳理可以看出，在长期的实践中学界已形成了研究云南民族文化以及民族文化影像化表达的传统，聚集了一批素养深厚且潜心于民族影像创作与研究的优秀学者和影像工作者，同时政府相关机构、民间组织、个体等也有着参与的热情，这些为将来云南民族志影像的研究与实践提供着源源不断的动力。众所周知，研究是一项延续性的活动，任何研究都是基于前人研究成果的深入与拓展。云南民族文化及影像研究前期的丰厚积淀已为云南民族影像的持续发展打下了坚实的基础，云南民族影像工作者们将在前人研究基础上继续前行。

第二节　云南影像民族志实践的内容

一、跨学科视野及跨学科人才培养

人才是推动学科发展的关键因素，虽然影视人类学在发展中已经培养出了一批人才，但人才的总量不足，特别是跨学科的人才较为缺乏。从影视人类学的产生来看，影视人类学就是基于影视学和人类学的基础上而发展形成的一门学科，生来就具有学科融合的传统。近年来，随着影视人类学学科理论的发展和成熟，学科研究范围不断被开拓，学科理论应用范围越来越广，影像制作与文化遗产保护、社会学研究、医学以及公共卫生等领域的结合更加紧密，影像民族志的内容也呈现多学科融合的特点和趋势，这些都对现在的民族志影像相关工作者提出了新的挑战。目前，虽然在学科融合中也有不少民族志影像在表达人类感情、反映社会公共问题方面表现良好，但这类影片数量极其有限。究其原因仍是跨学科人才问题，这也是影响云南影像民族志发展的关键因素之一。不同的学科思维方式不同，影像民族志的制作需要其他学科人员的参与，其他学科可能也需要影视人类学的研究方法，相互间的学习借鉴定能为彼此提供新的思路。

首先，从学理角度来看，影像民族志是基于长期的田野调查、实地拍摄而产生的，田野调查至关重要，调查者敏锐的问题意识、参与观察并融入调查对象中的能力等都影响着调查的质量，也影响到影片文化内涵的表达。其次，目前影视制作的方法正在更加广泛而深入地应用于人类学、社会学以及其他社会科学的研究中，影像更多地参与到人口问题、公共卫生、环境保护、教育改革、医疗制度、乡村发展和扶贫等各方面的调查与研究中。这些内容影像民族志也或多或少地会涉及，如果影像民族志的制作一直固守传统制作理念和观念，那就难以突破原有拍摄制作范式，只有借鉴或加深与其他学科的合作才能促进影像的创新实践。最后，在当前学科融合背景下的影像跨学科实践中，许多其他领域的研究者或许影视技术高超，或许本学科知识丰富，但通常都没有经过人类学学科的训练，并不熟悉田野调查、参与观察等人类学方法，对影视手段的研究方法比较陌生，他们在学科影像表达中也需要影视人类学家的参与。因此，影像跨学科交叉融合与跨学科人才培养是学科发展的时代需求。

在新的时代背景之下，研究者们更应具有跨学科的视野和眼光，注重多学科知识的积累和学科的交叉融合。云南民族志影像创作者要深入生活、发掘题材，不断拓宽研究领域，加强与其他学科专家的合作与互助、拓展影像的活力，让影像在促进人类社会的发展中发挥更多的作用。具体来说，云南民族影像工作者要充分利用云南地域和文化资源优势，加强与国内外影视人类学专家学者的合作，在合作中学习和汲取先进的创作观念和手法，不断拓宽视野和眼光。同时，云南民族影像工作者要把有关民族文化保护、田野考察和研究与为社会服务结合起来，使影像民族志成为服务于云南地方经济社会发展的影像支撑，体现学者的时代担当精神。

跨学科合作是一种必然趋势，合作基于理解。为了增进学者间的相互理解与合作，影视人类学学者们也需要不断提高他们的影像理论素养和实践能力，跨学科的人才也需要掌握一定的人类学和影视相关理论。我们都知道人才对民族影像发展的重要性，因此作为肩负人才培养责任的高校，可在传统的民族学或其他学科范围内开设影视人类学有关的基础课程，使学生掌握影像技能，促进对民族文化的有效表达，同时可开设影视人类学的相关短期课程，以便有需求的外来者进行相关专业知识的学习。另外，现在越来越多的非专业人士参与到影视人类学影片拍摄中来，在此情景下有关部门更需要改变长期封闭作业的局面，不断加强交流与合作，彼此借鉴并取长补短。

二、影像民族志主题的强调

云南影像民族志作品数量较多，拍摄内容涉及少数民族文化的方方面面，但这些内容处于较为零散的状态，难以在较大范围内形成一定的影响力。在这些影片中为学界所普遍认知的可能是云南民纪片，民纪片有明确主题，即反映各民族社会历史文化，摄制完成后成为系列影片。虽然云南已有的民族志影片中也不乏精品，有的甚至在国际纪录片界荣获奖项，如《难产的社头》《生的狂欢》等，但是少数几部民族志影片的影响力毕竟有限。目前云南民族志影片表现主题和内容稍显杂乱，若要有所改变可以积极思考凝练主题并开展计划性拍摄，但这并非先前纪录片制作中常用的"主题先行"模式，在这里主题是对文化要点的关注，而不是对观点的预设，主题既可以聚焦于文化本身，也可聚焦于文化的区域属性等。

（一）表现民族文化整体性主题

文化是人们在社会生活中形成的精神和物质的复杂系统，其中各个部分紧密联系，欲了解某一民族文化，必须观察文化的各个方面，以获得对文化的整体性理解。单个民族的影像志着重于对族群文化的综合性描述，即对某个群体的生活方式、风俗习惯、文化形态等进行综合性介绍。以云南民族影像作品《丽哉勐僚》为例，该片共12集，分别为《宁董》（鼓铜文化）、《竜》（生态文化）、《那》（稻作文化）、《糇糯》（饮食文化）、《帕比·帕空》（服饰文化）、《曼栏》（村落文化）、《掌雅》（医药文化）、《欢景》（节日文化）、《禀礼》（礼俗文化）、《莱瓦》（艺术文化）、《摩》（宗教文化）、《伦》（歌圩文化），这部壮族文化综合性影片全面而系统地展现了云南文山壮族的社会、历史、文化及民俗等，是被公认的壮族文化影像志，但这样的影像作品并不多。云南民族志影片在内容方面也呈现不平衡的状态，表现摩梭人、傣族、彝族文化的影片相对较多，而普米族、阿昌族、回族的影像并不多见。

从已有的表现单个民族文化的影片表现来看，影片对文化的表现也并不全面，因而对文化进行系统化的、整体性的表述显得十分必要，在这方面有可借鉴的先例，如《察隅河谷僜巴人》是中国社会科学院摄制的影像作品，影片共6集，每一集都侧重表现僜巴人文化的一个部分，"《我是谁》通过僜巴人身份的现代建构困境，探讨僜巴人的源流和族群意识；《雪山脚下的村庄》重点表述传统的山地经济模式与现代生产方式关系；《宿命》侧重传统婚姻形式的变迁中经济社会因素的影响；《打波妞的选择》则从传统婚姻变迁中看僜巴人的血缘认同；《色毕的法力》呈现了僜巴人的信仰与宗教医疗；《啊，知拉！》侧重僜巴人的象征与历史和族源记忆"①。6集最终共同构成了一部围绕僜巴人的宗教、婚姻、山地经济、族群认同、情感与象征等主题进行全描式的文化影像志作品。该作品采用整体性文化影像志的方法，以文化相对主义的视角，对喜马拉雅山地民族的文化进行了整体性的表述。②另外，中国社会科学院摄制的《地东十年》（门巴族）、《我们的南方人》（珞巴族）、《夏尔巴人》（夏尔巴人）三部影片都对喜马拉雅山地某一族群文化进行了"整体性"和"深描性"的记录与描述。这三部影片和《察隅河谷僜巴人》共同构成了对喜马拉雅山地这个区域民族文化的整体性呈现。未来，中国社会科学院可能将以宏大的视野在更大的区域内开展文化影像的整体描述。还有刘湘晨的系列纪录片《归去来兮》以生活在边地的少数民族塔吉克族、柯尔克孜族、藏族以及采玉人、守湖人群体为拍摄对象，记录和呈现边地少数民族和困难

---

① 庞涛、张子介：《在察隅河谷追问生命的意义》，《中国民族》2016年第7期。

② 参见庞涛、张子介《在察隅河谷追问生命的意义》，《中国民族》2016年第7期。

群体情感、婚姻、家庭、信仰、价值观及对美好生活的追求，真实地呈现当地人的生存状态和文化形态。这些影片将民族文化置于一定区域内考察，主题内容以分块的方式描述，从而呈现民族文化的区域性及整体性特征，这样的做法为云南民族文化的影像表达提供了借鉴与思考。

（二）聚焦特定民族文化现象主题

民族文化并非空洞抽象的概念，它往往依托于外在的形式而显现，如生活方式、婚丧嫁娶仪式、宗教信仰、风俗习惯等，创作者可以选定其中某一特定文化现象进行深入的影像描述，专注于对某一文化现象的研究和记录以加深对特定文化的理解，在实践中逐渐形成并完善特定文化影像拍摄范式。如婚姻家庭是人类学研究的母题之一，云南民族影像中摩梭人婚姻家庭关系的影片有《永宁纳西人的阿注婚姻》《三节草》《无父无夫》《达巴》《甲次卓玛和她的母系大家庭》《风流的湖》《格姆山下》《远去的格母女神山》《离开故乡的祖母屋》，以及口述史纪录片《纳人说》等影片，这些影片拍摄于不同的时期，这种关注同一民族同一文化事象且较长时间跨度的影片把社会发展中摩梭人的婚姻家庭变化机理更为清晰地展现出来，是对摩梭人婚姻家庭文化全面而深刻的展示。"节日影像志"和"史诗影像志"是国家主导的记录特定文化现象的项目，这种不同区域的特定文化主题影像能为文化共时性的比较研究提供有力支撑，也能为将来文化的历时性研究提供影像文本，这样的项目具有独特的价值。吴乔深入研究傣族文化并进行影像化表达，摄制了反映傣族传统信仰体系变迁的三部影片，即《月亮姑娘》《难产的社头》《灭灵》，研究及摄制时间跨度 10 余年，彰显了影像表现历史文化的时间厚重感。另外，对于持续关注某一文化主题的创作者而言，如果有了长期的创作积累，以及对当地文化的深刻体会和感悟，相信创作者在后续的摄制中会更具有文化敏感性和敏锐视角，以极佳叙事视角和镜头语言更为精准地描述并阐释文化事象。此外，民族志影像工作者应在人类学经常探讨的文化主题之外拓宽文化主题范围，进一步丰富影视人类学的研究内容。

（三）关注某一地方文化现象主题

中国人类学自创始之初至今一直在寻求人类文化的"地方性"表达。人类学家黄建波在讨论"地方"的人类学意义时提出应包含"地方性/场景性""日常生活"和"主体性"三个内涵。作为人类学分支的影视人类学自然也注重影像的"地方性"文化表现，即关注某地地域性特征及主体人群的日常生活。在对云南民族志影像的"地方性"探索中，云南学者李昕提出了"地方影像志"的概念并借助"乡村之眼"项目付诸实践，项目的实施促进了村民们对地方性知识的认同和挖掘，让地方性知识在生活中发挥积极作用。郭净认为"地方影像志"更注重记录的延续性，注重对一群人、一个社区的持续关注，力图超越单部影像作品的局限，以长时段记录、多部作品追踪探索乃至建立专题影像库的方式，对特定时空下的"地方"进行"深描"，以影像方式书写地方史志。[①]地方影像志持续记录特定地域内的文化事象，蕴含丰富的文化信息，是开展当地文化历时性比较的重要材料。民族影像创作者只有耐心踏实地长期扎根于某一地方，融入当地并长久开展细致的文化观察，才能摄制出文化内涵深厚的影片。从云南民族影像发展历程可看出学者们先前就已开展了地方影像志的书写尝试，如郝跃骏对沅江哈尼族奕车人生活地及文化进行影像记录，谭乐水较为关注西双版纳曼春满傣族的文化发展与变迁并形成系列影像，郭净等人对云南卡瓦格博峰地区文化的长期关注并形成了《卡瓦格博》《冰川》《朝圣》《葡萄》等民族志影片，不同视角的描述逐渐让卡瓦格博文化更为立体丰富。朱晓阳等人则将视线聚焦于一个

---

① 参见郭净《影像志与人类学的"地方"》，《中国民族》2015 年第 12 期。

村庄，依次形成了《故乡》《滇池东岸》《老村》这三部反映现代化进程中宏仁村发展变迁的影片，由此折射出传统与现代的交锋。这些探索与实践是地方影像志书写的开端，除他们之外还需要其他的民族影像工作者聚焦于特定地域并持续关注，用影像呈现当地文化的历史厚重感和区域性特征。另外，影像民族志摄制者应重视与地方文化持有者的合作、对话与交流，持续地记录当地文化变迁现象，同时激发当地民族主体性，重新建构地方性知识体系。

（四）海内外文化现象主题

自影像技术传入我国，国外影像工作者就以自己国家文化视角开始了对中华民族"异文化"的审视与影像书写，这样视角的影像书写存在着对中国文化一定程度的误读现象。我国的民族影像工作者大多更关注本国本土民族文化的表达，由我国主导摄制的海外民族志并多见。在当前世界经济和文化发展一体化的背景之下，我国与其他国家的经济和文化交流日益增多。2013年，我国提出了"一带一路"倡议，促进不同文明的交流互鉴，这一倡议得到了众多国家的大力支持，在推进共建"一带一路"的过程中，对不同国家文化的尊重和理解显得尤为重要。云南承担着传播中华优秀文化并促进与周边国家文化交流的责任。众所周知，影像早已成为文化交流的重要媒介之一，虚构的影视作品、相对真实的纪录片以及动画片等都在发挥着自身的作用。当前，如何利用影像来讲好中国故事、传播好中国声音？这是每个影像工作者都应思考的问题。中宣部也曾公开发文支持鼓励纪录片加强国际传播，向世界展示真实立体全面的中国。影像民族志这类纪录片具有普遍认可的客观性和真实性特征，它是一种能跨越语言和文字藩篱而进行有效交流的工具，它在展示民族文化和促进文化交流方面具有独特价值和优势，应当在国际文化交流中发挥其应有的重要作用。一方面，云南民族影像工作者要以全新的思路进行探索，要摄制蕴含中国文化、中国思想的优秀云南影像民族志作品，对外传播中国思想和文化，积极建构良好的形象。同时要用影像民族志的力量持续不断地消解外国人主导摄制的有关中国及中华文化影像中的负面影响，提供世界看待中国的另一种视角，让世界更客观地看待中国。另一方面，云南民族影像工作者要借助云南的优势和时代发展契机积极开展海外影像民族志的实践与研究，科学客观地呈现海外文化，使国内民众更为理性地看待其他国家的文化，促进不同国籍的人对不同文化、不同文明的理解与尊重，推动云南与周边国家地区的交流合作，吸收借鉴海外优秀文化。

在当前时代背景之下，云南民族影像的主题在多元化的同时更应该有焦点，既要注重民族文化的整体性描述，也要注重民族文化中的单个主题内容。既要有单个民族系列影像志、单个文化主题影像志，也要有关注民族文化共时性考察记录特定文化现象的影像民族志、聚焦当地民族文化历时性考察的地方影像志、重视国际文化交流与互鉴的海外影像民族志，以及其他拓展主题的影片等，只有多种主题的影像民族志协同发展并持续性实践，才能构建出更为丰富多彩的云南民族影像世界。

三、影像民族志共享数据库

（一）影像民族志利用的现状

云南作为民族文化大省和影视人类学片实践拍摄的重要地点之一，自20世纪初至今已积累了大量的影像民族志资料，这些影像有的是高校和科研机构进行田野考察和少数民族历史文化研究的成果，有的是电视台、影视公司等机构开展民族文化相关工作的成果，还有一些是个人研究实践成果的积累等。民族影像在民族文化传承、交流和传播中的作用已为学界所共识，但成果的积累并不一定意味着作用的发挥。事实上，通常情况是民族影像摄制完成后，由于缺乏专人的管理，或是影像生产部门不重视，即便是拥有影像资料的单位和部门间也缺乏影像流通与共享的相关机制，这些蕴含宝贵文化财富的影像大部分处于闲置状态或是局限于某一范围内公开，大多影片在摄制完成后或是展播后就无人问津了。虽然现在已有一些机构和个人把一小部分民族志影像置于网络中，但在网络信息的汪洋大海中搜寻这些影片并非易事，很多时候费尽精力搜寻到的影片也只是片段。有研究需要的专家学者或是对影像感兴趣的人员难以查阅、获取或观看影像，影像并未发挥出应有的价值。而且就民族影像的存储情况来看，目前国内影像文献分属不同的电视台、电影公司、文化机构及高校等，基本不对社会开放，社会公益性的影像文献部门暂未出现。目前，民族影像资源众多而实际利用率不高、影像供给与需求脱节，以及影像素材未被科学分类与保存等，这些是影像面临的共性问题。

（二）影像民族志数据库建设

影像民族志对历史现实场景、人物、事件和相关细节进行动态影像记录，浓缩着时间和空间信息，存续了不同时期的人类社会状况和文化行为模式，有着无与伦比的"历史真实"性，是民族文化历史的面相和学术研究的重要支撑。如何有效地利用好已有的民族志影片，规划好未来的影像民族志，充分发挥影片的功能成为当前首要问题。学界在探讨中已形成了一些共识和期盼：建设资源共享型影像民族志数据库。共享数据库分类存储民族志影片，让民族志影片得以长久保存，数据库具备影片查询、访问、观看、互动等相关功能，能有效地解决影片利用效率问题。数据库的建设需要考虑三方面问题：一是建设主体，二是数据库内容，三是数据库的架构和数据使用问题。

首先是数据库由谁来建。这是数据库建设的主体性问题。目前各有关机构已建有规模不同、内容复杂多样的数据库，只是这些数据库目前是一个个信息的孤岛，需要主体性的机构来促成岛与岛的连接和影像资源的共享。影像数据库建设需要考虑影片的版权，事实上这些花费了大量人力和物力凝聚而成的影像资料大多处于封闭或闲置的静默状态，一大原因是版权问题。现实情况是民族志影像的版权或实际的处置权大都在个人手中，即使是政府出资或是单位资助的片子，若要使用也需个人同意。由此，建设共享数据库需要由拥有资金和制定政策的政府部门来主导，同时也需要影片摄制机构、个人的参与和支撑。

其次是数据库的主体内容是哪些。这是数据库建设最为重要的部分，主要涉及如何选择和甄别民族志影片，什么样的影片可以收录入库，以及影片的格式及标准等问题。在民族影像实践过程中，高校、研究机构、电视台和相关文化机构等单位已积累了大量的民族志影片或民族志影像，在影像数字化时代，影像技术的发展与延伸使当前影像生产更加容易且具有世俗化娱乐性趣味，因而更促成了大量民族文化相关影像的出现，其中既有基于长期田野观察而摄制的学理性影片，有体现新理念尝试性拍摄的片子，也有即兴随拍的民族影像等。整体来看，影像摄制水平参差不齐，内容旨趣不同，这些影像纷繁复杂，画面质感、构图、关系、色调、声音等各不相同，影片质量存在极大差异。

民族影像内容既丰富又复杂，如何归类以便有效查找也是数据库建设面临的一个难题。数据库影像内容是文化交流与传播的关键信息，在选择入库影片时要考虑数据库建设的意义，从长远来看影像民族志具有无可替代的历史文献价值，作为文献性质的影片，其真实性要得以保障，影像要能提供直观场景式叙事，如同文字史料一样，需要人们进行判断和与多种资料相互的印证。如果不加以鉴定就归入数据库，可能会出现真假难辨的情况，所以应该建立通行的影片标准，使影片更具规范性和普遍性价值。

最后是数据库如何架构和管理。这关系数据库的利用效率问题，具体涉及数据库设计与功能架构、数据调用方式、界面设计、数据库维护及管理等问题。众所周知，影像制作设备和技术手段的使用与时代技术发展密切关联，不同型号的摄像机、不同的编辑系统，甚至创作者的习惯和偏好等使影片格式不一。为了影像资源能共享，一方面是数据库的架构要考虑数据（影像源）的兼容性，能通过一定的技术转化保障其质量又使之能被呈现；另一方面是用户选择影片时要有交互式界面设计，如系统可依据主题、作者、年份信息分类索引，优秀的界面设计能为有效选择提供更多便利。当然我们都知道数据库的建设并非一劳永逸，建成后需要开展数据使用的相关管理和服务工作，需要维护已有片源数据，又要持续不断地补充更新片源，为此数据库建设需要持续的人力和物力投入，虽然摄制机构和个人都在为之努力，但能力和资源有限。民族文化是国家文化的重要组成部分，相关机构应从研究与保护民族文化遗产和资源的大局来规划和考虑民族影像数据库的建设，只有政府的主导和资金支持到位才能更好地为数据库的建设提供持续的动力。

以上是影像民族志数据库建设中应注意的普遍性问题。就云南民族影像数据库建设而言，更需要由政府相关部门主导牵头实施，尽快建立影片标准和规范，启动云南民族影像共享数据库建设相关工作。具体来说，一方面要加强各机构现有民族影像数据库的互联建设，激活僵死状态的民族志影像，充分利用好现有影像资源；另一方面要做好新的民族志影像筛选及入库等工作，同时要加强管理，及时维护和更新数据库，为外界用户提供影像数据查询、访问或获取等相关服务，提高影像利用率，让影像充分发挥其应有的作用。

四、技术与内容融合的民族志影像实验创新

影视人类学纪录片的制作在很大程度上依赖于影像技术和设备的发展，以及由摄制技术变化而产生的纪录片新观念，而技术设备是能让有形文化和

无形文化借助影像呈现的物质基础。21 世纪是社会经济和科技迅速发展的时代，互联网技术、影视技术、数字多媒体技术、虚拟现实 VR 技术、增强现实 AR 技术、混合现实 MR 技术、数字合成技术、运动捕捉技术、三维立体动画技术等的进步和革新为影像民族志的创新性实践提供技术支撑，增强了民族影像发展的更多可能性。目前，民族影像在技术与内容融合方面已有了一些新的尝试和进展，由此而形成的影像民族志类型也为云南民族志影像的将来发展提供了启发和思路。

虚构式影像民族志："虚构"是影视创作的一种常用方法，虚构通常意味着虚假和编造，因而曾长期被追求"真实"的影视人类学家严加排斥。然而当新的学术研究范式改变和影视表现手法不断创新之际，当代影视人类学家在展示某些难以获得现实影像的文化行为或社会事件或内心世界时也尝试着使用虚构的创作手法，实验性虚构手法的使用在实践中逐渐发展出了虚构式影像民族志。从让·鲁什的观点来看，民族志电影不应再被视为客观世界的某种精确摹本，而应该是一种富有想象力的衔接环节，为表现难以捉摸的、移情瞬间蒙太奇提供了一种打破既有叙事流程与修辞法则的技巧，从而让民族志电影的时间—空间架构、视角或声音凸显提出质询的可能。这是对民族志影片建构性的强调和肯定，民族志影片并非只能对现实世界进行刻板呈现，它具有通过一系列技巧的应用而表现更深层次文化内容的能力。虽然民族文化本就涉及非物质层面的内容，但是民族志影片对文化的表现不应满足或局限于物质层面及外在形态。

虚构式影像民族志是影像民族志的一种实验性类型，它的优势在于可以在特定或限定的情形下揭示传统民族志纪录片难以展现的文化内容。在民族志影像的实践中，早有学者把虚构情节和即兴表演等拍摄手法正式引入民族志电影的创作规程之内。如英国威斯敏斯特大学纪录片与实验电影中心学者约书亚·奥本海默摄制的《杀戮演绎》，影片以虚构手法讲述了1965—1966年印度尼西亚军政府发动的对本国共产党员和华人群体大屠杀事件，英国曼彻斯特大学人类学学者约翰内斯·索伯格摄制的《跨越虚构》对巴西异装癖和变性人群体进行了描述。这两部以虚构方式摄制的影片具有不可忽视的学术价值。中国学者朱靖江也对虚构式影像民族志进行了探讨，他认为虚构式影像民族志可以分为整体虚构与局部虚构两种类型，其"基本特点是以非现实性的人物和故事情节，展现某种社会文化的基本形态与核心价值……挖掘深藏于表象之下的内在世界"。"虚构"作为"安全屋"能将影片拍摄与现实进行隔离。[①] 虚构式影片使拍摄对象能够在"故事片创作"的伪装下表达那些用真实身份难以启齿或不愿涉及的话题，以及他们在现实生活中拒绝被拍摄（或法律禁止）的行为，拓展了传统影像民族志的表现内容。

总体而言，在影视人类学实践领域，目前虚构式影像民族志仍是一种较为边缘化的带有实验性的研究与创作方法，但这种通过整体或局部的虚构来达到表现真实目的的影片，特别是在族群文化禁忌、一些与国家法律相抵触却真实存在的现象，以及展现人物的梦境、记忆、想象、幻觉和潜意识等精神层面的内容方面具有无可比拟的优势，因此，这种借由虚构性拍摄来发掘社会文化深层意义的影像民族志方法在人类学的研究中仍具有不可忽视的学术价值，将来新技术的发展必定能为这种借由虚构展现真实提供足够的支撑。虽然当前我国民族志影像鲜有这样的表达方式，但其学术土壤丰厚，其独特的学术价值值得民族志影像工作者们去尝试。

沉浸交互式影像民族志：在科学技术日新月异发展的今天，科技正在助

---

① 参见朱靖江《虚构式影像民族志：内在世界的视觉化》，《云南民族大学学报（哲学社会科学版）》2015年第1期。

力民族影像的制作，数字影像技术以及 5D 影像效果等的融合使用已能制作出更具有现场感和互动性的民族志影片。这种基于新技术的交互式影像民族志以超媒体形式对传统影像民族志进行信息整合与文化阐释，将民族形象和民族文化事象立体鲜活地展现出来，能为观众提供更真实的现场感和文化情景沉浸式体验。民族文化的"观看"之道已经历了现场亲眼所见、文字阅读、影像影音视听等，如今又有了虚拟情景体验的方式，这种虚拟情景体验使人仿佛置身于文化现场和情景事件中，能调动全身视听感官的参与，自然能加深对文化的理解和感悟。目前，交互式影像民族志的所有情景体验必须依托于创设的虚拟现实影像和先进的视听设备，相关视听影像设备价格较高，且制作技术难度较大，但它全息性的三维立体空间场景和信息呈现方式带给观众的体验感是难以用语言、文字描述的，也是其他类型影像民族志难以比拟的。国内这方面的探索已经开始了，雷建军主持的"中元节 VR 实验影像节日志"纪录片项目便采用 VR 技术将广东省梅县畲江镇客家人过中元节的气氛、仪式过程和节日习俗等全景式记录和呈现出来，让观众足不出户便能参与畲江镇客家人过中元节的过程，感受节日气氛，感知节日文化。[①] 现在 VR 记录还有很多技术性问题有待解决，但随着高新影像技术和 VR 技术平台的发展，也许在不久的将来沉浸交互式影像民族志会成为民族志影像的主要发展方向之一，云南民族志影像工作者在虚拟现实影像方面也应尝试迈出探索性步伐。

感官影像民族志：文化在一定程度上可以理解为人的内在思想观念、外显行为和身心感知的集合。影视人类学以往的研究更多地关注语言、仪式、习俗、生活方式等可视听化的文化现象，而对味觉、嗅觉、触觉、氛围、情

---

① 参见赵鑫《中国文化人类学纪录片创作理念的嬗变》，华中科技大学出版社 2022 年版，第304 页。

绪等感知性的文化疏于探索。当代影视人类学家大卫·马杜格指出：人类学家已经注意到过去人类学文本的局限，影像则有助于他们将研究兴趣扩展到记忆、情绪、感应、世界和延续、空间的使用、人格的塑造、性别、姿势和姿态、社会互动的复杂、情绪环境的生成、对社会的孤独感、建立自我、童年及生命其他阶段的定义，以及更多精巧而创意的文化层面。①这无疑强调了影像在研究人类知觉方面的可能性和重要性。在传统人类学研究中，人的这类感觉经验通常被认为具有较强主观性而被排除于人类学研究之外。然而自 20 世纪 80 年代以来，西方学者逐渐把感官系统的知觉纳入人类学研究中，由此兴起了"感觉人类学"（也称"感官人类学"）的研究。影视人类学家莎拉·平克强调了感官体验在科学研究中的作用，她在其所倡导的"感觉民族志"中指出，感觉民族志并不是去生产一个对现实的客观的或真实的说明，而是基于民族学学者自身经验对有关社会、文化和个体的知识的过程的创造和表征。②感官人类学研究注重体验、感知和知行等多重感官的集合，开启了文化研究的亲身体验模式。感官民族志纪录片尝试从传统的身体"观"转向身体"感"。拍摄者不仅仅是传统第三视角的观察者，更是置身其中的感受者，旨在不断打破传统民族志纪录片的边界。③另外，感觉在民族志电影中具有表征情感经验的潜力已被民族志创作者们认知并运用，外国学者早已开始了相关研究，如德国学者芭芭拉·艾菲对秘鲁亚马孙区域的卡什纳华印第安人的独特的感知观念和视觉体验进行了研究，提供了阐释卡什纳华印第安人

---

① 参见［澳］大卫·马杜格《迈向跨文化电影：大卫·马杜格的影像实践》，李惠芳等译，台北麦田出版社 2006 年版，第 93 页。

② 参见徐菡《电影、媒介、感觉：试论当代西方影视人类学的转向与发展》，《思想战线》2013 年第 2 期。

③ 参见陈婉乔《感官民族志：超越主客体的感官唤醒——人类学纪录片的边界重塑》，《世界电影》2022 年第 1 期。

图案艺术的新路径。国内关于感觉和知觉的研究其实在表现型民族志影片中已有了一定的探索，表现型影像民族志注重通过镜头、光线和音效的处理与应用，以影像画面的综合性意境营造来调动人的知觉系统，激发观者共鸣从而增进对文化的理解。此外，一些民族志影片的仪式活动场景内容也能建构起仪式的特殊氛围，可能让观者感知并受感染。近些年，我国的民族影像工作者在感官影像民族志的理论与实践方面积极探索，在中国节日影像民族志项目实践中就有作者"拿来"感官人类学的现象学理念而又兼采传统方法精粹，更运用了中国诗学的"意境"方法，探索、建构着综合型的、有中国特色的感官人类学影像民族志路径。① 云南具有丰富的民族节日文化资源，在节日文化的"感官"表现方面还有很大的探索空间。更引人注意的是，云南少数民族多，不同族群感知世界的方式存在差异，对气味、声音、光线、颜色，甚至时间等的感知也不尽相同；族群中的传统文化精英如摩匹、呗玛、董萨、巫师、达巴等在现实生活中一直充当着族人与自然和神灵沟通的角色，这些特定人群也有着特殊的感知能力。上述具有强烈"感官"的文化现象也需关注并创新影像表现形式，而云南影像民族志很少涉及这方面的内容。当然这样的研究本身就极具难度，若还需影像的画面、声音、色调等配合来传递出不同的感受和意图显然更是难上加难。然而知觉作为人类文化的一部分，云南民族影像创作者也应将其纳入研究的视野并进行尝试。

先锋性质的实验影像：实验是推动创新发展的最为重要的力量之一，民族影像的革新通常源于先锋性质实验影像的发展。影视人类学家们也在不断探索影片表达的新路径，以主位研究的苗族影片《仙娘》被称为"自传式民

---

① 参见张译丹《影视人类学的感官转向与策略更革——以中国节日影像志为中心的探讨》，《北京电影学院学报》2021 年第 7 期。

族志动画"，全篇用动画编织了一个记忆与想象的空间世界，将已消逝的隐秘现象鲜活地呈现出来。以客位研究的彝族影片《毕摩纪》是一部民族志交互式纪录片，这部基于互联网网页设计的影片具有大量的超文本链接，使观看形式具有开放性和个性化特征。《金翼山谷的冬至》是一部学术性纪录片，全片采用 4K 摄影机拍摄，使用了新媒体直播技术。且在讲解冬至的孝道传说"猿母与孝子"时还使用闽剧演绎的方法进行影像化处理等。这些就是基于新技术的实验性作品。① 另外，《家庭会议》《蜻蜓之眼》是颇具实验性质的影片。顾雪的《家庭会议》拍摄于 2017 年，拍摄对象是河南洛阳一户普通的人家，家中"五姨"生病，在重症监护室，生死未卜，她的命运要靠家庭会议来决定。关于如何处理五姨患病问题，坚持还是放弃，是让她回老家，是转到普通病房，还是继续在 ICU 病房，家庭会议中大家争论不断。导演采取长镜头全程记录，一镜到底、一刀未剪，把中国家庭关系、家庭中的权力结构和话语体系展现出来。这种有关亲情、伦理、对话的影像探讨就是介于民族志影像和心理学之间的实验影像。该片在 2020 年入围第 42 届法国真实电影节。徐冰的《蜻蜓之眼》于 2018 年开始制作，导演从影像叙事逻辑出发，从几十万小时的监控影像中精心挑选素材、剪辑，最终形成了一部没有摄影师和演员，却又由真实人物和事件构成的故事片，讲述了女孩蜻蜓与技术男柯凡的奇异爱情故事。影片中的一切都是真实世界的"截屏"，本无任何关系的影像通过导演的叙事而具有了故事情节和某种内在逻辑，它为影像的虚构与真实提供了另一种视角，这也蕴含着导演对大数据时代人类处境的反思。这两个例子或许过于典型，但他们的实验性精神以及创作的实验性影片在一定程度上无疑也能为云南民族影像的摄制提供启迪。回顾影像历史，技术在影

---

① 参见龚诗尧《新媒体时代人类学纪录片的叙事特征》，《民族文学研究》2022 年第 4 期。

视人类学发展中起着重要的作用，正是一次次新技术的融入与应用促进了人类学片新范式和新理念的产生，为此，我们要对新技术保持开放且中立的态度，尝试在学科实践中应用新技术，探索影视人类学影像书写的新形式。

第三节　云南影像民族志实践的原则

一、学科属性的赋予

影像民族志是影视人类学的学术文本表达，肩负着为整体人类学提供影像研究路径的宏观使命，其内容涉及人类精神文明和物质文明的方方面面。影像民族志也并非只做现实世界的表层化记录，更要做深层的理性思辨，力图观照人类的现实状况和生存处境、探索人类精神，并在促进人类社会发展方面显示出一定的思考深度和思想光辉。"在当代学科发展进程中，亦逐渐从一种注重'证据与规范'的工具性学科，演变为强调学科主体性，并带有强烈人文主义色彩的人类学分支学科。"[1]影视人类学的学科主体性任务就是要对真实的多样化的社会文化事象进行客观记录，既有对文化现象的复制、再现等解释说明性记录，更有深入挖掘、探寻、重构文化内涵的思考性记录。记录活动最终以民族志影片的形式呈现，民族志影片要提供多层次、全方位、立体化的视角，以达到文化内核的"真实"。当然，真实并非按统一标准衡量的绝对概念，人们对真实的理解都不可避免地带有一定的主观性，绝对的真

---

[1]　朱靖江：《边界与融合：论影视人类学与艺术人类学的学科关系》，《民族艺术》2016年第2期。

实是不存在的，因此民族志影像要达到绝对真实是不可能的。尽管如此，坚持真相并尽量接近真实却是可能的。从影视人类学学科属性出发，民族志影像不论形式和风格如何，基于客观文化事实的"真实"记录是其必须遵循的准则，可从两个层面来理解。

一个层面是影像民族志记录主体内容，包含了人类社会的一切文化现象。既要关注传统影视人类学的研究领域，更要关注当下及新生的文化现象。随着现代化进程的推进，社会面貌时刻发生着变化。时与事相对应，时过境迁，民族影像工作者们及时记录当时当下事象是非常必要的。在农村，改造、城镇化、美丽乡村建设，以及穿越农村的高速公路、铁路的修建等正在使农村样貌发生改变。社会在发展，农民的生活方式亦随之改变，传统的乡村文化正在经历考验。在城市，改扩建工程、拔地而起的高楼，以及快速新型交通网络的修建等改变着城市的样貌以及人们的生活方式，城市生活节奏快，人员流动性大，文化形式多样但相对脆弱易变。乡村和城市的外在表象之下还对应着人的精神世界问题。在社会进程中，传统文化的原生空间和场域都发生不同程度的改变，一些文化随之悄然消失，一些文化则调适而获得新生。同时，社会发展也促成了新生文化现象的出现。在新的社会语境下，文化消失、重构、调适、新生等现象并存，而且这些外在表象还一直处于变动状态。文化是人类生存智慧的体现，时代发展中的多样态文化现象值得被记录。民族志影片应在记录人类文明，维护文化的多样性，强化文化自觉意识和民族认同方面发挥着作用。目前影视人类学的研究视角和内容大部分仍集中于民族文化或边缘群体，镜头对主流文化、城市文化、新兴文化的记录并不多，以记录文化为己任的影视人类学又岂能忽视这些文化呢？因此，传统的、现代的、主流的、边缘的、城市的、农村的、精神的、物质的、现存的、正在消失或已经消亡的真实文化现象都应是影视人类学关注与记录的内容。

　　另一个层面是影像民族志对文化事象记录的客观真实性。真实性既是人类学影片与其他影片的重要区别，也是民族志影片应坚守的准则和价值体现。但必须要强调的是对"真实"的理解，真实并非局限于人们日常生活中存在的诸如建筑、器物、舞蹈、服饰、食物、工具、劳作等这类实际事物的常识性、经验性判断，而且人们对"真实"的认知也并非一成不变。《影视人类学概论》曾指出科学真实性是拍摄人类学片所要遵循的根本原则，具体是要遵守人物真实、事件真实、场景真实和内涵真实 4 个准则，真实性是科学性的基础。但随着人类学学科理论的不断完善，学界对影像民族志真实性的认知和接纳也有所突破，如虚构式影像民族志也可以建构并揭示真实已得到了部分学者的认同。虚构式影像民族志虽然不"直接记录"现实世界物质存在的文化现象，但也并不限定它对某些真实文化事象、抽象民族文化观念及心理等的真实表达，只是在影像表达的过程中一定要尊重并表现真实文化内容，而不能去臆想、杜撰或编造文化事象。值得重视的是无论民族志影片秉承何种理念，采取何种拍摄方法，必须面对现实场景，这是人们认定的所谓"真实"产生的前提，而且在实际拍摄中应尊重文化并坚守田野伦理准则。

　　众所周知，影视人类学是基于人类学与影视相关技术融合而发展起来的学科，民族志影片为其产物。在真实性的相关论争中，民族志影片一直无法回避科学性/真实性与艺术性问题，真实性是影片表现内容的核心要求，艺术性则是影片表现内容的观赏性体现，为此民族志影片也需要在真实性和艺术性之间达至某种平衡。另外，影像民族志作为社会历史文化的一种载体，与其他历史文本一样具有史料的价值。新历史主义观提出了"文本的历史性"和"历史的文本性"说法，"文本的历史性"是指一切的文本都具有特定的文化性和特定的社会性。"历史的文本性"则包含两层含义：一指如果没有保存下来的文本，我们就无法了解一个社会真正、完整的过去；二指这些文本在转变成"文献",成为历史学家撰写历史的基础的时候,它们本身将再次充当文本阐释的媒介。①影像民族志是对民族社会历史文化的呈现与表达,如果用此观点来看民族志影像,就会发现民族志影像也深刻地展示着"文本的历史性"和"历史的文本性"特征。民族志影像反映的是民族文化内容,其中的场景、人物、事件等均是摄影机拍摄时现实物质世界真实存在或发生的事物,呈现出不同的时代特征和社会风貌,影像文本中的地理自然环境、村落结构、建筑样式和风格、劳作、服饰、饮食、仪式、节庆场景等具象性事物也强化了观者对民族社会文化的统一性认知,弱化了文字文本的个体主观想象性,深刻体现了影像"文本的历史性"。民族志影像对社会历史文化进行客观记录,保存下曾经存在或发生的事象,让我们"看见"逝去的历史和文化,让我们了解过去是什么样或是发生了什么。此外,民族志影像并不只是真实场景影像片段的简单堆砌,它是创作者遵守学科理论范式而制作的影像,蕴含作者的文化立场和观点,是具有科学性学理性的影像。虽然影像题材和体裁对表达愿望的满足和意义逐渐淡化,但是呈现现实、给现实提供参照和批评(审美意义)的价值愈益凸显,这决定了这种特定影像文本具备不可替代、不可置换的"文献性"②,它能为观看者提供某种文化形态的凭据和观察样本。当民族志影像成为后人研究的"文献"时,影像本身也就再次成为并充当了影像文本解释的媒介,这恰好就体现出了影像的"历史的文本性"。

上述讨论的只是当前影视人类学的学科属性。当然,影视人类学也不会停止前进的脚步,其学科内涵、学科属性等都会随时代的变迁而不断充实、完善、丰富与发展。

---

① 参见盛宁《人文困惑与反思:西方后现代主义思潮批判》,生活·读书·新知三联书店1997年版,第156页。

② 刘湘晨:《镜头背后的学术伦理——影视人类学的规定性》,《民间文化论坛》2021年第6期。

二、个人风格的强调

　　"纪录片通过对现实世界指示性的记录，'再现'现实；它以一个独特的视角或观点完成某种记录，从而'表现'现实世界。'再现'的事物成为'表现'论点或观点的证据。"[①] 可见，纪录片虽以客观世界事实和逻辑为基础，但它的创作离不开作者主观精神世界的参与和介入，影片是作者建构的结果，体现着创作者的主观能动性。民族志影片作为纪录片的一种也具有建构性特征，建构性为创作者个体风格的形成提供了可能性。"风格是一个作家作品成熟的标志，意指从其系列作品中我们能发现和验证带有作家特殊气息、气质的东西——它可以是表达形式的一贯性，也可以是题材选择的偏向性，甚至可以是人物塑造的特殊性等等。"[②] 同样，民族志影像作品也具有创作者个人风格，体现为创作者可能在构图方式、视角选择、景别运用、光源、色彩、声音、画面质感、氛围营造、剪辑，以及影片节奏等方面都有着自己独特的偏好和处理方式，而且，民族志影片的创作者总是基于自己的教育背景、知识架构、生活经历、社会阅历，以及自身体验和感悟，甚至是年龄和个人性格等来选择主题进行拍摄的，这些因素综合作用于影片之上，最终造就了影片的个人风格。固然，民族志影片以真实为基础和准则，创作者捍卫和追求真实的价值诉求是确保纪录片真实性的重要因素之一，但从纪录片的实践历程来看，学界已经承认了纪录片呈现的真实是认识论意义和美学意义上的真实，它所反映的真实必然不可避免地带着创作者的主观意识和情感，这种真实并不是也不可能是纯粹客观、绝对的真实。这无疑是对创作者的主观能动性进

---

① 〔美〕比尔·尼科尔斯：《纪录片与其他电影类型的区别》，李枚涓等译，载《世界电影》2004年第5期。

② 刘广宇、焦虎三：《口述与呈现，叙事与风格——尔苏藏族"环山鸡节"影像志创作后记》，《民族艺术研究》2014年第6期。

行了认可和肯定，不同的创作者在影像创作中都贯穿着自身的道德立场、价值判断和审美选择等，对任何一个事件、场景和细节都会有不同理解及不同形式的影像呈现方式，这种主观性在影片中也体现为影片的个人风格。

民族志影片是兼具科学性和艺术性的人类学影片，其整个摄制活动均受科学性和艺术性两条标准的制约。在多人合作的摄制中，因个人的认知和风格不一，在各方力量的博弈之下，影片的风格可能会呈现杂糅的状态，这其实也是一种风格。随着技术的进步，拍摄设备越发轻便且性能更佳，影片摄制所需的人员越来越少，这为影片个人独立艺术风格的呈现提供了更多可能性。值得注意的是影视人类学自产生之时就与影视技术交织于一起，而且影像民族志与传统影视领域的交集较多，"相比文化人类学者，影视文化人类学者面临着来自大众媒介的强力牵引，容易迷失学术追求，强调独立的学术人格和学者主体性对人类学电影作者来说就非常重要了"①。这也即是说影像民族志创作者在使用影像表达民族文化时要坚持主体性和学术旨趣。对于一名熟练掌握影视表达的人类学家而言，可以充分地利用影视手法对民族文化进行深入的观察和微观描写，全息式地呈现文化行为和信息。但不论影像民族志的个人风格如何，要强调的是它反映和记录的必须是自然状态下生活原本真实的模样，不容许个人主观干预、假定和臆造，这是拍摄须遵从的原则。影视人类学虽然是人类学的分支，但与人类学的普遍性概念保持"距离是人类学电影确立自身的逻辑要求……怀抱认识异质文化、文化自觉、跨文化的职志，直面具体田野，角逐具体性，是人类学电影确立自身独立学术场域的必由之路"②。直面田野和角逐具体性实际上也是对民族影像工作者提出的个人

---

① 庞涛：《"学者电影"的主张与逻辑》，《西南民族大学学报（人文社会科学版）》2015年第1期。

② 鲍江：《"具体性"是人类学电影的基石》，《中国社会科学报》2014年9月12日。

风格化建议路径。

云南民族志影像个人风格和文化品格的提升要倚靠创作者自身素质的提高。创作者是民族志影像创作的关键主体，其文化素养、审美意识、价值观念以及创作能力和水平都体现于作品中。影像民族志个人风格的确立与创作者性情禀赋、成长经历、教育背景以及精神世界等密切相关，也具有一定时代和社会文化的烙印。拍摄活动是拍摄者和拍摄对象间互动的一个过程，与他者交流的能力和方式也在一定程度上影响着影像内容的呈现。摄制者擅用的机位和镜头、后期素材的取舍、影视的编辑和呈现等，也使影像画面打上了制作者的主观意识印迹。这些同样也会在影片中体现为个人风格。另外，影像民族志的风格也与创作者文化立场相关，客观记录的民族志影片要求作者以客观的立场和态度对民族文化进行审视和辨别，避免创作中出现主观化和片面化倾向，不能对之报以赞颂或批判的强烈情感，或者进行理想化诠释。除上述因素之外，个人风格的形成与呈现还与个人的坚守有关，这也是纪录片的精神的体现。一部优秀的影片必然是创作者长期积累积淀的结果。民族志影片的拍摄是一个耐心跟踪、观察、分析和思辨的过程，要有坚强意志和毅力。如《甲次卓玛与她的母系大家庭》，作者历经10余年的观察拍摄制作，才使作品有了深刻的内涵和魅力。此外，影片风格的呈现也彰显着创作者的学识和责任担当，如果创作者只是浮于表面地摄取现实生活中的场景现象，不去深入挖掘民族文化内涵，会使作品肤浅化和表面化，很难使影像民族志拥有较高的文化品格和水准。比如，同样是反映云南少数民族文化的影片，不同的纪录片文化格调和层次上存在差别，有的创作者在内容的选择方面具有猎奇的倾向，有的则以居高临下的姿态审视少数民族文化。可见，民族影像工作者只有全方位地不断提升自身素质，才能创作出更具风格和个性的高品质影像民族志作品。

三、多主体参与的多样化摄制

在云南民族影像的摄制中，高校和研究机构学者、相关文化部门、影视制作机构、公益组织和民间团体等都有所参与。虽制作出了一批有影响力的民族志影片，但整体来看人们参与云南民族影像摄制的深度和广度还不够。从摄制主体来看，影像民族志的摄制者可能是一个团队，可能是几人，也可能只是一人。若为团队，则团队可能包括导演、摄影师、录音师、剪辑师等人，在拍摄中团队成员可能会因为文化理解的差异而在拍摄思路、拍摄角度，以及如何呈现拍摄对象等方面存在争议。几个人合作同样也存在类似的情况。通常来说只有成员团结协作才能摄制出优秀的影片。个人兼导演、摄影师、剪辑师等完成所有工作的情况在当前的影像民族志的制作中非常普遍，这种情况下影片质量与个人素养密切相关。考察目前影像主体个人素养，影像实践参与主体人群存在理论与实践脱节、影像素养参差不齐的问题，专业影视工作者重视技术和艺术性效果，缺乏对民族文化的深入了解和对人类学理论的把握。专家学者对影像工具的使用和影视理论的应用又不甚熟悉，具备人类学专业知识且娴熟使用影像工具的学者并不多见。即便如此，创作者在摄制过程中也可能无法彻底消除摄影机的影响或者难以真正从被拍摄民族的主位视角拍摄；村民或个人作为民族文化持有人虽有主位视角，但在人类学知识和影像技能方面却又有所欠缺。对民族影像的创作而言，个人理论学识和能力毕竟有局限性，合作才能开拓视野。合作可以体现在多方面，如专家学者间的合作。掌握人类学知识的工作者和影像技术高超的影视工作者合作，可促进二者在知识结构和专业技能方面互补，使影片更具科学性和艺术性。摄制者与本民族成员合作时应尽可能地吸收当地本民族学者和村民参加，采用参与式观察和合作的方法共同筹划影片摄制。本民族的学者是最具优势的，他们深入了解本地区和本民族文化，具有本民族的文化意识和思维，对民族文化事象的变化捕捉极为敏锐，能感知并注意到民俗、习惯、思维变化的细微之处，深入民族文化的内核。村民作为置身于文化中的人，虽然不具有民族学方面的知识，但是也有着独特的文化视角。这样的方式使影片同时具有主客位视角和内外部视角。另外，当前影像及相关技术和设备的普及应用为普通民众的影像创作提供了便利和更多可能性，在此应提高大众的媒介素养，强化纪录片观念，引导更多的民众能以理性担当的态度参与到云南民族志生产中来。事实上，不论是团队还是个人，不论有着怎样的身份和视角，拍摄中总是不可避免地存在不同的问题，但这显然不是限制其参与民族影像摄制的理由。促进云南影像民族志的发展首先要倡导多主体的协同参与，进行多样化摄制，通过拍摄实践来促成拍摄主体的合作与成长。

高校和研究机构的专家学者在开展云南民族影像相关研究及摄制工作时主要依靠所在机构资助或通过项目申请得到相关部门的支持，这样的经费非常有限。文化传媒及影视机构在摄制民族影像时会更注重投入与产出的比率，因此也不会投入过多的精力和资金制作相对小众的民族志影片。独立纪录片人和民间个人摄制的云南民族志影片数量也不多，毕竟个人资金更有限。影像民族志的制作需要耗费大量的人力和资金，各方应多措并举、共同努力为云南民族文化的影像化保存与发展提供更多资金支持。

虽然云南影像民族志的实践主体多样，有专家学者、政府相关机构人员、影视工作者、村民以及个人等，但主要还是以云南本土专家学者为主，其他主体参与程度有限。云南本土专家学者在民族影像的实践时应吸纳和鼓励更多的省内外专家学者和普通民众参与，加强团队间的合作、加强地域间的合作、加强学科间的合作，拍摄不同类型和题材的民族志影片，让观众能有所选择并通过影片寻找到各自关心的东西，最终形成多主体积极参与并深化交流与合作的局面，以合力形式促进云南民族影像的发展。

第四节　云南影像民族志的传播

影像民族志作品一旦完成就有自身的表意系统和意义所指，观众对影片意义的理解只有通过观影过程才能得以实现。民族志影片本来就是小众影片，其自身受众群体较小，只有扩大民族志影片传播的范围才能让更多的人有机会关注民族文化进而介入民族文化的传承与保护实践中。那么，什么是传播？简单地说传播可理解为信息的交换和交流。在传播学的研究领域中，学者们根据传播范围的不同把传播分为组织传播、人际传播和大众传播三种类型，其中大众传播的范围最广。大众传播就是信息通过电视、电影、报刊、网络等大众传播媒介向社会群体传递的过程。美国传播学家拉斯韦尔在《社会传播的结构与功能》中提出了著名的传播五要素，即谁（who）→说什么（says what）→通过什么渠道（in which channel）→对谁（to whom）→取得什么效果（with what effect），也被称为"5w"模式①，完整的传播过程包括了传播者、传播内容、传播媒介、传播受众和传播效果五要素，这对传播学的研究范围和基本内容产生了深远的影响。借鉴其对传播要素的归纳，民族志影片的传播就是影片通过电影、电视、手机等媒介向大众传递民族文化信息的过程，使之为更多大众所接受。影像民族志传播过程中有着民族文化信息的传递、接受和反馈环节，构成了完整的传播过程。如何扩大民族影像传播交流范围并取得较好的传播效果，经典的"5w"模式仍能为其提供借鉴思路，我们也可从传播者、影片内容、传播渠道、传播对象和传播效果方面进行思考。

---

① 参见邵培仁《传播学》，高等教育出版社 2000 年版，第 14 页。

（一）传播者

创作者无疑就是影片的源头传播者。正如前所述要倡导多元化的主体积极参与影像民族志的摄制。在民族影像的传播中，影像创作者对传播的发生起着重要作用，决定着民族文化主体内容及整体表现形式，创作者的思想意识、价值观念、思维模式、文化立场和审美偏好等都会在影片中体现出来并对观众产生潜在的影响，也在一定程度上影响着传播的最终效果。因此传播内容源头的创作者非常关键，他应事先考虑如何发现、发掘和整理民族文化，通过何种方式表现民族文化，采用什么样的影片结构、叙事手法及风格，以及如何组织安排影像内容等激发观众了解认知民族文化的兴趣。也就是说创作者需要不断提高整体水平，既要有影视人类学及相关学科基础理论的提升，又要有个人风格的强调，还要有田野经验和影片拍摄、剪辑及制作水平，更要有学科间交流与借鉴，从源头上提高民族志影片的质量和水准。此外，在影像民族志的生产流通过程中也存在制播分离的情况，负责影片传播的组织或个人秉持的理念，掌握的媒介资源，以及运作能力和手段等也影响着民族影像的传播。

（二）影片内容

影片具体内容即传播的主要内容，也就是观众看到听到了什么，这是影像民族志传播的核心内容和要素。创作者所关注并呈现于影片中的各类文化事象具体形态是民族影像传播的外在内容，具体文化事象蕴含的丰富内涵和精神要义是民族影像传播的内在内容。文化事象是文化自身传承与发展的基点，是作者和观众交流对话的共识性基础信息，是促进跨文化沟通交流的背景信息。文化事象涉及民族文化系统中的一切文化现象，且在时代变迁中可能以显性或隐性的方式现于日常生活中，其内在的文化精神也如此。影片内容要客观科学地呈现丰富多样且处于动态发展变化中的文化现象和价值观，而且要尽量地去挖掘、呈现并诠释不同文化的要义和核心，更要在社会变迁及时代思潮的转向中去探寻民族文化当下"变"与"不变"的真谛，把丰富多彩的民族文化和人类文化多样性具体样貌呈现出来。

（三）传播渠道

信息的传播需要载体，传播媒介就是影像内容的载体及渠道。影像民族志的载体已经历了早期的黑白胶片、彩色胶片、模拟信号录像带、数字信号录像带、DVD光盘、移动硬盘、U盘、网络信息等方式，播放器材也从笨重的专业设备转为小巧常见的普通智能设备，如电脑、iPad、智能手机等。在如今的多元化媒介生态环境中，传播媒介以及传播渠道也引起人们关注和重视，传播媒介和渠道有时是一致的，媒介即为渠道。民族志影片的传播渠道主要是电视、电影、网络及自媒体等媒介，除此之外更要借助新兴媒体拓宽传播渠道，要充分利用网络的多媒体技术，搭建起民族志影片网站平台，运用多元化信息表现形式，为观者提供丰富的影片资源。当前智能手机和移动互联网的普及，微博、微信、短视频和App客户端的普遍应用无疑增加了民族志影片的传播渠道，媒介渠道的拓展相当于拓展了民族影像的生存空间。在信息化时代，云南民族影像更要注重与影像传播网络平台以及主流视频网站的合作等，如可借助央视网、中国纪录片网、中国电视纪录片网等网站，爱奇艺、优酷、腾讯等主流视频网站，微博、微信、各类App平台站展播民族志影片，通过传播渠道的拓展来扩大或加速影像民族志的传播。

（四）传播对象和传播效果

传播对象即受众，也就是影像民族志是给谁看的。传播的效果就是影片对观看者产生的影响，可直观理解为受众观影后的感受和收获。影像民族志影片作为文化传承与传播交流的重要工具和手段应该由本民族文化持有者及更广泛的他者进行观看，由此才能扩大文化的影响力。而实际情况并非如此，早期的影像民族志因具有明确的政治意图，也鉴于时代条件的限制，影片受众局限于政府相关机构、相关人员和学者们，本民族文化群体却没有机会看，影片的传播范围较小，产生的影响非常有限。自20世纪八九十年代起，影像民族志的观影群体基本上就是学者和相关影视工作者，其实大多也就是民族影像的摄制者们，文化持有人和他者观影的机会并不多，影片只是在一定的圈子内传播，传播范围仍然有限。虽然现在民族志影片交流传播活动明显比以前增多，但影展及观影也只常见于学术机构、电影节、影像论坛、学术研讨会等场合，虽然一些博物馆和文化机构也会展映一些民族志影片，但观影群体及人数仍相当有限，摄制群体作为民族影像的主要关注者这样的情形至今也一直未见明显改变。但在各类活动期间播放影片也逐渐成为常态，这些活动举办地（通常为城市）的普通的民众也有了更多观看影片的机会，而作为拍摄对象的少数民族群体却鲜有机会现场观看影片并参加交流。总体来说民族影像的传播范围相对小、受众有限，效果也不太理想。但我们也不应悲观，互联网、科技的进步和社会的发展正在为民族影像的传播提供更多的可能性。而且影像民族志作为文化的功能性产品，在当今社会具有的功能越发多元化，功能价值的转换必然也会促使对影片需求的增加，民族志影片也成了文化消费品。但只有增加影像民族志的传播途径、扩大传播范围和受众，让更多的民族文化持有者和广泛他者关注民族影像，才能充分发挥民族影像对文化传承与保护的作用，实现时代背景下民族影像的多元价值诉求。

目前，相关学术交流及影展是学界影像民族志传播的重要渠道，鉴于此，扩大公共放映空间和吸引受众无疑有益于提高社会大众对民族影像的认知与参与，博物馆展示、校园展示和民族地区展播即为一种有效的方式。

博物馆展示：已有学者较早地提出了人类学博物馆在影像制作和保存方面的重要作用。博物馆展示影像的做法由来已久，早在20世纪初期，法国银行家阿尔贝·卡恩就试图建立一个视域遍及全球的"影像档案"。日本国立民族学博物馆早在 1979 年就收藏了几千部人类学电影。博物馆展示的具体做法通常是在博物馆内设立一个或多个放映室，循环播放与该馆展出主题相关的纪录片，以更好地展示、解释文化现象。欧洲、北美等地的博物馆也将民族志影片广泛运用于各种讲座和公众教育活动中。博物馆展示的方式通过举行影展及相关活动扩大影片的传播范围，在提高公众对不同文化的认知和理解以及正确对待民族文化方面都能发挥积极的作用。

校园展示：高校是青年人才获取知识、拓宽视野并进行自我提升的殿堂。很多高校都有影视及人类学等相关专业，在学科范围内进行影像民族志的观摩和探讨已经是常态，只是影像民族志影片观摩和探讨更多地局限于人类学、影视学、社会学等学科专业。其实除了常规的专业课程学习交流之外，还可以通过周末影院、校园电影周、社团组织进行民族志影片的宣传和展映，扩大观影群体，吸引更多高校青年学子观影和参与交流，促进青年一代增加对民族文化的了解，进而激发其民族文化传承与保护意识。

民族地区展播：民族文化的传承与发展离不开文化持有人的参与，脱离当地文化语境的民族文化传承与保护必定是空谈。因此让文化持有者观看影片显得尤为重要，这也是目前民族影像传承与传播中较为欠缺和遗憾的。民族志电影的表现内容为当地的民族文化，作为民族文化的持有者，可能会因长久置身于本民族文化而不自知地忽视一些文化现象，影片在田野点和社区内展播和回放可让本族成员以不同于日常的视角去"观看"到自己的文化，通过"影像之镜"进行自观自省。影像民族志是民族共识性文化的凝聚性展示，也是民族智慧和民族精神的集中体现，影像民族志具有一定的教化作用，而且能增强民族的集体认同感。让影像民族志在民族地区的展播为当地民众搭建本民族文化内部沟通交流的桥梁，促进并加深对本民族文化的理解、认知、认同与反思，把民族文化的传承与发展转变为日常的自觉行为。

在当前的数字化、信息化、网络化时代，影像民族志不仅要在现实世界中扩大传播，更要重视在网络世界的传播。在网络传播中，经典"5w 模式"中的五个要素在因特网传播特性的塑造中已变成了五个"wever"要素（whoever, whenever, wherever, whatever, whomever），也就是说因特网创造了一种任何人在任何地点、任何时间，与其他任何人进行任何形式的信息交流的形式。[①] 网络传播具有单点、多点及复合的信息传播模式，它改变着传播主体人群结构及其间的关系，民族志影片的创作者及发行人等（传播者）和观众（受众）在这个公共的共享信息平台上处于平等地位，双向互动更加容易，受众这一传统的信息接收者能迅速地转变为信息的传播者，由此，传播主体会更加多元化，民族文化信息将会更快地在更大范围传播。当前，随着网络及各种技术的发展和 5G 时代的到来，以及"快手""抖音"等移动短视频 App 的迅速发展，影像的制作、分享和传播更加触手可及，如此，任何有意愿的民众既可随意地通过智能手机、移动终端等设备观看民族志影片，也可与其他观看者进行即时在线交流并深入探讨，而且还能将民族志影片进行分享等，传播者和受众之间多层面的互动可以加深话题的探讨与调研，甚至由受众来决定将来的拍摄话题也不无可能，民族影像传播与互动将会呈现新的路径和方式。借助于网络，民族志影片的传播可跨越时间与空间、地域与国界、族群与民族的界限，网络将来可能会成为影像民族志传播的主阵地。这也将为民族影像的发展与传播提供新的契机，影像民族志的发展未来可期。

---

① 参见杨伯淑主编《因特网与社会：论网络对当代西方社会及国际传播的影响》，华中科技大学出版社 2002 年版，第 240 页。

结　语
从媒介即信息到媒介即生活

20 世纪 60 年代，加拿大传播学著名学者麦克卢汉在《理解媒介：人体的延伸》一书中首次提出了"媒介即信息"的言论，引起了学界的广泛讨论。媒介作为信息的载体，其影响之大甚至超过了传播内容本身，媒介的功能和价值并不完全在于其承载和传递的具体内容与信息，也在于对人类生存状态的塑造与改变，"正是媒介塑造和控制着人际联系与行动的尺度及方式"[①]，媒介本身可以为社会带来某种信息并引发社会变革。在人类社会中，语言、文字长期居于统治和主导地位，印刷术的出现才使信息传播的范围得以扩大，照相机、摄影机、电报、广播、电影、电视、计算机及网络的发明迅速改变了信息传播方式和效果，同时也改变着人类的认知方式和行为模式。媒介即信息的论述使以往媒介研究的焦点从内容转到对媒介自身的关注，但这并不意味着媒介内容不重要，只不过是媒介被置于更加显著之地位。持媒介即信息观点的人认为媒介内容只能触及人的意识层面的思想观念和意识形态，具体媒介形式则可塑造人的潜意识层面的思维习惯和感知模式，这样的认知也并非绝对的"技术决定论"，只不过是强调了媒介对于社会和文化发展的重要性以及对人的可能性影响。"媒介即信息"的论断是麦克卢汉在当时社会背景下对媒介与社会发展关系的思辨，他已敏锐地洞见了媒介将会深刻影响并改变人类社会和人们的生活。

[①]　［加拿大］马歇尔·麦克卢汉：《理解媒介：人体的延伸》，载张国良主编《20 世纪传播学经典文本》，复旦大学出版社 2003 年版，第 375 页。

　　就民族文化发展而言，民族文化的传承与传播得益于媒介的发展也是有目共睹的。在依靠文字媒介的传播中，民族文化的传承与交流至少需要跨越语言文字识别和表达的巨大鸿沟，而且文化在调查、记录、书写、翻译、转译、理解的过程中本就不可避免地丢失大量信息，加上语言文字的区隔或障碍，民族文化的传承与传播效果有限。近代出现的照片、录音、录像等媒介也在不同程度地改变着文化的传承与传播方式，促进了社会与文化的发展。此后，影音媒介持续更迭发展，并在计算机、网络、多媒体及相关技术等的助力下发展成为功能性更强的综合性影视媒介，如网络视频、三维动画等，综合性影视媒介更是迅速扩大了文化交流与传播的范围，在对文化事象高度还原的声与像综合性影像场景中，人类已延续几千年的视觉经验却随即可发生作用，不需要严密的逻辑思维和推理，甚至完全不需要额外的说明或解释就能识别图像去理解其文化意义，语言、文字也不再是跨文化交流的障碍或必经之路。当然，媒介之间存在着先天性差异，不同媒介携带的信息量也完全不同，信息的呈现与信息的接受也有所差别。对于文字媒介，观者大多只能看到作者描述表达出来的有限信息或局部信息，观者对文字描述的文化观点和意义的理解也许和作者意图表现为较强的一致性或相关性。影音媒介对信息的存储和传播也存在着类似的情况，图片、录音和广播使用视觉或听觉系统传递民族文化信息，进一步突破了书面文字识别的障碍，文化场景信息也更为丰富，观者对影音的意义理解虽然可能会带有一定主观性，但在很大程度上可能与作者的意图较为接近。而综合性影视媒介则是一种全息式、携带更多文化信息的丰富场景，至少能调动观者视觉、听觉感官的参与，在其中任何一个画面观者可能会敏锐地察觉到自己感兴趣而作者却未曾留意的东西，在多个画面的差异性识别模式积累之下，最终观者可能得到一个与作者观点相似或相异的结论。另外，媒介也改变了文化传播的范围和速度。文本文字对文化的传承与传播受制于多种因素的影响，通常只能在一定的区域或特定的人群范围内进行有限的传播，传播速度缓慢且效果有限。广播、电视等影音媒介却可超越文字以及地域和空间的限制而把文化传承与传播活动扩大到国家地域范围。而基于网络的综合性影视媒介则能迅速地把各类文化相关事象置于人类社会的全球化舞台，把文化的传承与传播扩大到世界范围内。由此，我们也可以看出因时代技术因素导致的媒介信息携带量和传播范围确有差别。从当时的社会时代背景出发，麦克卢汉认为"媒介即为信息"的论断也是较为适宜的，突出强调了媒介在传播中的重要性。在现实社会中，随着技术的进步与发展，媒介对人类生活的影响和人们观点的塑造更是得到全面的验证，多媒体计算机、互联网、数字技术、虚拟技术等不断地拓展着媒介的功能和意义，使其潜移默化地改变着人类的行为方式和生存状态。众所周知，影像民族志的产生源于影像技术在学科中的应用，民族影像自产生之日便与媒介技术紧密相关，民族影像依托技术而发展，而技术媒介的变化同样也影响着民族影像的发展。

当前，我们已身处于媒介和影像构成的世界中，现代的传播媒介和影像已对社会生活产生了全方位的影响，特别是网络、智能手机、便携式移动终端的出现不仅为人们提供了现代通信工具，更极大地改变了人们的交往方式与行为习惯。如果先前我们还强调媒介携带信息的差异性和传播范围，现在情况却有所变化，20 世纪六七十年代稀缺的影音媒介如今已稀松平常，展现不同地域时空民族文化的影像比比皆是。如今，各种综合性影视媒介具备了足够大的信息存储量，网络的发展更是拓宽了影像传播的渠道和范围。在此背景下，我们虽然也还强调媒介的重要性，但似乎也没必要继续将之置于显著的位置了。如果说以前媒介主要是用于存储和传播信息，而现在媒介则是直接反映现实生活场景和信息，它本身就与人类的生活融为一体，已是人们日常生活的一部分。由此，可以理解为：媒介即生活。

媒介可以一种全息化的影像形式直接把现实生活搬上屏幕，监控可以随时观看特定现场正在发生的一切，相隔千山万水的亲朋好友可以视频通话，不在现场的勘察也可借助在场人的手机察看，虽然足不出户但仍可以踏遍世界观看直播的现实美景，可以通过虚拟现实完成具有真实体验感的参观和文化体验之旅，甚至有的虚拟参观还可以让人以现实生活中完全不可能的视角和距离进行细致、长时间的观摩。如果说以前通过媒介具体形态的选择可作为识别媒介使用者现实社会中身份、地位和角色等的一个依据，现在媒介形态选择对群体的区分性越来越弱化了，媒介似乎不再直接指向具体的媒体形态，而是具有了全部特定媒介功能的一个整体性事物。在全球网络化时代，媒介让我们"看到"万千的生活现场，"看到"他人的心路历程，"看到"丰富多样的文化场景，展现人类社会的复杂性和文化的多样性。媒介就是人的现实物质世界和内在精神世界的映照。可以说：媒介即生活。

如今媒介和影像已是人们生活中的常态，新的社会环境使影像生存与传播环境发生着变化。于影像而言，媒介、影视、网络和其他相关技术的发展使人们可实时随地产生、制造、交换、分享、消费影像，人们处于"看"与"被看"的影像洪流之中，街头广告、电视、电影、短视频、直播、录像、动漫、游戏、虚拟现实等各种虚幻的、真实的、杂糅的影像将我们裹挟于其中，影像营造的真实甚至比日常现实还让人觉得真实，社会对影像的深度沉浸和依赖已经到了一种空前的境地。影像对人类生活的普泛侵入影响必然会改变着人类生活方式、生存范式和精神交往形式，甚至使人们不是通过现实事物而是通过影像来认知、理解和解释世界万物。按照麦克卢汉媒介理论，影像技术也可被看作人类知觉器官的延伸，人可通过影像扩大对世界的理解、认知和感知。然而，在我们当前生活的世界中，影像和现实之间的界限正在不断地被消解，众多纷繁复杂的影像同时把人类置于现实化生存与虚拟化生存的两个并行世界中，一个现实世界中的弱者在虚拟世界可能拥有至高无上的权力，反之亦然。现实生活中有的人会沉迷于故事化虚构情景而混淆现实与虚构的真实，有的人也精心构建并维护着影像世界中的个人形象，构建的形象可能与现实人物形成强烈的反差，诸如此类等。影像媒介生存世界中现实与虚拟共存的特征不可避免地影响着人类的思维方式和生存方式，为此我们更需要在这两个世界中找寻人类生活的平衡点，避免因过度的影像依赖和沉浸而使人异化，需要一种影像来警醒人们，让人们能明辨现实、虚构及虚拟。目前，影视作品的商业化、娱乐化特征较为明显，很多影片在很大程度上缺乏对人类文化的深度关注。在各种类型的影像中，影像民族志的核心内容即文化，民族志影片能尽量客观地记录、还原、重现外在文化样貌，更能深入地揭示内在文化意义和真实的精神世界，也能采用虚构的手法来表现现实和真实。因此，具有"真实性"特征的民族志影片能够近距离地观照人类社会生活和文化现象，能够帮助人们摆脱虚拟影像的干扰和情景的幻想，建立起对现实的体验、感知和体认。同时，民族志影像志是兼具科学性与艺术学、真实性与客观性的影片，它在基于真实的基础上也并不排斥虚构，具有独立的学术价值诉求，它能成为人类现实与虚拟生活的连接点，能让人在现实与虚拟的过度化影像生存中寻求到某种平衡。作为有担当精神的民族志影像工作者应在新的时代浪潮中把握社会发展趋势，以高度的文化自觉和文化自信全面客观地把握"真实"社会文化样貌和民族精神，摄制更多优秀的影像民族志作品，为保存和传承人类文明做出应有的贡献。

参考文献

一、著作

1.〔美〕保罗·霍金斯主编:《影视人类学原理》,王筑生、杨慧、蔡家麒等译,云南大学出版社2001年版。

2.〔美〕比尔·尼科尔斯:《纪录片导论》(第2版),陈犀禾、刘宇清译,中国电影出版社2016年版。

3.〔美〕希拉·柯伦·伯纳德:《纪录片也要讲故事》(第2版),孙红云译,世界图书出版公司北京公司2011年版。

4.〔法〕安德烈·巴赞:《电影是什么?》,崔君衍译,文化艺术出版社2008年版。

5.〔德〕齐格弗里德·克拉考尔:《电影的本性——物质现实的复原》,邵牧君译,中国电影出版社1981年版。

6.〔澳〕大卫·马杜格:《迈向跨文化电影:大卫·马杜格的影像实践》,李惠芳等译,台北麦田出版社2006年版。

7.〔美〕保罗·拉比诺:《摩洛哥田野作业反思》,高丙中、康敏译,商务印书馆2008年版。

8.林惠祥:《文化人类学》,商务印书馆1991年版。

9.费孝通:《乡土中国》,北京大学出版社2012年版。

10.庄孔韶主编:《人类学概论》,中国人民大学出版社2006年版。

11. 邓启耀编著:《视觉人类学导论》,中山大学出版社 2013 年版。

12. 王海龙:《视觉人类学》,上海文艺出版社 2007 年版。

13. 吕新雨:《纪录中国:当代中国新纪录运动》,生活·读书·新知三联书店 2003 年版。

14. 方方:《中国纪录片发展史》,中国戏剧出版社 2003 年版。

15. 单万里:《中国纪录电影史》,中国电影出版社 2005 年版。

16. 欧阳宏生:《纪录片概论》,四川大学出版社 2002 年版。

17. 朱景和:《纪录片创作》,中国人民大学出版社 2002 年版。

18. 钟大年:《纪录片创作论纲》,北京广播学院出版社 1997 年版。

19. 倪祥保、邵雯艳主编:《纪录片内涵、方法与形态:"21 世纪中国纪录片发展高峰论坛"研究成果文集》,苏州大学出版社 2012 年版。

20. 朱靖江:《田野灵光——人类学影像民族志的历时性考察与理论研究》,学苑出版社 2014 年版。

21. 朱靖江编著:《民族志纪录片创作》,北京联合出版公司 2014 年版。

22. 朱靖江、梅冰编著:《中国独立纪录片档案》,陕西师范大学出版社 2004 年版。

23. 鲍江:《你我田野:倾听电影人类学在中国的开创》,民族出版社 2017 年版。

24. 郭净、徐菡、徐何珊编著:《云南纪录影像口述史》(第一卷),云南人民出版社 2013 年版。

25. 郭净等编著:《中国民族志电影先行者口述史》,云南人民出版社 2015 年版。

26. 郭净:《影视人类学实践与思考》,民族出版社 2019 年版。

27. 陈学礼：《被隐藏的相遇：民族志电影制作者和被拍摄者关系反思》，社会科学文献出版社 2017 年版。

28. 中国社会科学院民族研究所影视人类学研究室编：《影视人类学论文译文和资料选编》，内部资料，1995 年版。

29. 王清华：《影视人类学田野纪实》，云南民族出版社 2017 年版。

30. 云南省社会科学院编：《村民视角：云南·越南社区影视教育交流坊》，云南科技出版社 2009 年版。

31. 章忠云主编：《云南乡村影像研究》，民族出版社 2018 年版。

32. 杨光海：《民族影志田野集录》，云南教育出版社 2009 年版。

33. 杨光海编：《中国民族社会历史科学纪录片文本汇编》，云南人民出版社 2015 年版。

34. 李仕良主编：《二十世纪五十年代云南民族社会历史纪录片脚本汇编》，中国戏剧出版社 2005 年版。

35. 徐菡：《西方民族志电影经典——人类学、电影与知识的生产》，云南人民出版社 2016 年版。

36. 杨伯淑主编：《因特网与社会：论网络对当代西方社会及国际传播的影响》，华中科技大学出版社 2002 年版。

37. 赵鑫：《中国文化人类学纪录片创作理念的嬗变》，华中科技大学出版社 2022 年版。

二、硕博学位论文

1. 罗锋：《"历史的细语"：新纪录运动中的底层影像研究（1991—2010）》，博士学位论文，复旦大学，2011 年。

2. 侯小琴:《论人类学田野的影视表达 ——〈神农溪的冬天〉拍摄实践及反思》,博士学位论文,中南民族大学,2012 年。

3. 陈学礼:《以镜头"写"文化:民族志电影制作者和被拍摄者关系反思》,博士学位论文,云南大学,2015 年。

4. 苗元华:《中国新时期纪录片创作与民族文化传承研究(1978—2015)》,博士学位论文,山东师范大学,2016 年。

5. 任远:《伊文思纪录片中国形象研究》,硕士学位论文,苏州大学,2018 年。

6. 郭璇:《失落的故乡 ——中国纪录片中的农民影像研究(1978—2012)》,硕士学位论文,辽宁大学,2013 年。

7. 朱伟:《从文字文献到影像口述 ——论历史纪录片中口述对"历史记忆"的视听重建》,硕士学位论文,东北师范大学,2012 年。

8. 陈玲:《游走在影像边缘——中国实验影像创作群落研究》,硕士学位论文,上海戏剧学院,2009 年。

9. 王玲玲:《何以兴盛:中国参与式影像十年发展研究(2003—2012)》,硕士学位论文,安徽大学,2013 年。

10. 孙莉:《人类学与电影电视纪录片》,硕士学位论文,四川大学,2004 年。

11. 马秋晨:《影视人类学在中国西南地区的发展》,硕士学位论文,贵州民族大学,2012 年。

12. 赵玲玲:《独立纪录片向民间影像的转型研究》,硕士学位论文,福建师范大学,2014 年。

三、期刊论文

1. [英]保罗·亨利:《叙事:民族志纪录片深藏的秘密?》,庄庄、徐菡编译,《思想战线》2013 年第 2 期。

2. [英]保罗·亨利:《民族志电影:技术、实践与人类学理论》,徐菡译,《民间文化论坛》2016 年第 4 期。

3. [德]芭芭拉·艾菲:《影视人类学的当下处境》,杨昆译,《广西民族大学学报(哲学社会科学版)》2008 年第 1 期。

4. [德]芭芭拉·艾菲:《超越民族志电影:视觉人类学近期的争论和目前的话题》,杨美健、康乐译,《西南民族大学学报(人文社科版)》2004 年第 1 期。

5. 艾菊红:《作为文化解释的人类学影视片——人类学影视片发展走向探析》,《中南民族大学学报(人文社会科学版)》2004 年第 2 期。

6. 鲍江:《"他者"到"你我"——中国人类学电影开山作品的理论启发》,《中央民族大学学报(哲学社会科学版)》2014 年第 5 期。

7. 鲍江:《本体论分权:影视人类学与文字人类学》,《中央民族大学学报(哲学社会科学版)》2018 年第 6 期。

8. 鲍江:《电影人类学引论》,《中央民族大学学报(哲学社会科学版)》2015 年第 4 期。

9. 鲍江:《电影人类学在中国的开创——杨光海导演〈丽江纳西族的文化艺术〉〈永宁纳西族的阿注婚姻〉访谈录》,《民间文化论坛》2016 年第 4 期。

10. 鲍江:《观自在者:现象学音像民族志》,《云南民族大学学报(哲学社会科学版)》2014 年第 5 期。

11. 鲍江:《西方人类学电影史述评》,《民族研究》2001 年第 2 期。

12. 鲍江：《多点起源到交流互鉴：影视人类学 70 年的一个视角》，《民间文化论坛》2021 年第 6 期。

13. 蔡家麒：《"影视人类学"理论与方法的再探讨》，《思想战线》1998年第 1 期。

14. 蔡家麒：《滇川民族学调查第一人——记杨成志先生滇川调查之行》，《云南民族大学学报（哲学社会科学版）》2003 年第 4 期。

15. 蔡家麒：《试论民族学摄影》，《广西民族研究》1987 年第 4 期。

16. 蔡家麒：《试谈"影视人类学"——社会文化人类学的新方法》，《中南民族学院学报（哲学社会科学版）》1997 年第 3 期。

17. 蔡家麒：《中国影视人类学 40 年回顾》，《云南民族学院学报（哲学社会科学版）》1997 年第 4 期。

18. 陈景源：《中国影视人类学发展述略》，《民族研究》1998 年第 2 期。

19. 陈学礼：《"民纪片"中的"扮演"与影像真实性》，《西南边疆民族研究》2014 年第 1 期。

20. 陈学礼：《改革开放 30 年少数民族社会生活变迁——来自云南省西盟县大马散佤族村的田野报告》，《思想战线》2009 年第 1 期。

21. 陈学礼：《理解民族志电影真实性的三个维度》，《江汉学术》2018 年第 4 期。

22. 陈学礼：《论民族志电影的"真实"》，《云南社会科学》2003 年第 6 期。

23. 陈学礼：《论民族志电影的内涵和外延》，《江汉学术》2017 年第 5 期。

24. 邓启耀：《非文字书写的文化史》，《民族艺术》2015 年第 2 期。

25. 邓启耀:《环境肖像与影像民族志——以白族村落的视觉书写实践为例》,《西南民族大学学报(人文社会科学版)》2016 年第 4 期。

26. 邓启耀:《三十年代藏彝走廊的民族志摄影——中国影视人类学先驱庄学本百年诞辰纪念》,《青藏高原论坛》2013 年第 1 期。

27. 邓启耀:《视觉表达与图像叙事》,《广西民族学院学报(哲学社会科学版)》2004 年第 1 期。

28. 邓启耀:《视觉人类学的理论视野》,《广西民族大学学报(哲学社会科学版)》2008 年第 1 期。

29. 邓启耀:《视觉人类学的三个维度》,《学术探索》2013 年第 1 期。

30. 邓启耀、谢勤亮:《人类学视野下的影像记录》,《东南传播》2008 年第 7 期。

31. 邓启耀:《视觉人类学视阈下的空间意指》,《民族艺术》2015 年第 3 期。

32. 邓启耀:《视觉人类学学科建设架构初探》,《民族艺术》2015 年第 1 期。

33. 邓启耀:《与"他者"对视——庄学本摄影和民族志肖像》,《中国摄影家》2007 年第 8 期。

34. 邓卫荣:《2002 年影视人类学国际学术研讨会综述》,《民族研究》2002 年第 5 期。

35. 邓圆也:《影像的干预和被干预》,《广西民族大学学报(哲学社会科学版)》2008 年第 1 期。

36. 郭净:《革命电影传统对民族调查的影响》,《中国民族》2015 年第 2 期。

37. 郭净：《关于"民纪片"几个问题的考证》，《云南民族大学学报（哲学社会科学版）》2015 年第 4 期。

38. 郭净：《民国时期的民族志影像》，《中国民族》2015 年第 1 期。

39. 郭净：《民族调查与电影传统——"民纪片"渊源初探》，《云南民族大学学报（哲学社会科学版）》2014 年第 5 期。

40. 郭净：《拍纪录片的苗族人和摩梭人》，《中国民族》2015 年第 11 期。

41. 郭净：《影视人类学在云南的实践》，《民族艺术》1998 年第 4 期。

42. 郭净：《影像志与人类学的"地方"》，《中国民族》2015 年第 12 期。

43. 韩鸿：《参与式影像与参与式传播——发展传播视野中的中国参与式影像研究》，《新闻大学》2007 年第 4 期。

44. 韩鸿、向阳：《给草根一种声音：参与式影像评介》，《电影文学》2007 年第 19 期。

45. 郝跃骏：《从欧美人类学电影的类型看纪录片的多样化趋向》，《电视研究》1996 年第 3 期。

46. 郝跃骏：《人类学电影的信息传递方式》，《西南民族大学学报（人文社科版）》2004 年第 1 期。

47. 郝跃骏：《人类学电影学说及其流派分析》，《国外社会科学》1997 年第 3 期。

48. 何明：《文化持有者的"单音位"文化撰写模式——"村民日志"的民族志实验意义》，《民族研究》2006 年第 5 期。

49. 胡谱忠：《"民间"话语的文化指向——以人类学纪录片为例》，《艺术广角》2017 年第 1 期。

50. 胡谱忠：《有态度的人类学家和他的新疆人类学影像》，《中国民族》2015 年第 4 期。

51. 黄剑波：《写文化之争——人类学中的后现代话语及研究转向》，《思想战线》2004 年第 4 期。

52. 雷建军、梁君健：《当代北方狩猎民族人类学纪录片的文化叙述》，《现代传播（中国传媒大学学报）》2013 年第 8 期。

53. 雷建军：《软化的 "媒介" ——整合过程中的媒介内涵演变》，《现代传播（中国传媒大学学报）》2007 年第 1 期。

54. 雷亮中：《人类学的影视表现：从保存到展现》，《广西民族研究》2002 年第 4 期。

55. 雷亮中：《影像民族志：人类学知识生产过程与实践》，《西南民族大学学报（人文社会科学版）》2016 年第 11 期。

56. 梁君健、雷建军：《北方狩猎民族文化变迁的记录——制作方式与观念对影视人类学实践的影响》，《民族艺术研究》2013 年第 1 期。

57. 梁君健、雷建军：《藏族村民影像与视觉人类学的核心价值》，《云南民族大学学报（哲学社会科学版）》2015 年第 4 期。

58. 刘达成：《〈丽哉勐僚〉：填补影视族群志空白的纪录片——评 12 集壮族文化电视系列片〈丽哉勐僚〉》，《中国民族》2008 年第 10 期。

59. 刘达成：《跨世纪的中国影视人类学》，《云南社会科学》1998 年第 2 期。

60. 刘达成：《一门新兴的学科——中国影视人类学简述》，《云南学术探索》1996 年第 5 期。

61. 刘达成：《影视人类学在云南》，《思想战线》1995 年第 6 期。

62. 吕新雨：《新中国少数民族影像书写：历史与政治——兼对 "重写中国电影史" 的回应》，《上海大学学报（社会科学版）》2015 年第 5 期。

63. 吕新雨：《中国纪录片：观念与价值》，《现代传播》1997 年第 3 期。

64. 马小燕:《〈德拉姆〉的影视人类学透视》,《湖北民族学院学报(哲学社会科学版)》2012年第1期。

65. 庞涛:《"学者电影"的主张与逻辑》,《西南民族大学学报(人文社会科学版)》2015年第1期。

66. 庞涛:《论现代视听科技在影视人类学中的应用》,《民族研究》1999年第2期。

67. 庞涛、张子介:《在察隅河谷追问生命的意义》,《中国民族》2016年第7期。

68. 任洪增:《记录与传承——人类学纪录片的功用探析》,《电影评介》2012年第23期。

69. 王海飞:《近三十年来中国影视人类学的发展与研究》,《民族研究》2008年第1期。

70. 王海飞:《人类学影像的视角、语言与呈现——兼论影视人类学教学中的几个核心议题》,《民族教育研究》2016年第1期。

71. 王海飞:《文化变迁场域中的人类学影像表达》,《西南民族大学学报(人文社会科学版)》2016年第4期。

72. 王华:《中国少数民族题材纪录片概念建构与考察价值》,《西南交通大学学报(社会科学版)》2012年第2期。

73. 王铭铭:《远方文化的迷——民族志与实验民族志》,《西北民族研究》1996年第2期。

74. 王清华:《影视人类学与云南民族文化强省建设》,《云南社会科学》2011年第2期。

75. 王清华:《影视人类学在我国的发展》,《云南社会科学》2003年第6期。

76. 吴乔:《以花腰傣个案谈人类学纪录片意外事件拍摄的几点经验和教训》,《民间文化论坛》2015 年第 5 期。

77. 肖锋:《加强人类学家和影视工作者的结合,推进影视人类学事业的发展——在开幕式上的讲话》,《民族研究》1996 年第 2 期。

78. 熊迅:《科学民族志的"他者"呈现——略论庄学本的中国西南摄影》,《铜仁学院学报》2010 年第 4 期。

79. 熊迅:《理解村落社会:视觉人类学的实践》,《广西民族大学学报(哲学社会科学版)》2011 年第 3 期。

80. 徐菡:《〈北方的纳努克〉启示:民族志电影方法论研究》,《西南民族大学学报(人文社会科学版)》2016 年第 4 期。

81. 徐菡:《电影、媒介、感觉:试论当代西方影视人类学的转向与发展》,《思想战线》2013 年第 2 期。

82. 徐菡、李昕:《我们绝不应该满足——访影视人类学家芭芭拉·艾菲》,《电影评介》2018 年第 18 期。

83. 徐菡:《人类学"观察电影"的发展及理论建构》,《世界民族》2016 年第 2 期。

84. 徐菡:《中国影视人类学理论体系与方法述评》,《云南社会科学》2009 年第 6 期。

85. 杨光海等:《努力摄制更多更好的少数民族社会历史科纪片》,《中央民族学院学报(哲学社会科学版)》1978 年第 2 期。

86. 杨光海:《中国少数民族社会历史科学纪录影片的回顾与展望》,《民族学研究(第三辑)》1982 年 5 月 1 日。

87. 易思成:《云南民间独立影像概述》,《当代艺术与投资》2007 年第 7 期。

88. 尹绍亭：《云南百年民族题材照片的人类学解读》，《云南师范大学学报（哲学社会科学版）》2015 年第 5 期。

89. 于晓刚、王清华、郝跃骏：《影视人类学的历史、现状及其理论框架》，《云南社会科学》1988 年第 4 期。

90. 张海：《从聚焦到失焦——〈格姆山下〉的影视人类学解读》，《民族艺术研究》2011 年第 3 期。

91. 张江华：《影视人类学国际学术讨论会综述》，《民族研究》1996 年第 2 期。

92. 章忠云：《社区影像在云南的实践》，《云南社会科学》2016 年第 6 期。

93. 钟大年：《再论纪实不是真实》，《现代传播（北京广播学院学报）》1995 年第 2 期。

94. 钟大年：《主题式蒙太奇——一种纪录片常用的组接形式》，《现代传播》1983 年第 3 期。

95. 朱靖江：《"藏边影像"：从"他者"窥视到主体表达》，《云南民族大学学报（哲学社会科学版）》2014 年第 1 期。

96. 朱靖江：《"土著影像"与后殖民时代的影像民族志》，《世界民族》2012 年第 4 期。

97. 朱靖江：《边界与融合：论影视人类学与艺术人类学的学科关系》，《民族艺术》2016 年第 2 期。

98. 朱靖江：《主位影像、文化破壁与视觉经济——影视人类学视域中的移动短视频社区》，《云南社会科学》2020 年第 6 期。

99. 朱靖江：《分享、虚构与主位影像：影视人类学的伦理反思与突围之道》，《世界电影》2017 年第 6 期。

100. 朱靖江：《复原重建与影像真实——对"中国少数民族社会历史科学纪录电影"的再思考》，《西北民族研究》2013 年第 2 期。

101. 朱靖江：《景观、方法与主体文化表达：人类学与虚构电影的多元关系》，《电影艺术》2018 年第 3 期。

102. 朱靖江：《论当代人类学影像民族志的发展趋势》，《世界民族》2011 年第 6 期。

103. 朱靖江：《论影视人类学在高校的教学实践体系建构》，《民族教育研究》2016 年第 1 期。

104. 朱靖江：《人类学表述危机与"深描式"影像民族志》，《中南民族大学学报（人文社会科学版）》2011 年第 6 期。

105. 朱靖江：《视觉人类学视野中的"影音文献"》，《西南民族大学学报（人文社会科学版）》2016 年第 11 期。

106. 朱靖江：《田野之声："直接电影"影响下的人类学影像民族志》，《电影新作》2011 年第 3 期。

107. 朱靖江：《虚构式影像民族志：内在世界的视觉化》，《云南民族大学学报（哲学社会科学版）》2015 年第 1 期。

108. 朱靖江：《影视、影像与视觉：视觉人类学的"三重门"》，《民族艺术研究》2015 年第 4 期。

109. 朱靖江：《中国人类学影像民族志的文本类型及其学术价值》，《广西民族大学学报（哲学社学社会科学版）》2013 年第 1 期。

110. 朱靖江：《专题：视觉人类学发展的前沿趋向》，《民族艺术研究》2017 年第 2 期。

111. 朱靖江：《村落影像志：从乡愁标本到乡建助力》，《民族艺术》2020 年第 4 期。

112. 庄孔韶:《影视影像摄制的人类学研究定位》,《民族研究》1996 年第 2 期。

113. 张译丹:《影视人类学的感官转向与策略更革——以中国节日影像志为中心的探讨》,《北京电影学院学报》2021 年第 7 期。

114. 陈婉乔:《感官民族志:超越主客体的感官唤醒——人类学纪录片的边界重塑》,《世界电影》2022 年第 1 期。

115. 龚诗尧:《新媒体时代人类学纪录片的叙事特征》,《民族文学研究》2022 年第 4 期。

116. 朱晓阳:《诗性与民族志影像的田野工作:从〈故乡〉〈滇池东岸〉到〈老村〉》,《民族艺术》2022 年第 4 期。